스프링 부트 3.0 3/e

스프링 부트 3.0 3/e

프로덕션급 애플리케이션 개발 간소화

그렉 턴키스트 지음　김진웅 옮김

i!i
에이콘

에이콘출판의 기틀을 마련하신 故 정완재 선생님 (1935-2004)

스프링 부트에 대한 제 사랑을 공유할 수 있게 해준 유튜브 팬 여러분과,
스튜디오에서 몇 시간씩 촬영하는 것을 견뎌준 아이들에게 감사를 표합니다.
그리고 커뮤니티를 구축하려는 저를 말과 행동으로 지지해준
아내에게도 고마움을 전합니다.

– 그렉 턴키스트Greg L. Turnquist

| 추천의 글 |

스프링 부트Spring Boot는 2022년에 '주류'라고 표현해도 틀린 말이 아닐 정도로 큰 성공을 거뒀다. 거의 모든 자바Java 개발자는 스프링 부트에 대해 알고 있을 것이며, 심지어 대다수의 개발자는 화가 나는 상황에도 스프링 부트를 사용해본 적이 있을 것이다. 하지만 소프트웨어 엔지니어링 분야에는 항상 배워야 할 새로운 것이 있고, 해결해야 할 새로운 문제가 있기에 결국에는 보람을 느낄 수 있다. 항상 새로운 것을 발명하고, 코드를 생성할 수 있는 기술과 기회를 갖는다는 것은 지적인 면을 비롯한 모든 점에서도 매우 보람 있는 일이다.

저자가 말하는 스프링 부트의 목표 중 하나는 아이디어를 가능한 한 빠르고 효율적으로 코드로 구현해 프로덕션production과 같은 가장 특별한 곳에 적용할 수 있도록 하는 것이다. 짧고 즐거운 여정, 혹은 조금 더 길고 즐거운 여정이 되기를 바란다.

저자인 그렉은 내부자라는 이점을 활용해 모든 자바 개발자가 경험했을 법한 오래되고, 자주 만나는 문제들에 스프링 부트 지식을 추가했다. HTTP 엔드포인트endpoint 생성, 보안, 데이터베이스 연결, 테스트 작성 등 우리 모두가 거의 매일 해결해야 하는 작업의 관찰을 통해 스프링 부트를 살펴보는 것보다 더 좋은 학습 방법이 있을까? 이 책은 현대적인 아이디어와 도구를 적용해 진부한 이야기에 새로운 관점을 추가하므로 가장 실용적인 관점에서 하이퍼미디어hypermedia와 OAuth 등을 배울 수 있다. 또한, 이 책은 스프링이나 자바에 대한 사전 지식이 전혀 없다고 가정하고 처음부터 시작한다. 기본적인 기술이나 프로그래밍 능력이 있는 사람이라면 누구나 스프링 부트를 사용하는 방법과 이유를 이해할 수 있을 것이다.

스프링 부트에는 주요 메서드method, 임베디드 컨테이너embedded container, 자동 설정, 관리 엔드포인트 외에도 많은 것이 존재한다. 예를 들어, 코드 몇 줄로 모든 기능을 갖춘 스프링 애플리케이션을 시작할 때의 순수한 기쁨은 이루 말할 수 없다. 이 책을 읽고 편집기나 통합 개발 환경IDE, Integrated Development Environment을 꺼내서 직접 애플리케이션을 만들어보 길 바란다.

그렉은 스프링 부트 팀의 중요한 일원으로 스프링 엔지니어링과 관련된 많은 일을 하고 있다. 그럼에도 불구하고 이 훌륭한 책을 위해 아낌없는 노력을 기울인 것에 감사하게 생각한다. 그는 교육자이자 정보 제공자이고 엔지니어임을 매우 명확하게 보여준다. 이 책을 읽으면 항상 차분하지만 열정적이고 유머가 가미되어 있는 그렉의 목소리와 개성이 매우 선명하게 들린다. 스프링을 사용한 코딩은 세월이 흘러도 여전히 재미있으니 직접 읽어보고 즐기자.

데이브 사이어Dave Syer,
스프링 부트 공동 창시자 겸 수석 스태프 엔지니어,
2022년, 런던

나는 그렉 턴키스트를 오랫동안 알고 지냈다. 피보탈Pivotal에 합류한 후 공식적으로 업무를 시작하기 전에 스프링과 관련된 모든 것을 다루는 연례 콘퍼런스인 SpringOne2GX에서 그를 처음 만났다. 우리 둘 다 그루비Groovy와 그레일즈Grails의 열광적인 시절을 기억하고 있다. 그곳에서 우리는 생각을 자극하는 훌륭한 대화를 나눴고, 그 대화는 그 이후로 몇 년 동안 계속됐다.

내가 처음 읽은 스프링 부트 관련 서적 중 하나는 그렉의 『Learning Spring Boot』 초판이다. '더 일찍 읽었더라면 어땠을까' 하는 아쉬움이 있다. 믿을 수 있는 동료들이 쓴 다른 책과 함께 스프링 부트 관련 주제들을 소개하고 참고할 수 있는 가치 있는 자료로 이 책을 추천하고 있다.

나 역시 저술을 해봤기에 이 책을 집필하고 업데이트할 때 그렉이 얼마나 짜릿하고 힘든 작업을 했는지 잘 알고 있다. 모든 저자는 공유하고 싶은 모든 것, 가장 중요하다고 생각하는 모든 주제와 시간과 분량의 끊임없는 제약 사이에서 균형을 맞춰야 한다. 그렉은 이 두 가지를 능숙하게 조정해 기초를 잘 다진 다음 개발자에게 중요한 주제로 빠르게 전환해 스프링 부트를 사용하며 실제 애플리케이션을 구현할 수 있도록 한다. 데이터, 보안, 설정, 자바스크립트^{JavaScript}와의 통합까지 모든 것이 책 안에 다 들어 있다.

나는 그렉과 함께 스프링 팀에서 일할 수 있어서 정말 즐거웠고, 앞으로도 계속 대화를 나눌 수 있기를 바란다. 내 책장에는 항상 그렉의 책이 놓일 영광스러운 자리가 있을 것이고, 여러분도 책장에 이 책을 위한 공간을 만들기를 바란다. 이 책을 읽고 그렉에 대해 알아보자. 여러분의 스프링 부트 애플리케이션에 도움이 될 것이다.

당신의 스프링 부트 여정을 응원한다.

마크 헤클러^{Mark Heckler},

마이크로소프트 수석 클라우드 애드버킷^{Advocate}

@mkheck

이 서문을 읽으면서 책에 대한 설득력 있는 추천사나 인생에 대한 재미있는 일화를 기대했으리라는 것을 알고 있다. 책의 서문이니까 그렇지 않을 이유가 없다. 하지만 양심상 그런 서문을 써줄 수는 없다. 부조리한 느낌이 들기 때문이다. 물론 이 책은 환상적이지만, 그래서 뻔한 얘기에만 머물고 싶지 않다.

이 걸작의 저자인 그렉에 대해 이야기해보자. 그렉은 스프링 팀에서 나보다 더 오래 근무했다. 대부분의 사람이 스프링에 대해 알고 있는 것에 비해 그에 대해서는 잘 모른다. 그렉은 크고 작은 일에 시간을 투자한다. 그가 여러분의 셰르파^{sherpa}[1]가 돼 초보자부터 스프링 부트 전문가가 될 때까지 여러분을 안내해줄 것이라고 믿어도 좋다. 정말이다.

그렉은 친구다. 그렉과 나는 몇 가지 중요한 면에서 매우 닮았기 때문에 사이가 좋다. 나는 주류는 아니지만 때때로 매우 고통스러운 문제를 해결하는 기묘한 작은 프로젝트를 좋아한다. 한번은 청중 3명에게 강연을 한 적이 있다. 내 발표가 너무 특정한 주제여서 수천 명의 전체 참석자 중 단 3명만이 참석했었다. 희미하게나마 해결의 실마리가 보인다면 기꺼

---

1   히말라야 고산 등반 가이드 – 옮긴이

이 지지할 의향이 있다. 그렉도 마찬가지다. 그는 크고 작은 일에 투자한다.

우리는 둘 다 자바 가상 머신JVM, Java Virtual Machine과 파이썬Python을 좋아한다. 이러한 공통의 애정이 우리를 스프링 파이썬[2]으로 이끌었다. 오래 전, 그렉은 스프링 파이썬 프로젝트를 통해 스프링 프레임워크의 우수성을 파이썬 생태계에 도입했다. 파이썬 생태계는 모든 사용 사례에 대한 대안으로 가득하다. 이러한 선택의 바다에서 스프링 파이썬은 단연 돋보였다. 이 라이브러리는 스프링 프레임워크의 매우 높은 목표를 달성하면서도 익숙한 파이썬 프로그래머에게 라이브러리가 관용적으로 느껴질 수 있는 '파이토닉phythonic'한 특성을 유지했다. 이는 크게 다른 두 가지 생태계에 대한 깊은 헌신과 친숙함을 보여줬다. 나는 스프링 파이썬 때문에 그렉을 좋아한다. 문제가 아무리 크든 작든 해결될 때까지 기꺼이 앉아서 소매를 걷어붙이고 시야를 넓혀 코드를 작성하는 그의 모습을 볼 수 있다. 한 가지 주제를 깊이 파고들려는 의지가 그를 재능 있는 저자이자 강사로 만들었으며, 이는 그의 책, 강좌, 블로그, 기사에서 잘 드러난다. 그의 재능 덕분에 이 책은 소프트웨어에 관한 또 다른 책이 아니라 시간을 투자할 만한 가치가 있는 책이 됐다.

이 책은 2013년 스프링 부트가 처음으로 공개된 이후 가장 중요한 릴리스인 최근 출시된 스프링 부트 3.0을 다룬다. 그렉을 포함한 스프링 팀원 모두가 이 릴리스를 출시하기 위해 그 어느 때보다 오랜 시간 동안 열심히 일한 것으로 알고 있다. 그런 모든 업무에도 불구하고 그렉은 기록적인 시간 내에 이 책을 여러분의 손에 쥐어주는 데 성공했다. 독자 여러분을 위해 그가 그렇게 노력했기 때문에 기록적인 시간 내에 출판 작업에 들어갈 수 있었던 것이다. 그리고 그렉은 우리가 크고 작은 투자를 할 필요가 없도록 해줬다.

조쉬 롱 Josh Long,

VMware 스프링 개발자 애드버킷, 잘 알려진 그렉 턴키스트의 팬

@starbuxman

---

[2] https://github.com/springpython/springpython, 스프링 파이썬은 자바 기반 스프링 프레임워크와 스프링 시큐리티(Spring Security)에서 파생된 라이브러리로, 파이썬을 대상으로 하는 프로젝트다. - 옮긴이

| 지은이 소개 |

그렉 턴키스트^{Greg L. Turnquist}

스프링 데이터 JPA와 스프링 웹 서비스의 수석 개발자다.[1] 스프링 헤이티오스^{HATEOAS,} ^{Hypermedia As The Engine Of Application State}, 스프링 데이터 레스트^{REST}, 스프링 시큐리티^{Security}, 스프링 프레임워크^{Framework}, 스프링 포트폴리오의 다른 많은 부분에 기여해왔다. 수년간 스크립트-푸^{script-fu}를 통해 스프링 데이터 팀의 CI 시스템을 유지 관리해왔다. 『스프링 부트 2.0 2/e』(에이콘출판, 2019)과 시장에 출시된 최초의 스프링 부트 책을 비롯해 스프링 부트에 관한 여러 권의 책을 저술했다. 또한, 유튜브 채널인 Spring Boot Learning(http://bit. ly/3uSPLCz)[2]을 개설해 스프링 부트에 대해 배우고 재미있게 실습할 수 있는 채널을 만들기도 했다. 스프링 팀에 합류하기 전에는 해리스^{Harris Corp.}에서 선임 소프트웨어 엔지니어로 근무하며 미국 연방항공청^{FAA, Federal Aviation Administration}과의 15억 달러 규모의 전국 상시 접속 네트워크 구축 계약을 비롯한 여러 프로젝트에 참여했다. 테스트에 몰두하는 스크립트 전문가로서 한밤중의 장애에도 익숙하다. 컴퓨터 공학 석사 학위를 취득했으며 아내와 자녀들과 함께 미국에서 살고 있다.

"매번 저를 격려해준 스프링 팀, 유튜브 콘텐츠 제작에 영감을 준 댄 베가^{Dan Vega}, 그리고 이 기술적 작업을 출판할 수 있도록 끊임없이 노력해준 팩트출판사 팀에게 감사의 인사를 전하고 싶습니다."

---

1 번역 당시에 그렉은 Cockroach의 선임 스태프 기술 콘텐츠 엔지니어(Senior Staff Technical Content Engineer)로 이직한 상태다. – 옮긴이

2 번역 당시에 이직으로 인해 채널명을 Pro Coder로 변경했다. – 옮긴이

│ 기술 감수자 소개 │

하쉬 미쉬라 Harsh Mishra

엔터프라이즈 솔루션을 설계하고 개발하는 데 중점을 두고 자신의 지식과 경험을 위해 새로운 기술을 배우는 것을 즐기는 소프트웨어 엔지니어다. 클린 코드clean code와 애자일Agile의 팬이다. 2014년부터 금융 비즈니스를 위한 코드를 개발해왔으며 자바를 주 프로그래밍 언어로 사용하고 있다. 또한 스프링, 마이크로소프트, 구글 클라우드 플랫폼GCP, Google Cloud Platform, 데브옵스DevOps, 기타 엔터프라이즈 기술에 대한 제품 개발 경험도 있다.

| 옮긴이 소개 |

김진웅(ddiiwoong@gmail.com)

관측 가능성과 컨테이너 기술에 관심이 많은 19년차 엔지니어다. 클라우드 엔지니어, 데브옵스, SRE 업무를 거쳐 현재는 AWS Korea Professional Services 팀에서 고객의 모더나이제이션 여정을 돕는 클라우드 아키텍트 업무를 수행하고 있다.

| 옮긴이의 말 |

스프링 부트 프레임워크는 작고 빠르게 사용할 수 있어 많은 조직에서 선호하며 사용하고 있다. 2022년에 3.0 버전을 릴리스한 이후 2024년 7월 현재 3.3.x 버전까지 출시돼 작은 스타트업부터 대규모 엔터프라이즈까지 폭넓게 활용되고 있다. 스프링 부트 3.0의 주요 특징으로는 자바 17을 기본으로 지원하고, 기존의 자바 EE API에서 자카르타^{Jakarta} EE 9 API로 전환된 부분이 있다. 또한, GraalVM을 사용해서 클라우드 네이티브 이미지를 빌드해 경량화된 이미지를 통해 부트스트랩 시간을 단축하고 메모리 사용량을 최적화할 수 있는 것이 큰 장점 중 하나다. 이번 책에서는 자세히 다루지 않지만 Micrometer 및 Micrometer Tracing 기능이 통합돼 더 효율적으로 관측 데이터를 수집할 수 있게 된 것도 중요한 특징이다.

이 책은 스프링 부트 3.0을 활용해 자바와 스프링으로 빠른 시간 내에 애플리케이션 개발을 단순화하는 종합적인 가이드로 활용할 수 있다. 초보자와 경험 많은 개발자 모두를 대상으로 하며, 기본 설정에서부터 고급 기능까지 실용적인 예제와 함께 다루고 있다. 초보자들이 반드시 알아야 하는 스프링 부트의 핵심 요소인 자동 설정, 스타터, 설정 프로퍼티, 의존성 관리 등을 초반에 설명하고, Thymeleaf 기반의 간단한 웹 애플리케이션부터 시작한다. JPA, 스프링 시큐리티, 테스트 등을 살펴보고 GraalVM을 사용해서 클라우드 네이티브 이미지를 빌드하고 여러 가지 도구를 사용해 도커 컨테이너 기반으로 베이크하는 방법도 다룬다. 후반부에는 웹플럭스를 통해 반응형 웹 컨트롤러를 작성하는 방법과 반응형 데이터를 처리하는 방법까지 다룬다.

사실 이 책은 스프링 부트의 모든 내용을 담고 있지는 않지만, 스프링을 사용해본 경험이 있거나 스프링 부트에 대해 기초적인 지식이 있는 분들께 유용하게 활용될 것이라 생각한다. 항상 번뜩이는 아이디어로 자극을 주면서 업무 분야 외에도 귀중한 격려로 정신적인 지주가 돼주는 꼼꼼한 재은 씨와, 남편과 아빠로서 부족함에도 응원해주고 항상 반겨주는 사랑하는 아내와 아이들에게 무한한 감사를 전하고 싶다.

| 차례 |

1부 — 스프링 부트 기본

1장   스프링 부트의 핵심 기능   029

4부 — 스프링 부트 애플리케이션 확장

초보자와 숙련된 스프링 개발자 모두를 위해 설계된 책이다. 인프라 및 기타 지루한 세부 사항에 시간을 낭비하지 않고 자바 애플리케이션을 빌드하는 방법을 알려준다. 대신 최신 보안 관행으로 잠긴 실제 데이터베이스 위에 웹 애플리케이션을 구축하는 데 집중할 수 있도록 도와준다.

또한, 애플리케이션을 프로덕션 환경으로 옮기는 다양한 방법을 알아볼 수 있다. 그것만으로 충분하지 않다면 마지막에는 반응형 프로그래밍을 선택해 기존 서버 또는 클라우드를 통해 더 많이 활용할 수 있는 비밀스러운 방법도 포함돼 있다. 사실 비밀은 아니다.

∷ 이 책의 대상 독자

스프링 부트 3.0을 사용하고자 하는 초보자와 숙련된 스프링 개발자 모두를 위해 만들어 졌다. 자바에 대한 기초적인 이해가 있어야 하며, 가급적이면 자바 8 이상 버전이어야 한다. 람다^{lambda} 함수, 메서드^{method} 참조, 레코드^{record} 유형, 자바 17 버전에서 새롭게 개선된 컬렉션 API에 익숙하면 좋지만 필수는 아니다.

필수는 아니지만 이전 버전의 스프링 부트(1.x, 2.x)를 사용해본 경험이 있다면 도움이 될 것이다.

⠿ 이 책에서 다루는 내용

1장, 스프링 부트의 핵심 기능 애플리케이션을 빌드할 때 사용할 수 있는 기본 기능과 함께 스프링 부트의 매력을 알아본다.

2장, 스프링 부트로 웹 애플리케이션 만들기 서버 및 클라이언트 측 옵션을 모두 사용해 자바 애플리케이션의 웹 레이어^{layer}를 쉽게 제작하는 방법을 소개한다.

3장, 스프링 부트로 데이터 쿼리하기 스프링 데이터로 데이터베이스를 최대한 활용하는 방법을 보여준다.

4장, 스프링 부트 애플리케이션 보호 스프링 시큐리티의 최첨단 기능을 사용해 애플리케이션을 내부와 외부의 악당으로부터 보호하는 방법을 살펴본다.

5장, 스프링 부트 테스트 모의 데이터베이스와 임베디드 데이터베이스로 테스트하고, 실제 데이터베이스와 결합된 테스트컨테이너^{Testcontainer}를 사용해 시스템에 대한 신뢰를 구축하는 방법을 설명한다.

6장, 스프링 부트 애플리케이션 설정 애플리케이션이 빌드된 후 조정하고 적용하는 방법을 알아본다.

7장, 스프링 부트 애플리케이션 릴리스 애플리케이션을 프로덕션 환경으로 전환하고 사용자에게 제공하는 다양한 방법을 살펴본다.

8장, 스프링 부트로 네이티브 전환 몇 초만에 시작하고 모든 리소스를 차지하지 않는 네이티브 이미지를 사용해 애플리케이션의 속도를 비약적으로 향상시키는 방법을 소개한다.

9장, 반응형 웹 컨트롤러 작성 반응형 웹 컨트롤러를 작성하는 것이 얼마나 쉬운지, 그리고 반응형 웹 컨트롤러가 어떻게 더 효율적인 애플리케이션의 핵심이 될 수 있는지를 설명한다.

10장, 반응형 데이터 작업 애플리케이션의 효율성을 확인하는 데에 도움을 주는 R2DBC를 활용한 반응형 데이터 쿼리 방법을 알아본다.

⠿ 이 책을 활용하는 방법

스프링 부트 3.0은 자바 17 버전을 기반으로 한다. sdkman(https://sdkman.io)을 사용하면 필요한 자바 버전을 쉽게 설치할 수 있다. 8장에서는 sdkman을 사용해 GraalVM용 네이티브native 이미지 구축을 지원하는 자바 17의 특정 버전을 설치하는 방법에 대한 지침을 설명한다. 베어본barebone 텍스트 편집기를 사용해 코드를 작성할 수도 있지만, 다음 목록의 최신 IDE를 사용하면 코딩 경험이 크게 향상될 것이다. 자신에게 가장 적합한 것을 찾아보자.

이 책이 커버하는 소프트웨어/하드웨어	운영체제 요구 사항
sdkman(자바 17)	윈도우, 맥OS, 리눅스
현대적인 IDE는 코드를 작성하는 데 도움을 줄 수 있다. • IntelliJ IDEA (https://springbootlearning.com/intellij-idea-try-it) • VS Code (https://springbootlearning.com/vscode) • Spring Tool Suite (https://springbootlearning. com/sts)	윈도우, 맥OS, 리눅스

VS 코드Code 및 스프링 툴 스위트Spring Tool Suite는 무료로 사용할 수 있다. 인텔리제이IntelliJ IDEA에는 커뮤니티Community 에디션과 얼티밋Ultimate 에디션이 있다. 커뮤니티 에디션은 무료이지만 일부 스프링 관련 기능을 사용하려면 얼티밋 에디션을 구매해야 한다. 30일 평가판을 사용해볼 수 있다.

이 책의 디지털 버전을 사용하는 경우 코드를 직접 입력하거나 책의 깃허브github 리포지터리repository 코드에 접근하는 것이 좋다. 링크는 다음 절에서 확인할 수 있다. 깃허브 리포지터리를 사용하면 코드 복사 및 붙여넣기와 관련된 잠재적인 오류를 방지하는 데 도움이 된다.

이 책으로 스프링 부트 애플리케이션을 빌드하는 여정이 끝나는 것은 아니다. 스프링 부트 및 소프트웨어 엔지니어링에 관한 동영상을 항상 게시하는 유튜브 채널인 Spring Boot Learning(http://bit.ly/3uSPLCz)을 확인해보자. 더 나은 애플리케이션을 작성하는 데 도움이 되는 추가 리소스도 웹 사이트(https://springbootlearning.com)에서 확인할 수 있다.

예제 코드 다운로드

이 책의 예제 코드 파일은 깃허브(https://github.com/PacktPublishing/Learning-Spring-Boot-3.0)에서 다운로드할 수 있다. 코드의 업데이트가 필요한 경우가 생기면 깃허브 저장소에 업데이트된다. 동일한 코드를 에이콘출판사 도서정보 페이지(http://acornpub.co.kr/book/spring-boot-3.0-3e)에서도 다운로드할 수 있다.

컬러 이미지 다운로드

이 책에 사용된 스크린샷과 다이어그램의 컬러 이미지가 포함된 PDF 파일도 제공된다. 다음 링크(https://packt.link/FvE6S)와 에이콘출판사 도서정보 페이지(http://acornpub.co.kr/book/spring-boot-3.0-3e)에서 다운로드할 수 있다.

편집 규약

이 책에는 다음과 같은 편집 규약을 사용한다.

문단 내 코드: 문단 내에 있는 코드 조각, 데이터베이스 테이블 이름, 사용자 입력, 트위터 핸들에 포함된 코드 단어를 나타낸다.

"이 작업은 먼저 src/main/resources 폴더에 application.properties 파일을 추가하면 된다."

코드 블록은 다음과 같이 표시한다.

```
@Controller
public class HomeController {

  private final VideoService videoService;

  public HomeController(VideoService videoService) {
    this.videoService = videoService;
  }

  @GetMapping("/")
  public String index(Model model) {
```

```
        model.addAttribute("videos", videoService.getVideos());
        return "index";
    }
}
```

코드 블록에서 강조할 부분은 다음과 같이 굵게 표시한다.

```
@Bean
SecurityFilterChain configureSecurity(HttpSecurity http) {
  http.authorizeHttpRequests()
    .requestMatchers("/login").permitAll()
    .requestMatchers("/", "/search").authenticated()
    .anyRequest().denyAll()
    .and()
    .formLogin()
    .and()
    .httpBasic();
  return http.build();
}
```

명령줄 입력이나 출력은 다음과 같이 표시한다.

```
$ cd ch7
$ ./mvnw clean spring-boot:build-image
```

고딕체: 화면에 표시되는 새로운 용어, 중요한 단어 또는 단어를 나타낸다. 예를 들어, 메뉴나 대화 상자의 단어는 굵게 표시되며 다음과 같이 사용된다.

"그렇게 하려면 **Dependencies** 절로 이동한다."

중요

경고나 중요한 내용은 이와 같이 나타낸다.

노트

참고 사항은 이와 같이 나타낸다.

팁

팁은 이와 같이 나타낸다.

⋮⋮ 문의

독자들의 의견은 언제나 환영한다.

일반적인 의견: 이 책의 모든 부분에 대해 궁금한 점이 있으면 메일 제목에 책 제목을 기재하고 customercare@packtpub.com으로 이메일로 문의하길 바란다. 한국어판에 관한 질문은 이 책의 옮긴이나 에이콘출판사 편집 팀(editor@acornpub.co.kr)으로 문의할 수 있다.

오탈자: 정확한 내용을 전달하기 위해 모든 노력을 기울였지만 실수가 있을 수 있다. 책에서 발견한 오류를 알려준다면 감사하겠다. 다음 링크(http://www.packtpub.com/submit-errata)에 방문해서 이 책을 선택한 후 Errata Submission Form 링크를 클릭하고 자세한 내용을 넣어주길 바란다. 한국어판의 정오표는 에이콘출판사의 도서정보 페이지(http://www.acornpub.co.kr/book/spring-boot-3.0-3e)에서 찾아볼 수 있다.

저작권 침해: 인터넷에서 어떤 형태로든 팩트출판사 도서의 불법 복제본을 발견한다면 주소나 웹 사이트 이름을 알려주면 감사하겠다. 불법 복제본의 링크를 copyright@packtpub.com으로 보내주길 바란다.

1부

스프링 부트 기본

스프링 부트에는 모든 기능을 뒷받침하는 몇 가지 핵심 요소가 있다. 자동 설정autoconfiguration, 스프링 부트 스타터starter, 설정 프로퍼티configuration property, 의존성 관리managed dependancy를 통해 가장 강력한 애플리케이션을 구축할 수 있는 방법을 알아볼 것이다.

1부는 다음 장으로 구성돼 있다.

- **1장**, 스프링 부트의 핵심 기능

01

스프링 부트의 핵심 기능

스프링 프레임워크^{Spring Framework}의 창시자이자 스프링의 아버지라고 불리는 로드 존슨^{Rod} ^{Johnson}은 2008년 스프링 익스피리언스^{Spring Experience} 콘퍼런스에서 자바 복잡성 감소라는 주제로 강연을 시작했다. 트렙허브^{TrepHub} 채널에서 업로드한 '케이스 도널드 공동 창립자 와의 이야기 시간^{Story time with Keith Donald SpringSource & Founder SteadyTown 2-27-2014}'(https:// springbootlearning.com/origin-of-spring)이라는 제목의 유튜브 동영상은 스프링의 공동 창립 자 중 한 명인 케이스 도널드의 설명으로 90분 동안 스프링의 초창기로 돌아가는 여정을 담 고 있다. 여기에서도 동일한 미션이 강조된 것을 확인할 수 있다.

2000년대 중반의 자바는 사용하기 어렵고, 테스트하기 어려웠으며, 솔직하게 열정이 부족 했다.

하지만 스프링 프레임워크라는 툴킷^{toolkit}이 등장했다. 이 툴킷은 개발자의 삶을 편하게 만 드는 데 중점을 뒀다. 그리고 그 흥분은 이루 말할 수 없었다. 내가 2008년 콘퍼런스에 참 석했을 때 그 열기는 정말 대단했다.

2013년 스프링원^{SpringOne} 2GX 콘퍼런스에서 스프링 팀은 스프링 애플리케이션 작성에 대 한 새로운 접근 방식인 **스프링 부트**^{Spring Boot}를 공개했다. 해당 세션 참석은 입석으로 진행

됐다. 나는 공동 리더인 필 웹Phil Webb과 데이브 사이어가 첫 번째 강연을 할 때 그 방에 있었다. 스타디움stadium 강의실처럼 설계된 방의 좌석이 꽉 차 있었다. 오프닝 기조 연설에서는 더 적은 자원으로 더 광범위하고 강력한 애플리케이션을 구축할 수 있는 혁신적인 방법이 소개됐다.

스프링 부트를 사용해 더 적은 자원으로 더 많은 작업을 수행할 수 있는 능력은 3세대 스프링 부트의 세계로 여행하면서 함께 확인하게 될 것이다.

1장에서는 스프링 부트의 핵심 기능에 대해 알아보고, 스프링 부트가 어떻게 더 적은 자원으로 더 많은 작업을 수행하는지 근본적으로 보여줄 것이다. 이를 통해 스프링 부트의 작동 방식을 살펴보고 이후 다른 장에서 애플리케이션을 빌드할 때 활용할 수 있도록 하기 위함이다. 1장에서는 사용자 요구 사항을 충족할 수 있는 유연성을 유지하면서 스프링 부트를 강력하게 만드는 주요 측면에 대해 설명할 것이다.

1장에서는 다음과 같은 주제를 다룬다.

- 스프링 부트 빈bean 자동 설정
- 스프링 부트 스타터를 사용해 스프링 포트폴리오portfolio의 구성 요소 추가하기
- 설정 프로퍼티를 사용해 사용자 지정 설정하기
- 애플리케이션 의존성 관리

⁝⁝▶ 기술 요구 사항

이 책에서는 몇 가지 도구만 준비되면 실습을 따라할 수 있다.

- **자바 17 개발 키트**JDK 17, Java 17 Development Kit
- **최신 IDE**
- 깃허브 계정
- 추가 지원additional support

자바 17 설치

스프링 부트 3.0은 자바 17을 기반으로 구성돼 있다. 자바를 쉽게 설치하고 사용하려면 다음과 같이 **sdkman**을 도구로 사용해 다른 JDK 간의 설치 및 전환을 처리하는 것이 가장 쉽다.

1. 다음 사이트(https://sdkman.io/)를 방문한다.

2. 사이트의 지침에 따라 다음 명령어를 실행한다. `curl -s "https://get.sdkman.io" | bash`를 실행한다.

3. 이후 제공되는 지침을 따른다.

4. `sdk install java 17.0.2-tem`를 입력해 컴퓨터에 자바 17을 설치한다. 메시지가 표시되면 모든 터미널에서 기본 JDK로 선택한다.

이는 이전에 **AdoptOpenJDK**로 알려져 있는 자바 17의 **이클립스 테무린**Eclipse Temurin 버전을 다운로드해 설치한다. 이클립스 테무린은 모든 표준 자바 TCKTechnology Compatibility Kit를 준수하는 무료 오픈 소스 버전의 OpenJDK다. 일반적으로 모든 조직에서 자바 개발에 사용할 수 있는 것으로 인정하는 자바 변형이다. 또한, 라이선스 비용을 지불할 필요가 없다.

팁

> 상용으로 지원되는 자바 버전이 필요한 경우 더 많은 조사를 해야 한다. 자바 영역에서 상용 지원을 제공하는 많은 곳마다 다양한 옵션이 있다. 자신에게 가장 적합한 것을 사용하자. 하지만 상용 지원이 필요하지 않다면 이클립스 테무린도 괜찮을 것이다. 이클립스 테무린은 스프링 팀 자체에서 관리되는 많은 프로젝트에서 사용하고 있다.

최신 IDE 설치

오늘날 대부분의 개발자는 개발 작업을 수행할 때 많은 무료 IDE 중 하나를 사용한다. 다음 옵션을 고려해보자.

- 인텔리제이^{IntelliJ} IDEA – 커뮤니티 에디션(https://www.jetbrains.com/idea/)

- 스프링 툴 4^{Spring Tools 4}(https://spring.io/tools)

  ○ 이클립스^{Eclipse}를 위한 스프링 툴 4

  ○ VSCode를 위한 스프링 툴 4

인텔리제이 IDEA는 강력한 IDE다. 무료인 커뮤니티 에디션에는 유용한 기능이 많이 포함
돼 있다. 499달러의 얼티밋 에디션은 완전한 패키지^{package}다. 이 제품을 직접 구입하거나
회사에 라이선스를 구매하도록 설득한다면 가치 있는 투자가 될 것이다.

스프링 툴 4는 이클립스 버전이든 VS 코드 버전이든 상관없이 강력한 조합이다.

잘 모르겠다면 한 달 동안 각각 테스트하고 어떤 것이 가장 좋은 기능을 제공하는지 확인해
보자. 이들 모두 스프링 부트에 대한 최고 수준의 지원을 제공한다.

하지만 어떤 사람들은 평범한 텍스트 편집기를 선호하기도 한다. 당신이 그렇더라도 괜
찮다. 최소한 장단점을 이해하기 위해 이러한 IDE들을 평가해보자.

깃허브 계정 생성

나는 항상 21세기 소프트웨어 개발의 세계에 입문하는 모든 사람에게 아직 깃허브 계정을
만들지 않았다면 만들라고 말한다. 수많은 도구와 시스템에 쉽게 액세스^{access}할 수 있다.

이제 막 시작했다면 웹 사이트(https://github.com/join)를 방문한다.

이 책의 코드는 깃허브(https://github.com/PacktPublishing/Learning-Spring-Boot-3.0)에서 호
스팅된다.

이 책에 제시된 코드를 따라 작업할 수 있지만 소스로 이동해야 하는 경우 앞서 언급한 링
크를 참조할 수 있다. 앞서 언급한 링크를 방문해 직접 복사본을 다운로드할 수 있다.

추가 지원 찾기

마지막으로, 더 많은 도움이 필요한 경우 방문할 수 있는 몇 가지 추가 리소스가 있다.

- 나는 사람들이 스프링 부트를 시작하는 데 도움이 되는 유튜브 채널(https://www.youtube.com/@ProCoderIO)을 운영하고 있다. 모든 동영상과 라이브 스트림은 완전히 무료다.

- 독점 회원에게 제공되는 추가 콘텐츠는 다음 사이트(https://springbootlearning.com/member)에서 제공된다. 또한, 회원들은 질문과 우려 사항이 있을 때 일대일 상담을 받을 수 있다.

- 미디엄^{Medium}의 유료 구독자라면 전반적인 소프트웨어 개발 주제와 함께 스프링 부트를 기반으로 한 기술 글도 다음 사이트(https://procoderio.medium.com)에서 작성하고 있다. 팔로우를 부탁한다.

- 뉴스레터에 게시된 모든 기술 문서를 다음 사이트(https://springbootlearning.com/join)에서도 무료로 공유하고 있다. 가입하면 전자책도 무료로 받을 수 있다.

자바 17을 다운로드하고 IDE를 설치했다면 모든 준비가 완료된 것이니 이제 시작해보자!

⠿ 스프링 빈 자동 설정

스프링 부트에는 많은 기능이 있다. 하지만 가장 잘 알려진 기능은 자동 설정^{autoconfiguration}이다.

기본적으로 스프링 부트 애플리케이션이 시작되면 classpath를 비롯한 애플리케이션의 많은 부분을 검사한다. 애플리케이션에서 확인된 내용에 따라 **애플리케이션 콘텍스트**^{application context}에 **스프링 빈**^{Spring Bean}을 자동으로 추가한다.

애플리케이션 콘텍스트 이해

스프링을 처음 사용하는 경우 애플리케이션 콘텍스트가 무엇에 대해 말하는지 이해하는 것이 중요하다.

스프링 프레임워크 애플리케이션이 시작될 때마다 스프링 부트를 포함하든 포함하지 않든 일종의 컨테이너가 생성된다. 스프링 프레임워크의 애플리케이션 콘텍스트에 등록된 다양한 자바 빈을 스프링 빈이라고 한다.

팁

> 자바 빈이란 무엇일까? 자바 빈은 특정 패턴을 따르는 객체로, 모든 필드가 비공개이고, 게터(getter)와 세터 (setter)를 통해 해당 필드에 대한 액세스를 제공하며, 인수가 없는 생성자를 갖고 있고, Serializable 인터페이스를 구현한다.
>
> 예를 들어, name 및 location 필드가 있는 Video 유형의 객체에서 이 두 필드를 비공개로 설정하고, 이 빈의 상태를 변경하는 방법으로 getName(), getLocation(), setName(), setLocation()을 제공한다. 또한, 인수가 없는 Video() 생성자 호출이 있다. 그것은 대부분 관례일 뿐이다. 많은 도구가 게터와 세터를 활용해 프로퍼티(property) 지원을 제공한다. 하지만 Serializable 인터페이스를 구현해야 한다는 요구 사항은 그렇게 엄격하게 적용되지 않는다.

스프링 프레임워크에는 **의존성 주입**DI, Dependency Injection이라는 심층적인 개념이 있는데, 이 개념은 스프링 빈이 다른 유형의 빈에 대한 필요성을 표현할 수 있다. 예를 들어, BookRepository 빈은 DataSource 빈을 필요로 할 수 있다.

```
@Bean
public BookRepository bookRepository(DataSource dataSource) {
    return new BookRepository(dataSource);
}
```

이 앞의 자바 설정은 스프링 프레임워크에서 볼 때 다음과 같은 작업 흐름을 유발한다.

1. bookRepository는 DataSource가 필요하다.

2. 애플리케이션 콘텍스트에 DataSource를 요청한다.

3. 애플리케이션 콘텍스트가 이를 갖고 있거나 생성해 반환한다.

4. bookRepository는 애플리케이션 콘텍스트의 DataSource를 참조하면서 코드를 실행한다.

5. 애플리케이션 콘텍스트에 BookRepository라는 이름으로 bookRepository가 등록된다.

애플리케이션 콘텍스트는 애플리케이션에 필요한 모든 스프링 빈이 생성되고 서로 적절하게 주입되도록 한다. 이를 와이어링wiring이라고 한다.

다양한 클래스 정의에 몇 가지 새로운 연산을 추가하는 대신 왜 이런 모든 작업을 수행해야할까? 이유는 간단하다. 애플리케이션의 시작하는 일반적인 상황에서 모든 빈이 예상대로함께 연결된다.

테스트 케이스의 경우 특정 빈을 재정의하고 스터브stubbed 또는 모의mocked 빈으로 전환할수 있다.

클라우드cloud 환경의 경우, 모든 DataSource를 찾아 바인딩된 데이터 서비스에 연결되는 빈으로 쉽게 교체할 수 있다.

예제 BookRepository에서 새로운 작업을 제거하고 해당 책임을 애플리케이션 콘텍스트에위임함으로써 애플리케이션 개발 및 유지 관리의 전체 수명 주기를 훨씬 쉽게 만들어주는유연한 옵션의 문을 열었다.

이 책에서는 다양한 상황에 따라 스프링 부트가 스프링 프레임워크의 빈을 주입하는 기능을 어떻게 활용하는지 살펴본다. 스프링 부트가 스프링 프레임워크를 대체하는 것이 아니라 오히려 이를 적극 활용한다는 점을 인식하는 것이 중요하다.

이제 애플리케이션 콘텍스트가 무엇인지 알았으니 이제 자동 설정을 통해 스프링 부트가콘텍스트를 활용하는 다양한 방법을 살펴볼 차례다.

스프링 부트의 자동 설정 정책 살펴보기

스프링 부트는 수많은 자동 설정 정책과 함께 제공된다. 이들은 특정 조건부 상황에 따라서만 등록되는 @Bean 정의가 포함된 클래스다. 한 가지 예를 들어보자.

스프링 부트가 클래스패스classpath 어딘가에서 DataSource의 클래스 정의, 즉 **자바 데이터베이스 연결**JDBC, Java DataBase Connectivity 드라이버 내부에 있는 클래스를 감지하면 해당 DataSourceAutoConfiguration이 활성화된다. 이 정책은 해당 정책에서 찾은 @ConditionalOn Class({ DataSource.class }) 어노테이션annotation에 의해 특정 버전의 DataSource 빈을 생성한다.

DataSourceAutoConfiguration 내부에는 다양한 요인에 의해 구동되는 내부 클래스가 존재한다. 예를 들어, 일부 클래스는 H2와 같은 임베디드^{embedded} 데이터베이스를 사용했는지, HikariCP와 같은 풀링된 JDBC 에셋^{asset}을 사용했는지 여부를 구분한다.

이렇게 하면 H2 DataSource를 설정할 필요가 없어진다. 여러 애플리케이션에 걸쳐 종종 동일한 인프라 설정의 작은 부분을 우리가 직접 관리하지 않고 스프링 부트에서 관리한다. 그리고 이를 사용하는 비즈니스 코드 작성 부분으로 더 빠르게 이동할 수 있다.

또한, 스프링 부트 자동 설정에는 스마트 오더링^{smart ordering}이 내장돼 있어 빈이 올바르게 추가되도록 보장한다. 걱정하지 말자! 스프링 부트를 사용한다고 해서 이러한 수준의 세부 사항을 알아야 하는 것은 아니다.

대부분의 경우 스프링 부트가 무엇을 하는지 알 필요가 없다. 빌드 설정에 다양한 항목이 추가될 때 올바른 작업을 수행하도록 설계됐기 때문이다.

요점은 빌드 파일에 추가하는 의존성에 따라 서블릿 핸들러^{servlet handler}, 뷰 리졸버^{view resolver}, 데이터 리포지터리^{data repository}, 보안 필터^{security filter} 등과 같은 많은 기능이 활성화된다는 것이다.

스프링 빈을 자동으로 추가하는 것보다 더 나은 것이 무엇일까? 바로 백오프^{back off}다.

일부 빈은 classpath 설정을 기반으로 생성된다. 하지만 코드 내에서 특정 빈 정의가 감지되면 자동 설정이 시작되지 않는다.

앞의 예제를 계속 이어서, classpath에 H2와 같은 것을 넣되 DataSource 빈을 정의하고 애플리케이션 콘텍스트에 등록하면 스프링 부트는 해당 빈 대신 우리의 DataSource 빈을 받아들인다.

특별한 후크^{hook}가 없다. 스프링 부트에 이를 알릴 필요도 없다. 원하는 대로 자신만의 빈을 생성하기만 하면 스프링 부트가 이를 선택해 실행한다!

낮은 수준으로 들릴 수 있지만 스프링 부트의 자동 설정 기능은 혁신적이다. 프로젝트에 필요한 모든 의존성을 추가하는 데 집중하면 앞서 설명한 대로 스프링 부트가 올바른 작업을 수행한다.

스프링 부트에 작성된 자동 설정 정책 중 일부는 다음에 기재한 영역에 걸쳐 확장된다.

- **스프링 AMQP**: 고급 메시지 큐 프로토콜AMQP, Advanced Message Queueing Protocol 메시지 브로커broker를 사용해 비동기 통신

- **스프링 AOP**: 객체 지향 프로그래밍을 사용해 코드에 조언 적용

- **스프링 배치**: 배치batch 작업을 사용해 대량의 콘텐츠content 처리

- **스프링 캐시**: 결과를 캐시cache해 서비스 부하 완화

- **데이터 저장소store 연결**(Apache Cassandra, Elasticsearch, Hazelcast, InfluxDB, JPA, MongoDB, Neo4j, Solr)

- **스프링 데이터**(Apache Cassandra, Couchbase, Elasticsearch, JDBC, JPA, LDAP, MongoDB, Neo4j, R2DBC, Redis, REST): 데이터 액세스access 간소화

- **플라이웨이**Flyway: 데이터베이스 스키마schema 관리

- **템플릿 엔진**Templating engines(Freemarker, Groovy, Mustache, Thymeleaf)

- **직렬화/역직렬화**(Gson 및 Jackson)

- **스프링 HATEOAS**: 하이퍼미디어hypermedia를 애플리케이션 상태 엔진HATEOAS 또는 웹 서비스에 추가

- **스프링 통합**: 통합 규칙 지원

- **스프링 JDBC**: JDBC를 통한 데이터베이스 액세스 간소화

- **스프링 JMS**: 자바 메시징 서비스JMS, Java Messaging Service를 통한 비동기화

- **스프링 JMX**: JMXJava Management Extension를 통한 서비스 관리

- **jOOQ**: 자바 객체 지향 쿼리jOOQ, java Object Oriented Querying를 사용한 데이터베이스 쿼리

- **아파치 카프카**Apache Kafka: 비동기 메시징

- **스프링 LDAP**: 경량 디렉터리 액세스 프로토콜LDAP, Lightweight Directory Access Protocol을 통한 디렉터리 기반 서비스

- **리퀴베이스**^{Liquibase}: 데이터베이스 스키마 관리

- **스프링 메일**: 이메일 게시

- **Netty**: 비동기 웹 컨테이너(서블릿 기반이 아님)

- **쿼츠 스케줄링**^{Quartz scheduling}: 시간 제한 작업

- **스프링 R2DBC**: 반응형 관계형 데이터베이스 연결^{R2DBC, Reactive Relational DataBase Connectivity}을 통한 관계형 데이터베이스 액세스

- **센드그리드**^{SendGrid}: 이메일 게시

- **스프링 세션**^{Session}: 웹 세션 관리

- **스프링 RSocket**: RSocket으로 알려진 비동기 와이어 프로토콜 지원

- **스프링 유효성 검사**: 빈 유효성 검사

- **스프링 MVC**: 모델-뷰-컨트롤러^{MVC, Model-View-Controller} 패러다임^{paradigm}을 사용하는 서블릿 기반 웹 애플리케이션을 위한 스프링의 주력 제품

- **스프링 웹플럭스**^{WebFlux}: 웹 애플리케이션을 위한 스프링의 반응형 솔루션^{solution}

- **스프링 웹 서비스**: SOAP^{Simple Object Access Protocol} 기반 서비스

- **스프링 웹소켓**^{WebSocket}: 웹소켓 메시징 웹 프로토콜 지원

이것은 일반적인 목록이며 결코 완전한 목록이 아니다. 스프링 부트의 다양한 기능을 한눈에 살펴볼 수 있도록 하기 위한 것이다.

이런 정책 세트와 다양한 빈이 멋지긴 하지만 완벽하다고 하기에는 몇 가지가 부족하다. 예를 들어, 모든 라이브러리의 버전을 관리하는 것을 상상할 수 있을까? 그리고 자체 설정과 구성 요소에 후킹^{hooking}하는 것은 어떨까? 다음 몇 개의 절에서 이러한 부분을 다룰 것이다.

스프링 부트 스타터를 사용해 포트폴리오 구성 요소 추가

이전 절에서 H2 추가 또는 **스프링 MVC** 또는 **스프링 시큐리티**에 대해 이야기했던 것을 기억해보자.

과감하게 이야기해서 당신에게는 메모리에 커밋된 어떠한 프로젝트 의존성 좌표coordinate가 없다고 가정해보자. 스프링 부트는 무엇을 제공할까? 빌드에 쉽게 추가할 수 있는 가상의 의존성 모음을 제공한다.

다음 코드에 표시된 것처럼 프로젝트에 org.springframework.boot:spring-boot-starter-web을 추가하면 스프링 MVC가 활성화된다.

```
<dependency>
  <groupId>org.springframework.boot</groupId>
  <artifactId>spring-boot-starter-web</artifactId>
</dependency>
```

다음 코드에 표시된 것처럼 프로젝트에 org.springframework.boot:spring-boot-starter-data-jpa를 추가하면 스프링 데이터 JPA가 활성화된다.

```
<dependency>
  <groupId>org.springframework.boot</groupId>
  <artifactId>spring-boot-starter-data-jpa</artifactId>
</dependency>
```

50가지의 다양한 스프링 부트 스타터가 있으며, 각각은 스프링 포트폴리오 및 서드파티third-party 라이브러리의 다양한 부분에 대한 완벽한 좌표를 갖고 있다.

하지만 문제는 단순히 스프링 MVC를 classpath에 추가하는 것처럼 단순히 지름길만이 아니다. org.springframework.boot:spring-boot-starter-web과 org.springframework:spring-webmvc 사이에는 약간의 차이가 있다. 이는 우리가 주로 사용하는 인터넷 검색 엔진으로 알아낼 수 있는 부분이다.

하지만 문제는 스프링 MVC를 원한다면 전체 **스프링 웹** 경험을 원한다는 것이다.

> **스프링 MVC** 대 **스프링 웹**? 스프링 프레임워크에는 웹 애플리케이션과 관련된 세 가지 아티팩트(artifact)가 있다. 스프링 웹, 스프링 MVC, 스프링 웹플럭스다. 스프링 MVC는 서블릿에 특화된 부분이다. 스프링 웹플럭스는 반응형 웹 애플리케이션 개발용이며 서블릿 기반 계약과 관련이 없다. 스프링 웹에는 스프링 MVC와 스프링 웹플럭스 간에 공유되는 공통 요소가 포함돼 있다. 여기에는 주로 스프링 MVC가 수년 동안 사용해온 어노테이션 기반 프로그래밍 모델이 포함된다. 반응형 웹 애플리케이션 작성을 시작하려고 할 때 웹 컨트롤러를 구축하기 위해 완전히 새로운 패러다임을 배울 필요가 없다는 것을 의미한다.

spring-boot-starter-web을 추가했다면 다음이 필요하다.

- 스프링 MVC와 스프링 웹에서 찾을 수 있는 관련 어노테이션. 이들은 서블릿 기반 웹 애플리케이션을 지원하는 스프링 프레임워크 코드다.

- JSON과의 직렬화 및 역직렬화(JSR 310 지원 포함)를 위한 잭슨 데이터바인드^{Jackson Databind}

- 임베디드 아파치 톰캣 서블릿 컨테이너

- 핵심 스프링 부트 스타터

- 스프링 부트

- 스프링 부트 자동 설정

- 스프링 부트 로깅

- 자카르타^{Jakarta} 어노테이션

- 스프링 프레임워크 코어

- YAML^{YAML Ain't Markup Language} 기반 프로퍼티 파일을 처리하기 위한 SnakeYAML

> 자카르타는 뭘까? 자카르타 EE는 자바 EE를 대체하는 새로운 공식 사양이다. 오라클(Oracle)은 자바 EE 사양을 이클립스 재단에 공개할 때 상표권이 있는 자바 브랜드를 포기하지 않았고 라이선스도 부여하지 않았다. 그래서 자바 커뮤니티는 향후 새로운 브랜드로 자카르타를 선택했다. 자카르타 EE 9+는 스프링 부트 3.0이 지원하는 공식 버전이다. 자세한 내용은 동영상 'What is Jakarta EE?'(https://springbootlearning.com/jakarta-ee)를 참조한다.

이 스타터는 템플릿 엔진을 제외하고 실제 웹 애플리케이션을 구축하기에 충분하다. 이제 애플리케이션 콘텍스트에서 주요 빈을 등록하는 자동 설정을 가진다. 그리고 스프링 포트 폴리오 구성 요소를 classpath에 간단하게 배치할 수 있는 스타터도 있다. 하지만 사용자 지정 설정을 플러그인할 수 있는 기능이 빠져 있는데, 이 부분은 다음 절에서 다룰 것이다.

⁝⁝ 설정 프로퍼티를 사용해 설정 사용자 지정

스프링 부트를 선택하기로 결정하고 마법의 스타터 몇 가지를 추가하기 시작했다. 1장의 앞부분에서 설명한 것처럼 하면 몇 가지 스프링 빈이 활성화된다.

스프링 MVC의 spring-boot-starter-web을 선택하고 웹 애플리케이션을 빌드했다고 가정하면, 선택한 서블릿 컨테이너로 임베디드 **아파치 톰캣**Apache Tomcat이 활성화된다. 이를 통해 스프링 부트는 많은 가정을 할 수밖에 없다.

예를 들어, 어떤 포트에서 수신할 것인가? 콘텍스트 경로는 무엇인가? **보안 소켓 계층**SSL, Secure Sockets Layer은? 스레드는? 그 외에도 톰캣 서블릿 컨테이너를 실행하기 위한 12가지 매개변수가 있다.

그리고 스프링 부트가 이를 선택할 것이다. 그럼 이제 어떻게 해야 할까? 그냥 받아들여야 할까? 그렇지 않다.

스프링 부트는 프로퍼티 설정을 스프링 빈에 연결할 수 있는 방법으로 **설정 프로퍼티** configuration property를 도입했다. 스프링 부트는 특정 프로퍼티를 기본값으로 로드할 수 있지만, 이를 재정의할 수 있다.

가장 간단한 예는 이 절의 앞부분에서 언급한 첫 번째 프로퍼티인 서버 포트다.

스프링 부트는 기본 포트를 염두에 두고 시작되지만 이를 변경할 수 있다. 이 작업을 수행하려면 먼저 src/main/resources 폴더에 application.properties 파일을 추가하면 된다. 이 파일 안에 다음을 추가하기만 하면 된다.

```
server.port=9000
```

자바 1.0 초기부터 지원된 파일 형식인 이 자바 프로퍼티 파일에는 등호(=)로 구분된 키-값 쌍의 목록이 포함돼 있다. 왼쪽에는 키(server.port)가, 오른쪽에는 값(9000)이 포함돼 있다.

스프링 부트 애플리케이션이 시작되면 해당 파일을 찾아 모든 프로퍼티 항목을 검색한 다음 적용한다. 그러면 스프링 부트는 기본 포트를 8080에서 포트 9000으로 전환한다.

노트

> 서버 포트 프로퍼티는 동일한 컴퓨터에서 둘 이상의 스프링 부트 기반 웹 애플리케이션을 실행해야 할 때 매우 유용하다.

스프링 부트는 아파치 톰캣과 함께 임베디드에 적용할 수 있는 몇 가지 프로퍼티에만 국한 되지 않는다. 스프링 부트에는 제티^{Jetty}와 언더토우^{Undertow}를 포함한 대체 서블릿 컨테이 너 스타터가 있다. 서블릿 컨테이너를 선택하는 방법은 2장에서 배울 것이다.

어떤 서블릿 컨테이너를 사용하든지 서블릿이 웹 요청을 처리할 포트를 전환하기 위해 servlet.port 프로퍼티가 올바르게 적용된다는 것을 아는 것이 중요하다.

그 이유가 궁금한가? 서블릿 컨테이너 간에 공통 포트 프로퍼티가 있으면 서블릿 컨테이너 를 쉽게 선택할 수 있다.

그렇다. 이런 수준의 제어가 필요하기에 컨테이너별 프로퍼티 설정이 존재한다. 하지만 일 반화된 프로퍼티를 사용하면 원하는 컨테이너를 선택하고 원하는 포트와 콘텍스트 경로로 쉽게 이동할 수 있다.

하지만 우리는 너무 앞서 나가고 있다. 스프링 부트 프로퍼티 설정의 요점은 서블릿 컨테이 너에 관한 것이 아니다. 런타임^{runtime}에 애플리케이션을 유연하게 만들 수 있는 기회를 만 드는 것이다. 다음 절에서는 설정 프로퍼티를 만드는 방법을 보여줄 것이다.

사용자 지정 프로퍼티 생성

이 절의 시작 부분에서 설정 프로퍼티는 모든 스프링 빈에 적용될 수 있다고 언급했다. 이 는 스프링 부트의 자동 설정된 빈뿐만 아니라 자체 스프링 빈에도 적용된다.

다음 코드를 확인해보자.

```java
@Component
@ConfigurationProperties(prefix = "my.app")
public class MyCustomProperties {
    // 기본값이 필요한 경우 여기 또는 생성자에서 지정한다.
    private String header;
    private String footer;

    // 게터와 세터
}
```

앞의 코드는 다음과 같이 설명할 수 있다.

- @Component는 애플리케이션이 시작될 때 이 클래스의 인스턴스를 자동으로 생성하고 애플리케이션 콘텍스트에 등록하기 위한 스프링 프레임워크의 어노테이션이다.

- @ConfigurationProperties은 설정 프로퍼티의 소스로서 이 스프링 빈에 레이블을 지정하는 스프링 부트 어노테이션이다. 해당 프로퍼티의 접두사는 my.app이 될 것임을 나타낸다.

클래스 자체는 1장의 앞부분에서 설명한 표준 자바 빈 프로퍼티 규칙을 준수해야 한다. 이 클래스는 다양한 필드를 생성하고 getHeader() 및 getFooter()와 같은 적절한 게터와 세터를 포함할 것이다.

이 클래스를 애플리케이션에 추가하면 다음과 같이 자체 사용자 지정 프로퍼티를 포함할 수 있다.

```
application.properties:
my.app.header=Learning Spring Boot 3
my.app.footer=Find all the source code at https://github.com/PacktPublishing/
Learning-Spring-Boot-3.0
```

이 두 줄은 스프링 부트에서 읽고 애플리케이션 콘텍스트에 주입되기 전에 MyCustom Properties 스프링 빈에 주입된다. 그런 다음 해당 빈을 애플리케이션의 모든 관련 컴포넌트에 주입할 수 있다.

그러나 다음과 같이 애플리케이션에 절대 하드코드hardcode를 해서는 안 되는 프로퍼티를 포함하는 것이 훨씬 더 확실한 개념을 보여준다.

```java
@Component
@ConfigurationProperties(prefix = "app.security")
public class ApplicationSecuritySettings {

  private String githubPersonalCode;

  public String getGithubPersonalCode() {
    return this.githubPersonalCode;
  }

  public void setGithubPersonalCode
    (String githubPersonalCode) {
      this.githubPersonalCode = githubPersonalCode;
  }
}
```

앞의 코드는 이전 코드와 매우 유사하지만 다음과 같은 차이점이 있다.

- 이 클래스 프로퍼티의 접두사는 app.security다.

- githubPersonalCode 필드는 OAuth API를 통해 깃허브와 상호 작용하는 데 사용되는 API 암호를 저장할 때 사용되는 문자열이다.

깃허브의 API와 상호 작용해야 하는 애플리케이션은 접속하기 위해 암호가 필요하다. 애플리케이션에 이 암호를 내장하고 싶지는 않다. 비밀번호가 변경되면 어떻게 해야 할까? 이를 위해 전체 애플리케이션을 다시 빌드하고 다시 배포해야 할까?

그렇지 않다. 애플리케이션의 해당 부분을 외부 소스에 위임하는 것이 가장 좋다. 어떻게 구현할 수 있을까? 다음 절에서 그 방법을 보여줄 것이다.

애플리케이션 설정 외부화

이전 절에서 외부 소스에 대해 언급했다. 애플리케이션에 생성되는 application.properties 파일에 프로퍼티를 넣을 수 있지만, 이것이 유일한 방법은 아니다. 스프링 부트에 애플리케이션 프로퍼티를 제공할 때 결과물 내부에만 있지 않은 더 많은 옵션이 존재한다.

스프링 부트는 시작 시 JAR 파일 내에 있는 application.properties를 찾을 뿐만 아니라 애플리케이션을 실행하는 폴더에서도 해당 파일을 찾는다. 또한, 애플리케이션을 실행하는 폴더를 직접 검색해 해당 폴더에 있는 application.properties 파일을 찾아서 로드한다.

미리 설정된 프로퍼티 또는 스프링 부트 자체에서 제공하는 프로퍼티를 즉시 재정의하는 방법으로 JAR 파일을 바로 옆에 있는 application.properties 파일과 함께 제공할 수 있다.

하지만 그것이 전부는 아니다. 스프링 부트는 **프로파일**profile도 지원한다.

프로파일이란 무엇일까? 프로파일별 프로퍼티 재정의가 가능하다. 좋은 예는 하나의 개발 환경에는 하나의 설정을 사용하는 것이지만, 테스트 베드test bed 또는 프로덕션 환경에는 다른 설정을 사용하는 것이 좋다.

기본적으로 다음과 같이 application.properties의 변형을 만들 수 있다.

- application-dev.properties는 dev 프로파일이 활성화될 때 적용되는 프로퍼티 집합이다.

- application-test.properties는 test 프로파일이 적용될 때 적용된다.

- application.properties는 항상 적용되므로 프로덕션 환경으로 간주할 수 있다.

예를 들어, 다음과 같이 데이터베이스 연결 세부 정보가 my.app.databaseUrl이라는 프로퍼티에 캡처돼 있다고 가정해보자.

```
application.properties:
my.app.databaseUrl=https://user:pass@production-server.com:1234/prod/
```

시스템의 테스트 베드는 동일한 프로덕션 서버에 연결되지 않을 것이다. 따라서 대신 다음과 같이 재정의하는 application-test.properties를 제공해야 한다.

```
application-test.properties:
my.app.databaseUrl=http://user:pass@test-server.com:1234/test/
```

이 재정의를 활성화하려면 애플리케이션을 실행하는 자바 명령에 추가 인수로 -Dspring.profiles.active=test를 포함하기만 하면 된다.

개발 환경을 위한 재정의는 생각해볼 수 있도록 남겨뒀다.

노트

> 프로덕션은 애플리케이션의 최종 상태이므로 일반적으로 application.properties을 프로덕션 버전의 프로퍼티 설정으로 사용하는 것이 가장 좋다. 다른 환경이나 설정에는 다른 프로파일(profile)을 사용한다.

앞서 스프링 부트가 JAR 내부에 포함된 application.properties 파일과 JAR 외부에 있는 파일을 모두 검사한다고 설명한 것을 기억하자. 프로파일별 프로퍼티 파일도 마찬가지다.

지금까지 기본 및 프로파일별 내부 및 외부 프로퍼티에 대해 언급했다. 사실 프로퍼티 설정을 스프링 부트 애플리케이션에 바인딩하는 방법은 훨씬 더 많다.

다음 목록에는 우선순위가 가장 낮은 것부터 가장 높은 것까지 몇 가지가 포함돼 있다.

- 스프링 부트의 SpringApplication.setDefaultProperties() 메서드에서 제공하는 기본 프로퍼티

- @PropertySource에 어노테이션이 달린 @Configuration 클래스

- application.properties 파일과 같은 설정 데이터

- RandomValuePropertySource는 random.*일 때만 프로퍼티를 가진다.

- 운영체제^{OS, Operating System} 환경 변수

- 자바 시스템 프로퍼티(System.getProperties())

- java:comp/env의 JNDI 프로퍼티

- ServletContext 초기화 매개 변수

- ServletConfig 초기화 매개 변수

- SPRING_APPLICATION_JSON의 프로퍼티(환경 변수 또는 시스템 프로퍼티에 포함된 인라인 JSON)

- 명령줄 인수

- 테스트의 properties 속성. 이 속성은 @SpringBootTest 어노테이션과 5장 후반부에서 다룰 예정인 슬라이스 기반 테스트에서도 사용할 수 있다.

- 테스트에 @TestPropertySource 어노테이션을 추가

- 개발자 도구 전역 설정 프로퍼티(스프링 부트 개발자 도구가 활성화된 경우 $HOME/.config/spring-boot 디렉터리)

설정 파일은 다음 순서로 고려된다.

- JAR 파일 내에 패키징된 애플리케이션 프로퍼티

- JAR 파일 내부의 프로파일별 애플리케이션 프로퍼티

- JAR 파일 외부의 애플리케이션 프로파일

- JAR 파일 외부의 프로파일별 애플리케이션 프로퍼티

약간 뜬금없는 이야기지만, 특정 프로파일이 활성화될 때만 특정 빈이 활성화되도록 할 수도 있다.

그리고 프로퍼티는 데이터 값 주입에만 국한되지 않는다. 다음 절에서는 프로퍼티 기반 빈을 만드는 방법을 보여줄 것이다.

프로퍼티 기반 빈 설정

프로퍼티는 단순히 설정만 제공하는 것이 아니다. 어떤 빈이 언제 생성되는지도 관리할 수 있다.

다음 코드는 빈을 정의하는 일반적인 패턴이다.

```
@Bean
@ConditionalOnProperty(prefix="my.app", name="video")
YouTubeService youTubeService() {
    return new YouTubeService();
}
```

앞의 코드는 다음과 같이 설명할 수 있다.

- @Bean은 애플리케이션 콘텍스트를 생성할 때 다음 코드를 호출하고 생성된 인스턴스를 스프링 빈으로 추가해야 함을 알리는 스프링의 어노테이션이다.

- @ConditionalOnProperty는 프로퍼티의 존재 여부에 따라 이 동작을 조건부로 지정하는 스프링 부트의 어노테이션이다.

my.app.video=youtube로 설정하면 YouTubeService 유형의 빈이 생성돼 애플리케이션 콘텍스트에 주입된다. 실제로 이 시나리오에서 my.app.video를 임의의 값으로 정의하면 이 빈이 생성된다.

프로퍼티에 존재하지 않으면 빈이 생성되지 않는다. 이렇게 하면 프로파일을 처리할 필요가 없다.

다음 예시와 같이 더욱 세밀하게 조정할 수 있다.

```
@Bean
@ConditionalOnProperty(prefix="my.app", name="video", havingValue="youtube")
YouTubeService youTubeService() {
    return new YouTubeService();
}
@Bean
@ConditionalOnProperty(prefix="my.app", name="video", havingValue="vimeo")
VimeoService vimeoService() {
    return new VimeoService();
}
```

위 코드는 다음과 같이 설명할 수 있다.

- 이전과 마찬가지로 @Bean은 애플리케이션 콘텍스트에 생성 및 추가할 스프링 빈을 정의할 것이다.

- @ConditionalOnProperty은 명명된 프로퍼티에 명시된 값이 있는 경우에만 생성되도록 이러한 빈을 조건화할 것이다.

이번에는 my.app.video=youtube로 설정하면 YouTubeService가 생성된다. 하지만 my.app.video=vimeo로 설정하면 VimeoService 빈이 대신 생성된다.

이렇게 애플리케이션 프로퍼티를 정의하는 풍부한 방법을 제공한다. 필요한 모든 설정 빈을 생성할 수 있다. 다양한 환경에 따라 다양한 재정의를 적용할 수 있다. 그리고 이러한 프로퍼티를 기반으로 생성되는 다양한 서비스의 변형을 조건부로 지정할 수도 있다.

또한, 테스트 베드, 개발자의 작업 환경, 프로덕션 환경, 백업 기능 등 특정 환경에서 어떤 프로퍼티 설정을 적용할지 제어할 수 있다. 심지어 개별 클라우드 제공업체에 따라 추가 설정을 적용할 수도 있다.

추가적으로, 대부분의 최신 IDE(인텔리제이 IDEA, 스프링 툴 스위트, 이클립스, VS 코드)는 application.properties 파일 내에서 자동 완성 기능을 제공한다. 이에 대해서는 이 책의 나머지 부분에서 더 자세히 다룰 예정이다.

이제 강력한 애플리케이션을 만들기 위해 마지막으로 필요한 것은 애플리케이션을 유지 관리할 수 있는 방법이다. 이 부분은 다음 절에서 다룰 것이다.

⠿ 애플리케이션 의존성 관리

우리가 간과했을 수도 있는 미묘한 부분이 있다. 간단한 질문으로 가장 잘 표현할 수 있다.

특정 버전의 스프링 프레임워크가 어떤 버전의 스프링 데이터 JPA 및 스프링 시큐리티와 가장 잘 작동할까?

사실, 이는 매우 까다로운 문제다. 실제로 지난 몇 년 동안 버전 의존성을 관리하는 데만 수천 시간이 소요됐을 것이다.

만약에 새로운 버전의 스프링 데이터 JPA가 출시됐다고 가정해보자. 여기에는 여러분이 기다리던 예제별 쿼리Query By Example 옵션에 대한 업데이트가 포함돼 있다. 마침내 게터에서 자바의 Optional type을 사용하는 도메인 객체를 처리하는 옵션이다. 그동안 Optional. EMPTY가 발생할 때마다 폭발하는 문제가 발생해 여러분을 괴롭혔다.

업그레이드를 원하지만 진행할 수 있을지 알 수 없다.

지난번 업그레이드에는 일주일의 노력이 필요했다. 여기에는 스프링 프레임워크의 릴리스release 보고서와 스프링 데이터 JPA를 파헤치는 작업이 포함됐다.

당신의 시스템은 **스프링 통합**Spring Integration 및 스프링 MVC도 사용한다. 버전을 올리면 다른 의존성에서 문제가 발생할까?

자동 설정의 기적을 봤지만 이런 의존성 문제를 해결하지 못하면 모든 매끄러운 스타터과 사용하기 쉬운 설정 프로퍼티를 사용하는 것이 다소 약해질 수 있다.

그렇기 때문에 스프링 부트에는 195개의 승인된 버전 목록이 광범위하게 포함돼 있다. 스프링 부트 버전을 선택하면 가장 인기 있는 일부 서드파티 라이브러리와 함께 적절한 버전의 스프링 포트폴리오portfolio가 이미 선택될 것이다.

의존성 버전을 세세하게 관리할 필요가 없다. 스프링 부트 버전을 업그레이드하고 모든 개선 사항을 적용하기만 하면 된다.

스프링 부트 팀은 소프트웨어 자체만 릴리스하는 것이 아니다. 또한, **메이븐**Maven **자재명세서**BOM, Bill Of Materials도 릴리스한다. 이것은 Spring Boot Dependencies라는 별도의 모듈module이다. 당황하지 말자! 스프링 부트를 채택할 때 선택되는 모듈에 구성돼 있다.

따라서 새로운 기능, 버그 패치, 해결된 보안 문제를 쉽게 적용할 수 있다.

메이븐을 사용하든 그레이들(Gradle)을 사용하든 상관없다. 어느 빌드 시스템에서든 스프링 부트 의존성을 사용하고 관리되는 의존성 모음을 적용할 수 있다.

여기서는 빌드 시스템에서 스프링 부트 의존성을 설정하는 방법에 대해서는 다루지 않는다. 원하는 빌드 시스템을 선택할 수 있다는 점만 이해하면 된다. 이를 적용하는 방법은 2장 시작 부분에서 다룰 것이다.

마지막 부분이 핵심이므로 다시 한번 반복한다. **공통 취약점 및 노출**CVE, Common Vulnerabilities and Exposures 보안 취약점이 스프링 팀에 보고되면 스프링 포트폴리오의 어떤 구성 요소가 영향을 받든 상관없이 스프링 부트 팀에서 보안 기반 패치를 릴리스한다.

이 BOM은 스프링 부트의 실제 코드와 함께 릴리스된다. 빌드 파일에서 스프링 부트의 버전을 조정하기만 하면 모든 것이 자동으로 진행된다.

스프링 부트의 프로젝트 책임자인 필 웹Phil Webb의 표현을 빌리자면, 스프링 프레임워크가 여러 재료의 집합이라면 스프링 부트는 미리 구워진 케이크라 할 수 있다.

⸬ 요약

1장에서는 스프링 부트의 마법과 스프링 부트가 스프링 빈을 가져올 뿐만 아니라 사용자 코드에 비추어 어떻게 백오프하는지 알아봤다. 또한, 스프링 부트 스타터를 사용해 간단한 의존성을 통해 스프링 포트폴리오의 다양한 기능과 일부 타사 라이브러리를 쉽게 추가할 수 있는 방법을 알아봤다. 스프링 부트가 프로퍼티 파일을 활용해 다양한 자동 설정 구성을 재정의할 수 있는 방법도 살펴봤다. 그리고 자체 프로퍼티를 생성할 수 있다는 사실도 확인했다. 스프링 부트가 전체 라이브러리 의존성을 관리해 모든 것을 스프링 부트 버전에 위임할 수 있다는 것도 배웠다. 또한, 일회성으로 이를 재정의하는 방법도 살펴봤다.

2장에서는 웹 레이어web layer부터 시작해 첫 번째 스프링 부트 3.0 애플리케이션을 빌드함으로써 1장에서 배운 개념을 적용하는 방법을 알아볼 것이다. 템플릿과 JSON 기반 API를 만들고 약간의 자바스크립트도 사용해볼 것이다.

2부

스프링 부트로
애플리케이션 만들기

스프링 부트를 사용하면 인프라를 코딩하는 데 시간을 낭비하지 않고 사용자에게 필요한 코딩 기능의 핵심을 파악할 수 있다. 대신 웹 템플릿과 JSON API를 제공하는 방법을 배우게 된다. 그런 다음 웹 레이어를 다양한 데이터베이스 작업 세트에 연결하는 방법을 살펴볼 것이다. 또한, 적절한 사용자만 다양한 기능에 액세스할 수 있도록 전체를 보호하는 방법과 마지막으로, 팀과 소비자 모두에게 신뢰를 불러일으킬 수 있는 다양한 테스트 전술을 적용하는 방법을 배우게 될 것이다.

2부는 다음 장으로 구성돼 있다.

- **2장**, 스프링 부트로 웹 애플리케이션 만들기

- **3장**, 스프링 부트로 데이터 쿼리하기

- **4장**, 스프링 부트 애플리케이션 보호

- **5장**, 스프링 부트 테스트

02

스프링 부트로
웹 애플리케이션 만들기

1장에서는 자동 설정^{autoconfiguration}, 스타터, 설정 프로퍼티를 비롯한 몇 가지 강력한 기능이 스프링 부트와 함께 제공되는 방법을 알아봤다. 관리 의존성과 결합하면 지원되는 버전의 스프링 포트폴리오 구성 요소와 서드파티 라이브러리로 쉽게 업그레이드할 수 있다.

start.spring.io의 도움을 통해 스프링 부트를 사용해 웹 애플리케이션을 만드는 기본 사항을 배우게 될 것이다. 이 책의 다른 여러 장은 이러한 기초를 바탕으로 구성되기 때문에 매우 중요하다. 오늘날 대부분의 애플리케이션 개발이 웹 애플리케이션에 초점을 맞추고 있기 때문에 스프링 부트로 전체 프로세스를 간소화하는 방법을 배우면 향후 수년간 애플리케이션을 구축할 수 있는 문이 열릴 것이다.

2장에서는 다음과 같은 주제를 다룬다.

- start.spring.io을 사용해 애플리케이션 빌드

- 스프링 MVC 웹 컨트롤러 생성

- start.spring.io를 사용해 기존 프로젝트 보강

- 템플릿을 활용해 콘텐츠 생성

- JSON 기반 API 생성

- 스프링 부트 웹 애플리케이션에 Node.js 후킹

> **2장의 코드 위치**
>
> 2장의 코드는 깃허브 저장소(https://github.com/PacktPublishing/Learning-Spring-Boot-3.0/tree/main/ch2)에서 확인할 수 있다.

⁝⁙ start.spring.io을 사용해 애플리케이션 빌드

세상에는 웹 애플리케이션을 구축하기 위한 다양한 웹 스택stack과 툴킷이 산재해 있으며, 이들 모두 다양한 빌드 시스템에 연결할 수 있는 후크와 모듈이 함께 제공된다.

하지만 베어본 애플리케이션을 직접 구성하는 데 도움이 되는 유행을 선도하는 개념은 없었다.

과거 스프링 부트가 등장하기 전에는 새 프로젝트를 시작하기 위해 다음 작업 중 하나를 수행했다.

- 옵션 1: stackoverflow.com을 샅샅이 뒤져 샘플 메이븐 빌드 파일을 찾는다.

- 옵션 2: 참조 문서를 샅샅이 뒤져서, 작동하기를 바라며 빌드 XML의 조각을 모은다.

- 옵션 3: 저명한 전문가가 작성한 다양한 블로그 사이트를 검색해 해당 글 중 하나에 빌드 세부 정보가 포함돼 있기를 기도한다.

종종 오래된 모듈과 씨름해야 했다. 더 이상 존재하지 않거나 필요한 기능을 수행하지 않는 설정 옵션을 적용하려고 시도했을 수도 있다.

스프링 부트의 출현과 함께 스프링 팀에서 유지 관리하는 관련 웹 사이트가 등장했다. **스프링 이니셜라이저**Spring Initializr(https://start.spring.io)다.

start.spring.io에는 다음과 같은 주요 기능이 제공된다.

- 사용하려는 스프링 부트 버전을 선택할 수 있다.

- 선호하는 빌드 도구 중 하나인 메이븐 또는 그레이들을 선택할 수 있다.

- 프로젝트의 구성 요소인 아티팩트, 그룹, 설명 등을 입력할 수 있다.

- 프로젝트를 빌드할 자바 버전을 선택할 수 있다.

- 프로젝트에 사용할 스프링 및 서드파티 등의 다양한 모듈을 선택할 수 있다.

먼저 사용할 빌드 도구, 언어, 스프링 부트 버전을 선택한다.

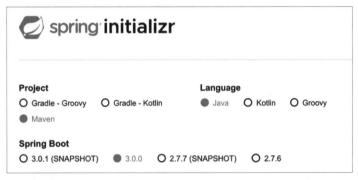

그림 2.1 빌드 시스템(메이븐), 언어(자바), 스프링 부트 버전 선택하기

그림 2.1과 같이 여러 가지 옵션이 있다는 점을 인식하는 것이 중요하다. 빌드 시스템으로 **메이븐** 또는 **그레이들**을 선택하고 **자바, 코틀린**Kotlin 또는 **그루비**Groovy 세 가지 언어 중에서 선택할 수 있다. 이 책에서는 자바를 계속 사용할 것이다. 하지만 당신 또는 당신의 팀이 코틀린의 강력한 기능을 활용하고 싶다면 이를 선택하고 프로젝트에 적합한 모든 플러그인을 연결할 수 있다.

또한, 스프링 이니셜라이저를 사용하면 사용할 스프링 부트 버전을 선택할 수 있다. 어떤 버전을 선택하느냐에 따라 프로젝트에 미묘한 차이가 있지만, 이 책에서는 3.0.0을 선택할 것이다. 하지만 걱정할 필요는 없다.

새 버전의 스프링 부트가 출시되면 웹 사이트가 동적으로 업데이트된다는 사실도 알아두면 좋다.

빌드 시스템, 언어, 스프링 부트 버전을 선택한 후에는 페이지 아래쪽에서 프로젝트 세부 정보를 입력해야 한다.

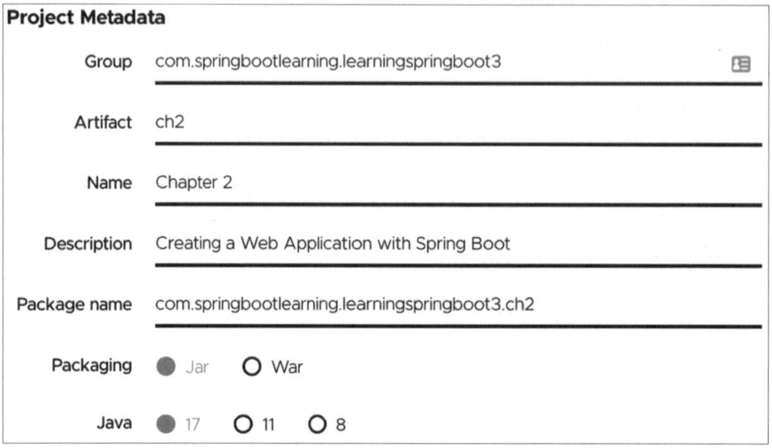

그림 2-2 프로젝트 요소, 패키징(JAR), 자바 버전 선택(17)

특정 애플리케이션 서버를 지원하거나 다른 레거시 이유 등 **War** 파일을 선택해야 하는 중요한 이유가 없다면 **Jar** 파일을 패키징^{packaging} 메커니즘^{mechanism}으로 선택하는 것이 가장 좋다.

> "War가 아니라 Jar를 만들어라."
>
> – 조쉬 롱, @starbuxman으로도 알려져 있음

왜냐하면, WAR 파일은 애플리케이션 서버에만 해당된다. 애플리케이션 서버를 활용하지 않는 한, 이 파일을 사용하는 이점은 거의 없다. JAR 파일은 스프링 부트 팀으로부터 퍼스트-클래스^{first-class} 지원을 받고 있으며, 2장에서 자세히 살펴보겠지만 몇 가지 중요한 장점이 존재한다.

이 책에서도 사바 17을 선택했다. 자바 17은 스프링 프레임워크 6에 필요한 최소 버전으로, 스프링 부트 3.0의 기반이 되는 버전이다. 실제로 자바 17은 스프링 이니셜라이저에서 선택한 기본 옵션이다.

스프링 이니셜라이저의 핵심 기능은 프로젝트에 포함하려는 모든 모듈을 선택할 수 있다는 점이다. 이렇게 하려면 **Dependencies** 섹션으로 이동한다.

ADD DEPENDENCIES를 클릭하면 필터 상자가 표시된다. web을 입력하면 **Spring Web**이 목록의 맨 위에 표시되는 것을 확인할 수 있다.

그림 2.3 프로젝트에 스프링 웹 추가

Return 키를 누르면 목록에 멋지게 추가된 것을 확인할 수 있다.

놀랍게도 이 정도면 **web controllers**를 만들기에 충분하다. 화면 하단의 **GENERATE** 버튼을 클릭한다.

그림 2.4 완전한 프로젝트를 생성하는 GENERATE 버튼

GENERATE 버튼을 클릭하면 프로젝트에 대한 모든 설정이 포함된 빌드 파일과 함께 빈 프로젝트가 포함된 ZIP 파일을 다운로드하라는 메시지가 표시된다.

프로젝트의 ZIP 파일의 압축을 풀고 즐겨 사용하는 IDE에서 열면 웹 컨트롤러 작성을 시작할 수 있다.

팁

> 어떤 IDE를 사용하든 상관없다. 1장의 시작 부분에서 언급했듯이 스프링 부트의 핵심 기능, 인텔리제이 IDEA, 마이크로소프트의 VS 코드, 스프링 툴 스위트는 모두 스프링 부트를 지원한다. 기본으로 베이크 (bake)돼 있든 플러그인을 설치하든 상관없이 스프링 부트 프로젝트에 쉽게 참여할 수 있다.

미리 베이크된 애플리케이션이 준비됐으므로 다음 절에서 웹 애플리케이션을 구축하기 위한 첫 번째 단계를 수행할 것이다.

⫶ 스프링 MVC 웹 컨트롤러 생성

스프링 이니셜라이저에서 ZIP 파일의 압축을 풀고 IDE로 가져왔다고 가정하면 즉시 웹 컨트롤러 작성을 시작할 수 있다.

하지만 처음 시작하는 입장이라면 우선 웹 컨트롤러가 무엇인지 알아야 한다.

웹 컨트롤러는 HTTP 요청에 응답하는 코드 조각이다. 이는 루트root URL을 요청하는 HTTP GET / 요청으로 구성될 수 있다. 대부분의 웹 사이트는 일부 HTML로 응답한다. 하지만 웹 컨트롤러는 HTTP GET /api/videos와 같이 **자바스크립트 객체 표기법**JSON, JavaScript Object Notation을 생성하는 API 요청에도 응답할 수 있다. 또한, 웹 컨트롤러는 사용자가 HTTP POST로 변경에 영향을 미칠 때 제공된 JSON을 전송하는 무거운 작업을 수행한다.

스프링 포트폴리오에서 웹 컨트롤러를 작성할 수 있는 기능을 제공하는 부분은 스프링 MVC다. 스프링 MVC는 **모델-뷰-컨트롤러** 패러다임을 사용해 서블릿 기반 컨테이너 위에 웹 애플리케이션을 빌드할 수 있게 해주는 스프링 프레임워크의 모듈이다.

우리가 빌드하는 애플리케이션은 스프링 부트다. 하지만 이전 절에서 스프링 웹을 선택했으므로 classpath에 검증된 **스프링 MVC**를 적용할 것이다.

실제로 프로젝트의 루트에 있는 pom.xml 파일을 살펴보면 중요한 의존성을 하나 발견할 수 있다.

```
<dependency>
  <groupId>org.springframework.boot</groupId>
  <artifactId>spring-boot-starter-web</artifactId>
</dependency>
```

이것은 1장의 '스프링 부트 스타터를 사용해 포트폴리오 구성 요소 추가' 절에서 언급한 스타터 중 하나다. 이 의존성은 스프링 MVC를 프로젝트의 classpath에 배치한다. 이를 통해 스프링 MVC의 어노테이션 및 기타 구성 요소에 액세스해 웹 컨트롤러를 정의할 수 있다. 이 컴포넌트가 존재하는 것만으로도 스프링 부트의 자동 구성 설정이 트리거돼 우리가 만든 모든 웹 컨트롤러가 활성화된다.

2장의 뒷부분에서 살펴볼 몇 가지 다른 장점도 존재한다.

새 컨트롤러를 생성하기 전에 프로젝트에 설정에 따라 생성된 기본 패키지인 com.spring bootlearning.learningspringboot3가 이미 존재한다는 것을 알아두는 것이 중요하다.

이 패키지 안에 HomeController라고 불리는 새 클래스를 생성하는 것으로 시작해보자. 거기에서 다음 코드를 작성한다.

```
@Controller
public class HomeController {
  @GetMapping("/")
  public String index() {
  return "index";
  }
}
```

이 코드는 다음과 같이 설명할 수 있다.

- @Controller: 이 클래스가 웹 컨트롤러임을 알리기 위한 스프링 MVC의 어노테이션이다. 애플리케이션이 시작되면 스프링 부트는 **컴포넌트 검색**을 통해 이 클래스를 자동으로 감지하고 인스턴스를 생성한다.

- @GetMapping: 이 메서드에 HTTP GET / 호출을 매핑하기 위한 스프링 MVC의 어노테이션이다.

- index: @Controller 어노테이션을 사용했기 때문에 index는 렌더링rendering하려는 템플릿의 이름이 된다.

클래스 이름과 메서드 이름은 중요하지 않다. 실제로 어떤 이름이든 가능하다. 중요한 부분은 어노테이션이다. @Controller는 이 클래스가 웹 컨트롤러임을 나타내고, @GetMapping은 GET / 호출이 이 메서드로 라우팅돼야 함을 나타낸다.

팁

> 유지 보수를 위해 의미적 가치를 제공하도록 클래스 및 메서드 이름을 사용하는 것이 좋다. 이런 점에서 앞의 코드 조각은 우리가 구축하는 사이트의 홈 경로에 대한 컨트롤러다.

index는 렌더링할 템플릿의 이름이라고 언급했다. 하지만 템플릿 엔진을 고른 기억이 있지만 기억하지 못했다. 다음 절에서는 애플리케이션에 템플릿 엔진을 추가하고 이를 사용해 HTML 콘텐츠 빌드를 시작하는 방법을 살펴볼 것이다.

⠿ start.spring.io를 사용해 기존 프로젝트 보강

이미 프로젝트를 시작해서 지난 6개월 동안 열심히 작업해왔다면 어떻게 해야 할까? 완전히 새로운 프로젝트를 만드는 것은 말이 안 되는 것일까?

그렇다면 어떻게 해야 하는 것이 좋을까?

start.spring.io를 사용해 이미 존재하는 프로젝트를 가져와서 변경할 수 있다.

2장은 스프링 웹만으로 시작했다. 이것으로 꽤 진도를 나갈 수는 있지만 이것만으로는 충분하지 않다. HTML을 직접 작성할 수도 있지만, 요즘에는 템플릿 엔진을 사용하는 것이 더 쉽다. 가벼운 것을 찾고 있으므로 **머스테치**Mustache(mustache.github.io)를 선택해보자.

이것이 다소 인위적으로 보일 수 있는데, 그런 의도로 만든 프로젝트다. 새로운 웹 프로젝트를 시작하는 경우 스프링 웹을 선택하는 동시에 템플릿 엔진을 선택하는 것이 합리적인 선택이다. 그럼에도 기존 프로젝트에 모듈을 추가하는 이 전략은 여전히 유효하다.

기존 프로젝트를 보강하는 가장 좋은 방법은 스프링 이니셜라이저 사이트(https://start.spring.io)를 다시 방문해 다양한 설정을 모두 입력하고 특히 기존 프로젝트에 추가하려는 필요한 새로운 모듈을 선택하는 것이다.

2장의 앞부분에서 했던 것과 동일한 설정을 입력했다고 가정하면 그림 2.5의 스크린샷과 같이 **ADD DEPENDENCIES** 버튼을 클릭하고 mustache를 입력하기만 하면 된다.

그림 2.5 로직이 없는 템플릿 언어인 머스테치 추가하기

Return 키를 누르고 목록에 추가한다.

현재 프로젝트를 업데이트하는 비결은 앞서 누른 **GENERATE** 버튼 대신 페이지 하단에 있는 **EXPLORE** 버튼을 클릭하는 것이다.

그림 2.6 웹 사이트에서 스프링 부트 프로젝트 살펴보기

ZIP 파일을 다운로드하는 대신 **EXPLORE** 버튼을 사용하면 브라우저에서 바로 프로젝트를 볼 수 있다.

일반적인 방법은 빌드 파일인 pom.xml을 보는 것이다. 거기에서 필요한 부분을 복사하거나 전체를 복사해 기존 프로젝트에 붙여 넣을 수 있다.

이렇게 하면 의존성, 커스터마이징된 모듈 등 프로젝트가 최신 상태로 유지되는지 쉽게 확인할 수 있다.

이 경우 다음과 같이 **머스테치**에 대한 항목을 찾을 수 있다.

```
<dependency>
  <groupId>org.springframework.boot</groupId>
  <artifactId>spring-boot-starter-mustache</artifactId>
</dependency>
```

또 다른 스프링 부트 스타터가 등장했다.

다행히도 이 기법을 사용하면 스타터의 이름을 자세히 찾아보지 않고도 스프링 부트 스타터에 도달할 수 있다.

요점은 새로운 프로젝트를 빠르게 진행할 수 있다는 것이다. 또한, 필요에 따라 몇 번이고 돌아가서 새 모듈을 추가할 수 있으므로 작업을 망치지 않는다는 확신을 가질 수 있다.

이제 스프링 웹과 머스테치를 모두 프로젝트에 적용했으니 다음 절에서 실제 웹 콘텐츠를 만들 차례다.

템플릿을 활용해 콘텐츠 생성

이제 머스테치 템플릿 작성으로 전환할 수 있다.

2장의 앞부분에서 진행했던 컨트롤러 클래스를 생성한 후에는 더 이상 많은 작업을 할 필요가 없다. 1장에서 언급했듯이 스프링 부트의 컴포넌트 스캐닝scanning 기능이 컨트롤러 클래스를 인스턴스화하는 모든 작업을 수행할 것이다. 스프링 부트의 **자동 설정**은 머스테치의 템플릿 엔진을 구동하는 별도의 빈을 추가해 스프링의 인프라에 연결한다.

이제 템플릿 내부에 들어갈 콘텐츠를 제작하기만 하면 된다.

기본적으로 스프링 부트는 모든 템플릿이 src/main/resources/templates에 위치할 것으로 기대한다.

팁

> 스프링 부트에는 기본적으로 모든 템플릿을 src/main/resources/templates에 넣도록 설정하는 템플릿 엔진의 **설정 프로퍼티**가 있다. 또한, 각 템플릿 엔진에는 접미사(suffix)가 존재한다. 머스테치의 경우 .mustache이다. 컨트롤러 메서드에서 index를 반환하면 스프링 부트는 이를 src/main/resources/templates/index.mustache로 변환하고 파일을 가져온 다음 이를 머스테치 템플릿 엔진으로 연결한다. 내부로 들어가서 이러한 설정을 조정할 수도 있다. 하지만 솔직히 이야기하면 관례를 따르는 것이 더 쉽다.

src/main/resources/templates에 index.mustache를 생성한 다음 코드를 추가한다.

```
<h1>Greetings Learning Spring Boot 3.0 fans!</h1>
<p>
  In this chapter, we are learning how to make
  a web app using Spring Boot 3.0
</p>
```

이것은 100% 어디서나 사용 가능한 HTML5이다.

실제로 작동하는지 확인하려면 애플리케이션을 실행하기만 하면 된다. 완전히 무장하고 작동 가능한 애플리케이션이 이미 준비돼 있다.

IDE 내에서 스프링이 생성한 Chapter2Application 클래스를 마우스 오른쪽 버튼으로 클릭하고 **Run**을 선택하기만 하면 된다.

실행이 완료되면 즐겨 사용하는 브라우저에서 `localhost:8080`으로 이동해 결과를 확인할 수 있다.

그림 2.7 스프링 부트 3.0으로 렌더링된 머스테치 템플릿

짜잔! 인상적이지 않은가?

여기에는 동적인 콘텐츠가 없다. 솔직히 지루하다. 헤더header와 단락이 전부다. 누가 그것을 원할까? 일부 데모 데이터로 시작했어야 한다. 어렵지 않다. 다음 절에서는 이 작업을 수행하는 방법을 보여줄 것이다.

템플릿에 데모 데이터 추가

방금 만든 `HomeController`를 다음과 같이 조정할 수 있다.

```
@Controller
public class HomeController {
  record Video(String name) {}

  List<Video> videos = List.of(
    new Video("Need HELP with your SPRING BOOT 3 App?"),
    new Video("Don't do THIS to your own CODE!"),
    new Video("SECRETS to fix BROKEN CODE!"));

  @GetMapping("/")
  public String index(Model model) {
    model.addAttribute("videos", videos);
    return "index";
  }
}
```

자바 17은 앞의 코드에서 사용한 몇 가지 멋진 기능을 제공한다.

- 코드 한 줄로 멋진 작은 데이터 Video 객체를 자바 17 레코드로 정의할 수 있다.

- List.of()를 사용해 불변의 Video 객체 컬렉션^{Collection}을 조합할 수 있다.

이렇게 하면 테스트 데이터 배치를 매우 간단하게 만들 수 있다. 템플릿 엔진에서 이 기능이 어떻게 작동하는지는 엔진에서 어떻게 작동하는지에 대해서는 계속 확인해보자.

팁

> 데이터의 단일 요소를 캡슐화하기 위해 자바 17 레코드를 만들어야 하는 이유는 무엇일까? 머스테치는 명명된 속성에 대해 동작한다. 이름과 값이 있는 원시 JSON을 수동으로 작성할 수도 있지만, 자바 17 레코드를 사용하는 것이 더 간단하다. 게다가 더 강력한 유형의 안전성을 제공한다. 이 Video 유형은 머스테치 템플릿의 데이터를 훌륭하게 캡슐화한다.

이 데이터를 템플릿에 전달하려면 스프링 MVC가 이해할 수 있는 객체가 필요하다. 데이터를 넣을 수 있는 홀더^{holder}가 필요하다. 그러기 위해서는 index 메서드에 Model 매개 변수를 추가해야 한다.

스프링 MVC에는 모든 웹 메서드에 추가할 수 있는 몇 가지 선택적 속성이 있다. Model은 템플릿 엔진에 데이터를 전달해야 할 때 사용하는 유형이다.

앞서 표시된 코드에는 videos라는 속성이 있으며 List<Video>와 함께 제공된다. 이제 다음 코드를 추가해 index.mustache를 개선해 시청자에게 제공할 수 있다.

```
<ul>
    {{#videos}}
        <li>{{name}}</li>
    {{/videos}}
</ul>
```

앞서 만든 <p> 태그 아래에 배치된 위 코드 조각은 다음과 같이 설명할 수 있다.

- {{#videos}}: Model 객체에 제공한 비디오 속성을 가져오는 머스테치의 지시어다. 이것은 데이터의 목록이므로 머스테치는 목록의 모든 항목에 대해 이것을 확장한다. Model에

저장된 List<Video> 컬렉션의 각 항목을 반복해 별도의 HTML <li> 항목을 생성한다.

- {{name}}: 데이터 구조의 원하는 name 필드를 나타낸다. 이것은 Video 유형의 name 필드와 일치한다. 즉 List<Video>의 각 항목에 대해 <li>와 </li> 사이에 이름 필드를 출력한다.

- {{/videos}}: 반복되는 부분의 끝을 나타낸다.

이 머스테치 청크[chunk1]는 각각 다른 Video name 항목을 가진 3개의 목록 항목(<li>)을 포함하는 단일 HTML 정렬 목록(<ul>)을 생성한다.

팁

> 머스테치는 자바의 게터와 함께 작동하므로 getName()이 있는 값 유형이 있다면 {{name}}을 통해 제공될 것이다. 하지만 자바 17 레코드는 게터를 생성하지 않는다. 대신 컴파일러는 name()이 포함된 classfile을 생성한다. 걱정하지 말자. 머스테치는 이 문제를 잘 처리한다. 어느 쪽이든 템플릿에서 {{name}}을 사용할 수 있다.

애플리케이션을 다시 실행한 다음 localhost:8080을 방문하면 업데이트된 템플릿이 작동하는 것을 볼 수 있다.

그림 2.8 video 이름 목록이 정렬되지 않은 웹 페이지

여기서부터 생성할 수 있는 HTML에는 제한이 없다. 2장의 뒷부분에서 다루게 될 자바스크립트를 추가할 수도 있다.

---

1 데이터 덩어리로 코드 혹은 모듈을 묶은 하나의 단위 – 옮긴이

더 나은 디자인으로 애플리케이션 빌드

우리가 마지막으로 만든 애플리케이션은 꽤 훌륭했다. 일부 데이터를 빠르게 모델링해 경량 템플릿으로 제공했다.

한 가지 아쉬운 점은 재사용성이 떨어지는 디자인이라는 점이다. 다른 컨트롤러가 필요한 순간 다음과 같은 이유로 까다로운 상황에 처하게 된다.

- 컨트롤러는 데이터 정의를 관리해서는 안 된다. 웹 호출에 응답한 다음 다른 서비스 및 시스템과 상호 작용하기 때문에 이러한 정의는 더 낮은 수준에서 이뤄져야 한다.

- 데이터까지 처리하는 무거운 웹 컨트롤러는 웹 요구 사항이 진화함에 따라 조정하기 어렵다. 그렇기 때문에 데이터 관리를 더 낮은 수준으로 푸시push하는 것이 좋다.

따라서 계속 진행하기 전에 첫 번째 리팩터링refactoring은 다음과 같이 해당 Video 레코드를 자체 클래스인 Video.java로 마이그레이션migration하는 것이다.

```
record Video(String name) {
}
```

이것은 앞서 작성한 코드와 완전히 동일하며 자체 파일로 이동했을 뿐이다.

노트

> Video 레코드가 public으로 표기되지 않는 이유는 무엇일까? 실제로 어떤 가시성이 있을까? 이것은 자바의 default 가시성이며 클래스, 레코드, 인터페이스의 경우 기본적으로 **package-private**으로 설정된다. 즉 같은 패키지에 있는 다른 코드만 볼 수 있다. 가능한 한 자바의 기본 가시성을 사용하고 필요하다고 판단되는 경우에만 패키지 외부에 노출하는 것도 나쁘지 않다.

다음 작업은 해당 Video 객체 목록을 별도의 서비스로 옮기는 것이다. 다음과 같이 VideoService라는 이름의 클래스를 생성한다.

```
@Service
public class VideoService {
```

```
    private List<Video> videos = List.of( //
      new Video("Need HELP with your SPRING BOOT 3 App?"),
      new Video("Don't do THIS to your own CODE!"),
      new Video("SECRETS to fix BROKEN CODE!"));

    public List<Video> getVideos() {
      return videos;
    }
}
```

VideoService는 다음과 같이 설명할 수 있다.

- @Service: 컴포넌트 스캐닝 중에 선택돼 애플리케이션 콘텍스트에 추가돼야 하는 클래스를 나타내는 스프링 프레임워크의 어노테이션

- List.of(): Video 객체 모음을 빠르게 구성하기 위해 2장의 앞부분에서 사용된 동일한 작업

- getVideos(): 현재 Video 객체 컬렉션을 반환하는 유틸리티 메서드

팁

> 2장의 앞부분과 1장에서 스프링 부트의 구성 요소 검색 기능에 대해 간략하게 살펴봤다. 바로 여기서 이 기능이 빛을 발한다. 클래스를 생성한 다음 스프링 프레임워크의 @Component 기반 어노테이션 중 하나인 @Service 또는 @Controller를 비롯한 다른 여러 어노테이션으로 클래스를 표시할 것이다. 스프링 부트가 시작되면 첫 번째 작업 중 하나는 구성 요소 스캐너를 실행해 클래스를 찾고 사본을 인스턴스화하는 것이다. 그런 다음 이러한 빈은 애플리케이션 콘텍스트에 등록돼 이를 필요로 하는 다른 스프링 빈에 자동 연결될 준비가 된다.

이 새로운 VideoService 클래스를 사용하도록 HomeController를 피벗pivot하려면 다음과 같이 업데이트하기만 하면 된다.

```
@Controller
public class HomeController {

  private final VideoService videoService;

  public HomeController(VideoService videoService) {
```

```
        this.videoService = videoService;
    }
}
```

방금 작성한 코드는 매우 간단하다.

- List<Video> 필드를 잘라내서 VideoService의 private final 인스턴스로 대체한다.

- **생성자 주입**^{constructor injection}을 사용해 새 필드를 채운다.

다음 절에서 **생성자 주입**이 무엇인지 알아보자.

생성자 호출을 통한 의존성 주입

생성자 주입은 스프링 빈에 필요한 의존성을 생성자를 통해 가져오는 멋진 방법이다. 이를 좀 더 자세히 설명하면, 스프링 부트의 컴포넌트 스캐닝 기능에 의해 선택되는 자바 클래스를 생성할 수 있다. 스프링 부트는 주입 지점이 있는지 확인하고, 주입 지점을 찾으면 애플리케이션 콘텍스트에서 일치하는 유형의 빈을 찾아서 주입한다!

이를 **오토와이어링**^{autowiring}이라고 한다. 애플리케이션 콘텍스트에서 스프링 빈의 의존성을 찾아서 연결하는 문제는 스프링이 처리하도록 한다.

스프링 부트가 나오기 전에는 오토와이어링이 그다지 인기가 없었다. 일부 사람들은 이 기능을 좋아했지만 다른 쪽에서는 전염병처럼 피했다. 반대하는 사람들은 대신 무엇을 사용했을까? 그들은 클래스를 생성하고 @Configuration 어노테이션으로 표시한 다음 @Bean 메서드를 사용해 메서드를 만들었다. 그런 다음 이러한 메서드는 생성자나 설정자^{setter}를 통해 다른 서비스에 수동으로 연결할 수 있는 객체 인스턴스를 반환했다.

그러나 오토와이어링을 대규모로 활용하는 자동 설정에 의해 생성된 스프링 부트와 그 빈이 등장하면서 오토와이어링은 거의 모든 사람이 동의할 수 있게 됐다.

다음은 클래스에 의존성을 주입하는 세 가지 방법이다.

- 옵션 1: 클래스 자체에 스프링 프레임워크의 @Component 어노테이션 중 하나 또는 @Component 자체만을 @Service, @Controller, @RestController 또는 @Configuration으로 표시할 수 있다.

- 옵션 2: @Autowired 스프링 프레임워크 어노테이션 마크는 의존성 주입을 가리킨다. 생성자, 설정자 메서드 및 심지어 비공개 필드를 포함하는 필드에도 적용할 수 있다.

- 옵션 3: 클래스에 생성자가 하나만 있는 경우 @Autowired 어노테이션을 적용할 필요가 없다. 스프링은 단순히 자동 와이어링된 것으로 간주할 것이다.

VideoService를 HomeController에 주입하면 다음과 같이 index() 메서드를 업데이트할 수 있다.

```
@GetMapping("/")
public String index(Model model) {
  model.addAttribute("videos", videoService.getVideos());
  return "index";
}
```

위 메서드에서 2장의 앞부분에서 작성한 것과 다른 점은 Video 객체 목록을 가져오기 위해 videoService를 호출하는 것뿐이다.

애플리케이션을 조정하는 것이 다소 지루하게 느껴질 수도 있지만, 계속해서 개선해나가면 좋은 결과를 얻을 수 있을 것이다.

HTML 템플릿을 통해 데이터 변경

웹 페이지가 서버 측 데이터만 표시한다면 그다지 인상적이지 않을 것이다. 보다 동적으로 만들려면 새 항목을 수락해 웹 컨트롤러로 전송한 다음 업데이트된 결과를 표시해야 한다.

이를 위해 다시 머스테치 템플릿으로 돌아가서 다음과 같이 표준 HTML 폼form 코딩을 시작한다.

```
<form action="/new-video" method="post">
    <input type="text" name="name">
    <button type="submit">Submit</button>
</form>
```

index.mustache에 간단히 추가한 내용은 다음과 같이 설명할 수 있다.

- 이 HTML 폼은 서버 측 애플리케이션으로 POST /new-video 호출을 생성한다.

- name이라는 단일 텍스트 기반 입력이 있다.

- 이 폼은 사용자가 **Submit** 버튼을 클릭하면 적용된다.

머스테치 관련 내용이 어디 있는지 궁금하겠지만 여기에는 없다. HTML 폼은 매우 간단하다. 필요한 경우 동적 콘텐츠를 렌더링할 수도 있지만, 여기서는 비교적 간단한 시나리오로 새로운 데이터를 제출하는 데 중점을 뒀다.

스프링 부트 애플리케이션이 POST/ new-video에 응답하도록 하려면 다음과 같이 Home Controller에 다른 컨트롤러 메서드를 작성해야 한다.

```
@PostMapping("/new-video")
public String newVideo(@ModelAttribute Video newVideo) {
    videoService.create(newVideo);
    return "redirect:/";
}
```

이 추가 웹 컨트롤러 방법은 다음과 같이 설명할 수 있다.

- @PostMapping("/new-video"): POST /new-video 호출을 캡처해 이 메서드로 라우팅하는 스프링 MVC의 어노테이션이다.

- @ModelAttribute: 들어오는 HTML 폼을 구문 분석해 Video 객체로 압축을 푸는 스프링 MVC의 어노테이션이다.

- videoService.create(): 새 Video 객체를 저장하기 위한 아직 작성되지 않은 메서드다.

- "redirect:/": 브라우저에 **HTTP 302 Found**를 URL /로 보내는 스프링 MVC 지시어다.

302 리디렉션은 소프트 리디렉션의 표준이다. 301은 영구 리디렉션으로, 브라우저가 원래 경로를 다시 시도하지 않도록 지시한다.

이 추가 웹 컨트롤러 메서드는 이제 Video 객체를 더 추가할 수 있는 수단으로 VideoService 를 보강할 것을 요구한다.

지금까지는 자바 17의 List.of() 연산자를 사용해 불변 목록을 생성하는 비디오 컬렉션을 구축해왔다는 점을 인식하는 것이 중요하다. 이 불변 목록은 자바의 List 인터페이스를 준수해 add() 메서드에 대한 액세스를 제공한다. 이 메서드를 사용하려고 하면 Unsupported OperationException만 생성된다.

아니, 이 불변 컬렉션을 변경하려면 몇 가지 추가 단계를 수행해야 한다.

불변 객체에 무언가를 추가하는 방법은 원래 콘텐츠와 새로운 콘텐츠를 결합해 새로운 불변 인스턴스를 만드는 것이다. 이 단계에서 보다 친숙한 List 기반 API를 활용할 수 있다.

```java
public Video create(Video newVideo) {
    List<Video> extend = new ArrayList<>(videos);
    extend.add(newVideo);
    this.videos = List.copyOf(extend);
    return newVideo;
}
```

VideoService에 추가된 이 기능은 다음과 같이 설명할 수 있다.

- 메서드의 서명은 리포지터리 스타일 서비스의 일반적인 동작과 같이 새 비디오를 호출한 다음 동일한 비디오를 다시 반환한다.

- new ArrayList<>(): List 기반 생성자를 사용해 가변 컬렉션인 새 ArrayList를 생성한다. 이 새 컬렉션은 적절한 크기로 초기화한 다음 모든 항목을 새 ArrayList에 복사한다.

- 이 ArrayList에는 사용 가능한 add() 메서드가 있어 끝에 새 Video 객체를 추가할 수 있다.

- 자바 17은 기존 List를 가져와 모든 요소를 새로운 불변 목록으로 복사하는 copyOf() 연산자를 제공한다.

- 마지막으로, 새 Video 객체를 반환한다.

몇 가지 추가 단계가 필요했지만, 앞의 코드는 메서드 호출로 인해 기존 데이터 복사본이 실수로 변경되지 않도록 보장한다는 점을 알려준다는 것이 중요하다. 이렇게 함으로써 부작용을 방지하고 일관된 상태를 유지할 수 있다.

노트

> 이 데이터는 불변 목록을 사용하기 때문에 일관성을 유지할 수 있지만, 결코 스레드에 안전하지 않다. 방금 정의한 엔드포인트에 POST를 여러 번 호출하면 모두 동일한 VideoService를 업데이트하려고 시도해 데이터 손실을 초래하는 일종의 경쟁 조건(race condition)이 발생할 수 있다. 이러한 문제를 해결하기 위해 쓰여진 책들이 있다는 사실을 고려할 때 이 책에서는 코드를 방탄(bulletproof)으로 빈틈없이 만드는 데 초점을 맞추지 않을 것이다.

이러한 변경 사항을 적용해 애플리케이션을 다시 실행하고 개선된 UI를 확인할 수 있다.

그림 2.9 HTML 폼이 포함된 머스테치 템플릿

입력란에 Learning Spring Boot 3을 입력하고 **Submit**을 클릭하면 컨트롤러가 /로 리디렉션한다. 브라우저는 루트 경로로 다시 이동해 데이터를 가져와 최신 Video로 렌더링한다.

> **더 읽을거리**
>
> 머스테치에 대해 자세히 알고 싶은가? 머스테치가 스프링 부트와 어떻게 상호 작용하는지 알고 싶은가? 데이브 사이어의 글 'The Joy of Mustache: Server Side Templates for the JVM'(https://springboot learning.com/mustache)에서는 일관된 레이아웃을 유지하고 사용자 지정 머스테치 람다 함수를 코딩하는 방법을 비롯해 스프링 부트와 머스테치의 통합에 대해 자세히 설명한다.

이제 더 많은 콘텐츠를 추가할 수 있는 동적 콘텐츠를 제공하는 기능적인 웹 페이지가 생겼다. 하지만 이것이 결코 완전하지는 않다. 다음 절에서는 웹 기반 API 구축에 대한 지원을 추가하는 방안을 검토해야 한다.

JSON 기반 API 생성

웹 애플리케이션 구축의 핵심 요소는 API를 제공할 수 있는 능력이다. 예전에는 이 과정이 복잡하고 호환성을 보장하기 어려웠다.

오늘날에는 전 세계가 대부분 몇 가지 형식으로 수렴됐으며, 그중 상당수는 **JSON** 구조를 기반으로 한다.

스프링 부트의 강력한 기능 중 하나는 2장의 시작 부분에서 했던 것처럼 프로젝트에 스프링 웹을 추가하면 클래스 경로에 **잭슨**Jackson이 추가된다는 것이다. 잭슨은 자바 커뮤니티에서 널리 채택된 JSON 직렬화/역직렬화 라이브러리다.

원하는 JSON 스타일로 자바 클래스를 앞뒤로 변환하는 방법을 정의할 수 있는 잭슨의 기능과 스프링 부트의 자동 구성 기능을 결합하면 API 코딩을 시작하기 위해 다른 설정 작업을 할 필요가 없다.

먼저 2장 전체에서 사용했던 것과 동일한 패키지에 새 클래스를 생성한다. `ApiController`라고 부르자. 상단에 `@RestController` 어노테이션을 적용한다.

`@RestController`는 앞서 사용한 `@Controller` 어노테이션과 유사하다. 이 어노테이션은 스프링 부트에 이 클래스를 스프링 빈으로 컴포넌트 스캔을 위해 자동으로 선택해야 한다는 신호를 보낸다. 이 빈은 애플리케이션 콘텍스트에 등록되고 컨트롤러 클래스로서 스프링 MVC에도 등록돼 웹 호출을 라우팅할 수 있다.

하지만 이 빈에는 한 가지 추가 프로퍼티가 있는데, 바로 모든 웹 메서드를 템플릿 기반에서 JSON 기반으로 전환하는 것이다. 즉 웹 메서드가 템플릿 엔진을 통해 렌더링하는 템플릿의 이름을 반환하는 대신, 스프링 MVC는 잭슨을 사용해 결과를 직렬화한다.

다음 코드를 확인해보자.

```java
@RestController
public class ApiController {

  private final VideoService videoService;

  public ApiController(VideoService videoService) {
    this.videoService = videoService;
  }

  @GetMapping("/api/videos")
  public List<Video> all() {
    return videoService.getVideos();
  }
}
```

앞의 코드를 다음과 같이 자세히 설명할 수 있다.

- 이미 @RestController 어노테이션이 JSON을 반환하는 스프링 MVC 컨트롤러로 표시하는 방법을 언급했다.

- 생성자 주입을 사용하면 2장의 앞부분에서 생성한 것과 동일한 VideoService의 복사본을 자동으로 가져온다.

- @GetMapping은 /api/videos의 HTTP GET 호출에 응답한다.

- 이 웹 메서드는 해당 비디오 레코드 목록을 가져와서 반환하고, 해당 레코드는 JSON 배열로 렌더링된다.

실제로 지금 바로 애플리케이션을 실행하고 해당 엔드포인트를 curl로 호출하면 다음과 같은 결과를 확인할 수 있다.

```json
[
    {
        "name": "Need HELP with your SPRING BOOT 3 App?"
    },
    {
```

```
        "name": "Don't do THIS to your own CODE!"
    },
    {
        "name": "SECRETS to fix BROKEN CODE!"
    }
]
```

이 베어본 JSON 배열에는 각 Video 레코드마다 하나씩 3개의 항목이 포함돼 있다. 그리고 Video 레코드에는 이름이라는 하나의 속성만 있기 때문에 잭슨이 생성하는 것은 바로 이것이다.

잭슨이 제작을 시작하도록 하기 위해 아무것도 구성할 필요가 없다.

물론 아무 작업도 하지 않고 JSON만 생성하는 것은 전혀 API라 할 수 없다. 당연히 JSON도 소비consume해야 한다.

그러기 위해서는 ApiController 클래스에서 HTTP POST 호출에 응답하는 웹 메서드를 만들어야 한다.

POST 대 PUT 대 나머지 메서드

몇 가지 표준 HTTP 메서드[2]를 사용할 수 있다. 가장 일반적인 것은 GET, POST, PUT, DELETE다. 실제로 다른 메서드도 있지만 여기서는 필요하지 않다. GET 호출은 데이터를 반환하기만 한다는 점을 이해하는 것이 중요하다. 서버에서 상태 변경을 일으키지 않으며, 이를 멱등성(idempotent)이라고도 부른다. POST 호출은 시스템에 새로운 데이터를 도입하는 데 사용된다. 이는 관계형 데이터베이스 테이블에 새 데이터 행을 삽입하는 것과 유사하다.

PUT은 변경을 수행하는 데 사용된다는 점에서 POST와 유사하지만 기존 레코드를 업데이트하는 것으로 더 잘 설명할 수 있다. 존재하지 않는 레코드를 업데이트할 수도 있지만 이는 서버에서 설정된 방식에 따라 다르다. 마지막으로, DELETE는 서버에서 무언가를 제거하는 데 사용된다.

필수 표준은 아니지만 시스템에 대한 모든 업데이트는 요청을 한 사람이나 시스템에 새 항목 또는 삭제된 항목의 사본을 반환해야 하는 것이 일반적인 동작이다.

---

2   원문은 동사(verb)이지만 WWW 표준 웹 사이트(https://www.w3.org/Protocols/HTTP/Methods.html)에 표기된 동일한 의미인 메서드를 사용한다. – 옮긴이

all() 메서드 바로 아래에 있는 `ApiController` 클래스에 다음 코드를 추가한다.

```
@PostMapping("/api/videos")
public Video newVideo(@RequestBody Video newVideo) {
  return videoService.create(newVideo);
}
```

앞의 코드는 다음과 같이 설명할 수 있다.

- `@PostMapping`: 이 메서드에 /api/videos에 대한 HTTP POST 호출을 매핑한다.

- `@RequestBody`: 들어오는 HTTP 요청 본문이 잭슨을 통해 `Video` 레코드로서 `newVideo` 인수로 역직렬화돼야 한다는 것을 알리는 스프링 MVC의 어노테이션이다.

- 그런 다음 들어오는 `Video` 레코드의 실제 처리를 `VideoService`에 위임해 시스템에 추가된 레코드를 반환한다.

2장의 앞부분에서 이미 create() 함수를 코딩했으므로 다시 살펴볼 필요가 없다.

팁

> 이 절의 앞부분에서 'curl로 해당 엔드포인트 호출'이라고 말했고 JSON 청크가 출력되는 것을 확인했다. curl(https://curl.se/)은 웹 API와 상호 작용할 수 있는 널리 사용되는 명령줄 도구다. 사실, 여기서 이 도구를 제대로 설명하지 못할 수도 있다. 여러분의 시스템에 설치하고 싶으시다면 이 정도면 충분하다.

API 컨트롤러에 새로 추가된 기능을 다음과 같이 명령줄에서 확인할 수 있다.

```
$ curl -v -X POST localhost:8080/api/videos -d '{"name": "Learning Spring Boot
3"}' -H 'Content-type:application/json'
```

앞의 명령은 다음과 같이 설명할 수 있다.

- `-v`: 전체 상호 작용에 대한 광범위한 세부 정보를 제공하는 자세한 출력을 생성하도록 curl에 요청한다.

- `-X POST`: 기본 GET 호출 대신 HTTP POST를 사용하도록 한다.

- `localhost:8080/api/video`: 명령을 전달할 URL을 입력한다.

- `-d '{...}'`: 데이터를 전달한다. JSON의 필드는 큰따옴표로 구분되므로 전체 JSON 문서는 작은따옴표를 사용해 curl에 전달된다.

- `-H 'Content-type:application/json'`: 웹 애플리케이션에 이것이 JSON 형식의 요청 본문임을 알리는 HTTP 헤더를 전달한다.

명령의 결과는 다음과 같다.

```
* Connected to localhost (::1) port 8080 (#0)
> POST /api/videos HTTP/1.1
> Host: localhost:8080
> User-Agent: curl/7.64.1
> Accept: */*
> Content-type:application/json
> Content-Length: 34
>
* upload completely sent off: 34 out of 34 bytes
< HTTP/1.1 200
< Content-Type: application/json
{"name":"Learning Spring Boot 3"}
```

앞의 출력 응답은 다음을 보여준다.

- 명령은 HTTP 메서드, URL, 헤더(User-Agent, Accept, Content-type, Content-Length)를 포함해 상단에 표시된다.

- 응답은 HTTP 200 성공 상태 코드를 포함해 하단에 표시된다.

- 응답은 application/json으로 표시된다.

- 실제 응답 본문에는 우리가 만든 JSON 형식의 새 비디오 항목이 포함돼 있다.

메서드는 정상 동작한다.

/api/videos 엔드포인트를 다시 호출해 최신 추가 사항을 찾으면 이를 추가로 확인할 수 있다.

```
$ curl localhost:8080/api/videos
[
    {"name":"Need HELP with your SPRING BOOT 3 App?"},
    {"name":"Don't do THIS to your own CODE!"},
    {"name":"SECRETS to fix BROKEN CODE!"},
    {"name":"Learning Spring Boot 3"}
]
```

이전 코드는 하단에 최신 항목을 보여준다.

이제 사람이 읽을 수 있도록 브라우저에서 렌더링되는 템플릿 기반 버전과 서드파티에서 사용할 수 있는 JSON 기반 버전의 두 가지 주요 측면을 가진 웹 애플리케이션이 생겼다.

이 모든 것이 준비됐으니 드디어 자바스크립트를 작성할 수 있다.

⁝⁝ 스프링 부트 웹 애플리케이션에 Node.js 후킹

그렇다면 웹 애플리케이션에서 자바스크립트를 사용해야 할까? 솔직히 말해서 자바스크립트가 필요 없는 웹 애플리케이션이 있을까? 자바스크립트는 전 세계 모든 웹 브라우저에 탑재된 사실상 표준 도구다.

자바스크립트는 도구와 애플리케이션 구축에 있어 완전히 다른 영역이다. 그렇다면 자바와 자바스크립트 개발자 도구 사이의 이 거대한 간극을 어떻게 넘을 수 있을까?

간단히 말해, Node.js의 세계로 들어가야 한다. 다행히도 이 간극을 메워줄 수 있는 **메이븐 프론트엔드 플러그인**(frontend-maven-plugin)이 있다.

이 플러그인은 Node.js 동작과 메이븐의 라이프사이클을 통합해 적절한 시점에 Node.js를 적절히 호출해 패키지를 다운로드하고 자바스크립트 코드를 번들bundle로 어셈블assemble할 수 있게 해준다.

물론 스프링 부트에서 온라인 상태로 전환할 방법이 없다면 자바스크립트 페이로드를 컴파일하고 번들로 묶는 것은 무용지물이다.

다행히도 스프링 부트에는 해결책이 있다. src/main/resources/static에 있는 모든 파일은 자동으로 선택되며, 완전히 어셈블될 때 웹 애플리케이션의 기본 경로에 배치된다. 즉 Node.js 번들링 도구의 최종 결과를 여기에 드롭^{drop}하도록 지시하기만 하면 된다.

시작하는 데 혼란스럽게 들릴 수 있다. 이제 frontend-maven-plugin부터 시작해 한 번에 한 단계씩 진행하자. start.spring.io에서 생성한 pom.xml 파일을 열면 약 3분의 2 정도 아래에 <plugins>라는 항목이 있을 것이다. 여기에는 이미 spring-boot-maven-plugin에 대한 항목이 있어야 한다.

spring-boot-maven-plugin 바로 아래에 다음과 같이 다른 <plugin> 항목을 추가한다.

```
<plugin>
  <groupId>com.github.eirslett</groupId>
  <artifactId>frontend-maven-plugin</artifactId>
  <version>1.12.1</version>
  <executions>
    <execution>
      <goals>
        <goal>install-node-and-npm</goal>
      </goals>
    </execution>
  </executions>
  <configuration>
    <nodeVersion>v16.14.2</nodeVersion>
  </configuration>
</plugin>
```

pom.xml 빌드 파일에 추가된 내용은 다음과 같이 설명할 수 있다.

- 작성 시점 기준 최신 버전의 frontend-maven-plugin에 대한 좌표를 추가했다.

- 지금은 install-node-and-npm이라는 하나의 실행 명령이 있다. 이 명령은 **Node.js**와 패키지 관리자 **npm**을 다운로드한다.

- 하단의 configuration 절에서는 최신의 **장기 지원**^{LTS, Long-Term Support} 버전을 지정한다.

이 플러그인은 메이븐의 generate-resources 단계에서 작업을 수행한다. 콘솔에 표시되는 다음 출력에서 바로 확인할 수 있다.

```
$ ./mvnw generate-resources
[INFO] --- frontend-maven-plugin:1.12.1:install-node-and-npm (default) @ ch2 ---
[INFO] Installing node version v16.14.2
[INFO] Downloading https://nodejs.org/dist/v16.14.2/node-v16.14.2-darwin-x64.
tar.gz to /Users/gturnquist/.m2/repository/com/github/eirslett/node/16.14.2/
node-16.14.2-darwin-x64.tar.gz
[INFO] Unpacking /Users/gturnquist/.m2/repository/com/github/eirslett/
node/16.14.2/node-16.14.2-darwin-x64.tar.gz into /Users/gturnquist/src/
learning-spring-boot-3rd-edition-code/ch2/node/tmp
[INFO] Copying node binary from /Users/gturnquist/src/learning-spring-boot-
3rd-edition-code/ch2/node/tmp/node-v16.14.2-
darwin-x64/bin/node to /Users/gturnquist/src/learning-spring-boot-3rd-edition-
code/ch2/node/node
[INFO] Extracting NPM
[INFO] Installed node locally.
```

frontend-maven-plugin이 실제로 node 폴더 아래의 프로젝트 루트 디렉터리에서 Node.js,
npm 및 **노드 패키지 실행**npx, node package execute을 다운로드하고 압축을 푼다는 점을 유의해
야 한다.

팁

> Node.js와 모든 도구 및 모듈은 중간 빌드 아티팩트로 간주할 수 있다. 버전 관리를 위해 커밋할 필요가 없
> 다. 따라서 커밋하지 않을 항목 목록에 node 폴더와 중간 node_modules 폴더를 추가한다(예: 프로젝트
> 의 .gitignore 파일에 node 및 node_modules 추가).

이 플러그인을 설치했으면 다음 절에서 자바스크립트 세계를 받아들일 준비가 된 것이다.

Node.js로 자바스크립트 빌드

이 시점에서 도구는 있다. 하지만 실제 모듈은 없다.

모듈 추가를 시작하려면 npm을 사용할 것이다. 가장 먼저 해야 할 일은 Node.js 패키지 번
들러bundler를 선택하는 것이다. 선택할 수 있는 번들러는 많지만 다음 명령을 입력해 **Parcel**
을 선택하자.

```
% node/npm install --save-dev parcel
```

이렇게 하면 로컬에 설치된 Node.js 사본과 해당 npm 명령을 사용해 package.json 파일을 생성한다. -save-dev 옵션은 이 파일이 애플리케이션에서 사용하는 패키지가 아닌 개발 모듈임을 나타낸다.

이제 프로젝트에 대한 package.json 파일이 생성됐으므로 이 파일을 frontend-maven-plugin에 연결해야 한다. 이를 위해 다음과 같이 <execution> 항목을 하나 더 추가해야 한다.

```
<execution>
  <id>npm install</id>
  <goals>
    <goal>npm</goal>
  </goals>
</execution>
```

이 추가 부분은 frontend-maven-plugin을 구성해 npm install을 실행한다. 이 명령은 자바스크립트 번들을 빌드할 것이다.

지금까지는 패키지가 많지 않다. Parcel 빌드 도구뿐이다. 자바스크립트 모듈을 추가하기 전에 제대로 빌드할 수 있도록 설정해야 한다. 다음과 같이 npm으로 방금 생성한 package. json을 편집해 Parcel이 ES6 모듈을 어셈블하도록 한다.

```
{
    ...
    "source": "src/main/javascript/index.js",
    "targets": {
      "default": {
        "distDir": "target/classes/static"
      }
    },
    ...
}
```

package.json에 이렇게 추가하면 다음과 같은 일이 발생한다.

- Source: 아직 작성되지 않은 index.js 자바스크립트 파일을 가리킨다. 이것이 자바스크립트 애플리케이션의 진입점이 될 것이다. Parcel에서는 이 파일이 어디에 있는지는 중요하지 않다. 메이븐 기반 프로젝트를 사용하고 있으므로 src/main/javascript를 사용하면 된다.

- 타깃^{target}은 target/classes/static의 distDir 설정으로 기본 타깃을 구성할 수 있다. Parcel은 다른 브라우저와 같은 여러 타깃을 빌드하는 것을 지원하지만 그럴 필요는 없다. 하나의 기본 타깃으로도 충분하다. 결과물을 타깃 폴더에 넣으면 Maven clean 사이클을 실행할 때마다 이 컴파일된 번들이 정리될 것이다.

npm이 패키지를 다운로드하고 설치하기 위한 Node.js의 도구라면, npx는 명령을 실행하기 위한 Node.js의 도구다. frontend-maven-plugin에 또 다른 <execution> 항목을 추가해 Parcel의 빌드 명령을 실행하도록 할 수 있다.

```
<execution>
    <id>npx run</id>
    <goals>
      <goal>npx</goal>
    </goals>
    <phase>generate-resources</phase>
    <configuration>
      <arguments>parcel build</arguments>
    </configuration>
</execution>
```

이 추가 단계는 npm instal 명령이 실행된 후 npx parcel build를 실행해 Parcel이 빌드 단계를 수행하도록 한다.

이 모든 과정을 마치면 다음 절에서 세련된 프론트엔드를 구축하기 위해 몇 가지 노드 패키지 설치를 시작할 수 있다.

React.js 애플리케이션 생성

요즘에는 자바스크립트 애플리케이션을 빌드하는 방법이 매우 다양하며, 각 방법마다 고유한 기능과 이점이 있다. 여기서는 예시를 위해 페이스북^Facebook의 애플리케이션 빌드용 툴킷인 React.js를 사용할 것이다.

다음 명령을 입력한다.

```
node/npm install --save react react-dom
```

앞의 명령은 package.json을 react 및 react-dom 모듈로 업데이트한다. 이제 자바스크립트 작성을 시작할 수 있다!

다음과 같이 src/main/javascript에 index.js를 생성한다.

```
import ReactDOM from "react-dom"
import { App } from "./App"
const app = document.getElementById("app")
ReactDOM.render(<App />, app)
```

앞서 package.json에 표시된 것처럼 이것이 진입점^entry point이 된다.

- 첫 번째 라인은 리액트^React를 실행하는 데 필요한 핵심 모듈인 ReactDOM을 가져온다.

- 두 번째 라인은 해당 구문에서 더 아래에서 빌드할 사용자 지정 UI를 가져온다.

- 세 번째 라인은 바닐라^vanilla 자바스크립트를 사용해 웹 페이지에서 id="app"을 가진 요소를 찾아서 애플리케이션을 할당할 수 있다.

- 네 번째 라인은 실제로 곧 코딩할 애플리케이션의 <App/> 컴포넌트를 ReactDOM을 사용해 렌더링한다.

리액트는 하향식 관점에서 작동한다. 최상위 컴포넌트를 렌더링한 다음, 그 컴포넌트가 차례로 더 아래에 중첩된 컴포넌트를 렌더링한다.

또한, 렌더링할 실제 노드를 지정하지 않고 가상 노드를 사용하는 섀도^{shadow} **문서 객체 모델**^{DOM, Document Object Model}을 사용한다. 리액트는 현재 상태가 어떻든 DOM 변경 사항을 계산하고 변경 사항을 생성한다.

이 애플리케이션을 계속 빌드하려면 다음과 같이 src/main/javascript에 App.js를 생성해야 한다.

```javascript
import React from 'react'
import ListOfVideos from './ListOfVideos'
import NewVideo from "./NewVideo"

export function App() {
    return (
        <div>
            <ListOfVideos/>
            <NewVideo/>
        </div>
    )
}
```

앞의 자바스크립트 청크에는 몇 가지 핵심 부분이 존재한다.

- 컴포넌트를 빌드하기 위해 리액트를 임포트한다.

- 그다음에 작성할 로컬 자바스크립트에는 비디오 목록(ListOfVideos.js)과 새 비디오(NewVideo.js)를 생성하기 위한 from이 포함된다.

  여기에서 공개적으로 내보낸 단일 함수 App()이 있다. 이 함수는 일부 HTML 스타일 요소를 반환하므로 렌더링할 리액트 컴포넌트가 더 포함된 **JSX**^{JavaScript XML}로 작업하고 있음을 Parcel에 알린다.

리액트와 JSX

리액트는 JSX라는 개념을 도입해 고유한 HTML 요소와 자바스크립트 코드를 결합할 수 있다. 과거에는 HTML과 자바스크립트를 혼합하는 것이 좋지 않다고 들었다. 하지만 실제로 함수를 함께 묶는 UI를 레이아웃할 때 JSX는 훌륭한 기능을 제공한다. 까다로운 함수를 사용해 HTML 위에 자바스크립트를 겹겹이 쌓는 대신, 리액트는 작은 HTML 조각을 그 동작을 지원하는 함수와 응집력 있게 결합해 구축할 수 있게 해준다. 내부 상태 관리와 결합된 리액트는 웹 애플리케이션 구축에 있어 많은 이에게 인기를 얻고 있다.

이전 템플릿에서 가장 먼저 복제해야 할 것은 백엔드에서 모든 비디오를 나열하는 것이다. 리액트에서 동일한 HTML 정렬되지 않은 목록을 생성하려면 다음과 같이 src/main/ 자바 스크립트에서 ListOfVideos.js를 생성한다.

```javascript
import React from "react"

class ListOfVideos extends React.Component {
    constructor(props) {
        super(props)
        this.state = {data: []}
    }

    async componentDidMount() {
        let json = await fetch("/api/videos").then(r => r.json())
        this.setState({data: json})
    }

    render() {
        return (
            <ul>
                {this.state.data.map(item =>
                    <li>
                        {item.name}
                    </li>)}
            </ul>
        )
    }
}

export default ListOfVideos
```

앞의 리액트 컴포넌트는 다음과 같이 설명할 수 있다.

- 이 코드는 React.Component를 확장하는 ES6 클래스를 사용한다.

- 생성자는 내부 상태를 유지하기 위해 state 필드를 생성한다.

- componentDidMount()는 이 컴포넌트가 DOM에 삽입되고 렌더링된 직후 리액트에서 호출하는 함수다. 이 함수는 바닐라 자바스크립트의 fetch() 함수를 사용해 2장의 앞부분

에서 생성한 JSON API에서 데이터를 가져온다. 이 함수는 프로미스promise를 반환하기 때문에 ES6의 await 함수를 사용해 결과를 기다린 다음 React.Component의 setState() 를 사용해 내부 상태를 업데이트할 수 있다. 이 메서드가 나머지 부분과 제대로 작동하려면 async로 표시해야 한다. 또한, setState()가 호출될 때마다 리액트가 컴포넌트를 다시 렌더링한다는 것을 이해하는 것이 중요하다.

- 시즐sizzle3은 실제로 HTML 요소 또는 그 이상의 리액트 컴포넌트를 배치하는 render() 메서드에 있다. 이 코드는 내부 상태를 사용하고 데이터 배열을 매핑해 JSON의 각 부분을 HTML 라인 항목으로 변환한다. 구성 요소가 존재하지 않는 것처럼 보이지만 라인 항목이 존재한다.

앞의 코드 청크에서 프로퍼티와 스테이트state를 모두 언급했다. 프로퍼티는 일반적으로 외부에서 리액트 컴포넌트에 주입된 정보로 구성된다. 상태는 내부에서 유지된다. 프로퍼티에서 상태를 초기화할 수도 있고, 이 코드에서 볼 수 있듯이 컴포넌트 자체에서 스테이트에 저장된 데이터를 가져올 수도 있다.

명확히 해야 할 중요한 점은 프로퍼티는 일반적으로 프로퍼티가 주입된 리액트 컴포넌트 내에서 불변으로 간주된다는 것이다. 스테이트는 진화하고 변화하며 렌더링된 엘리먼트를 구동하기 위한 것이다.

만약 새로운 항목을 만들 수 없다면 리액트 애플리케이션은 별 의미가 없을 것이다. 따라서 2장의 앞부분의 'HTML 템플릿을 통해 데이터 변경' 절에서 만든 HTML 폼을 복제하는 새 컴포넌트를 만들어보자.

다음 src/main/javascript에 표시된 것처럼 NewVideo.js를 생성한다.

```
import React from "react"

class NewVideo extends React.Component {
    constructor(props) {
        super(props)
        this.state = {name: ""}
```

---

3   멀티브라우저 오픈 소스 셀렉터 엔진 – 옮긴이

```
        this.handleChange = this.handleChange.bind(this);
        this.handleSubmit = this.handleSubmit.bind(this);
    }

    handleChange(event) {
        this.setState({name: event.target.value})
    }

    async handleSubmit(event) {
        event.preventDefault()
        await fetch("/api/videos", {
            method: "POST",
            headers: {
                "Content-type":
                    "application/json"
            },
            body: JSON.stringify({name: this.state.name})
        }).then(response =>
            window.location.href = "/react")
    }

    render() {
        return (
            <form onSubmit={this.handleSubmit}>
                <input type="text"
                        value={this.state.name}
                        onChange={this.handleChange}/>
                <button type="submit">Submit</button>
            </form>
        )
    }
}

export default NewVideo
```

이 리액트 컴포넌트는 import 문과 React.Component를 확장하는 자바스크립트 클래스와 같이 다른 컴포넌트와 일부 동일한 부분을 갖고 있다. 하지만 다음과 같이 몇 가지 다른 부분이 포함돼 있다.

- 컴포넌트에 바인딩된 handleChange와 handleSubmit 함수가 있다. 이렇게 하면 호출 시 컴포넌트를 올바르게 참조할 수 있다.

- handleChange 함수는 폼의 필드가 변경될 때마다 호출된다. 이 함수는 컴포넌트의 내부 상태를 업데이트한다.

- handleSubmit 함수는 버튼을 클릭할 때 호출된다. 이 함수는 표준 자바스크립트 버블업 bubble up[4] 동작을 비활성화한다. 버튼 클릭 이벤트가 스택을 통해 흘러 올라가는 대신, 바로 여기서 처리돼 2장의 앞부분인 'JSON 기반 API 생성' 절에서 생성한 /api/videos 엔드포인트의 POST 호출에 영향을 주는 바닐라 자바스크립트 fetch()를 호출한다.

- render() 함수는 handleSubmit 함수에 연결된 onSubmit() 이벤트와 handleChange 함수에 연결된 onChange 이벤트가 있는 HTML 폼 요소를 생성한다.

이 코드에서 살펴볼 또 다른 부분은 handleSubmit 함수에 사용되는 async/await 수정자다. 일부 자바스크립트 함수는 내장된 fetch 함수와 같은 표준 프로미스(https://promisesaplus. com/)를 반환한다. 이러한 API의 사용을 용이하게 하고 서드파티 라이브러리를 사용하지 않도록 하기 위해 ES6에서는 await 키워드를 도입해 결과를 기다리겠다는 의사를 표시할 수 있도록 했다. 이를 지원하려면 함수 자체에 async 플래그를 지정해야 한다.

레이아웃한 리액트 애플리케이션을 로드하려면 별도의 머스테치 템플릿이 필요하다. src/ main/resources/templates에 react.mustache를 생성하고 다음 요소를 포함시킨다.

```
<div id="app"></div>
<script type="module" src="index.js"></script>
```

앞의 코드에는 두 가지 중요한 측면이 있다.

- <div id="app"/>는 이 절 앞부분의 document.getElementById("app")에 따라 리액트 컴포 넌트 <App />이 렌더링될 엘리먼트다.

- <script> 태그는 Parcel이 빌드할 index.js 번들을 통해 애플리케이션을 로드한다. 이때 type="module" 인수는 ES6 모듈임을 나타낸다.

---

4 웹 페이지 내부에서는 버튼을 감싸고 있는 부모 태그들 또한 클릭 이벤트에 반응하게 되는데 이것을 버블업(bubble up)이라 고 한다. – 옮긴이

react.mustache의 나머지 부분은 다른 템플릿과 동일한 헤더와 단락을 가질 수 있다.

리액트 애플리케이션을 서비스하려면 다음과 같이 HomeController에 별도의 웹 컨트롤러 메서드가 필요하다.

```java
@GetMapping("/react")
public String react() {
  return "react";
}
```

이렇게 하면 사용자가 GET /react를 요청할 때 react 머스테치 템플릿이 제공된다.

이러한 모든 노력에 대한 그만한 가치가 있는지 궁금할 것이다. 결국 우리는 단순히 템플릿의 콘텐츠만 복제했을 뿐이다. 그것은 훨씬 더 많은 노력이 필요했다. 우리가 한 일이 그 정도였다면 사실이다. 너무 많은 노력이 필요하다.

하지만 리액트는 더 복잡한 UI를 디자인해야 할 때 진가를 발휘한다. 예를 들어, 선택적으로 렌더링할 다양한 컴포넌트가 필요하거나 내부 상태에 따라 다양한 유형의 컴포넌트가 표시돼야 하는 경우, 바로 이때 리액트가 빛을 발하기 시작한다.

이 절의 앞부분에서 언급했듯이 리액트에는 섀도 DOM도 있다. 우리는 DOM의 일부를 찾아 수동으로 업데이트하는 다소 구식 개념에 집중할 필요가 없다. 대신 리액트를 사용하면 HTML 컴포넌트 세트를 푸시한다. 그런 다음 내부 상태가 업데이트되면 컴포넌트가 다시 렌더링된다. 리액트는 실제 DOM 엘리먼트의 변경 사항을 계산하고 자동으로 업데이트한다. 우리는 이를 처리할 필요가 없다.

리액트에 대한 설명은 여기까지다. 이 절의 초점은 자바스크립트를 스프링 부트 웹 애플리케이션에 병합하는 방법을 설명하는 것이었다. Node.js를 설정하고, 패키지를 설치하고, 빌드 도구를 활용하는 이러한 기술은 리액트, 앵귤러^{Angular}, Vue.js 등 어떤 것을 사용하든 상관없다.

자바스크립트나 CSS 등의 정적 컴포넌트가 있는 경우 src/main/resources/static 폴더에 넣으면 된다. 컴파일되고 번들로 제공되는 자바스크립트 모듈과 같이 생성된 경우 해당 출력을 arget/classes/static으로 라우팅하는 방법을 살펴봤다.

요컨대, Node.js 및 자바스크립트의 강력한 세계를 스프링 부트 및 자바의 영역과 연결할 수 있게 됐다.

⠿ 요약

2장에서는 start.spring.io를 사용해 베어본 웹 애플리케이션을 생성했다. 서비스를 사용해 몇 가지 데모 데이터를 주입했다. 데모 데이터를 기반으로 동적 콘텐츠를 렌더링하기 위해 머스테치를 사용하는 웹 컨트롤러를 생성했다.

그런 다음 서드파티 애플리케이션이 데이터를 검색하거나 업데이트를 전송하는 등 웹 애플리케이션과 상호 작용할 수 있는 JSON 기반 API를 만들었다.

마지막으로, 메이븐 플러그인을 사용해 웹 애플리케이션에 자바스크립트를 도입하는 Node.js를 활용했다.

웹 컨트롤러를 빌드하고, 템플릿을 제공하고, JSON 기반 API를 렌더링하고, 자바스크립트 애플리케이션을 제공하는 것은 거의 모든 프로젝트에서 유용하게 활용되는 기술이다.

3장에서는 스프링 데이터를 사용해 실제 데이터를 생성하고 관리하는 방법과 스프링 부트가 제공하는 놀라운 기능에 대해 알아볼 것이다.

03

스프링 부트로
데이터 쿼리하기

2장에서는 스프링 부트가 임베디드 서블릿 컨테이너를 관리하고, 웹 컨트롤러를 자동으로 등록하고, JSON 직렬화/역직렬화를 통해 API를 쉽게 생성하는 방법을 알아봤다.

데이터가 없는 애플리케이션은 존재하지 않는다. 그렇기 때문에 3장에서는 데이터를 저장하고 검색하는 가장 강력하고 편리한 몇 가지 방법을 배우는 데 중점을 둔다.

3장에서는 다음과 같은 주제를 다룬다.

- 기존 스프링 부트 애플리케이션에 스프링 데이터 추가하기

- DTO, 엔티티, POJO

- 스프링 데이터 리포지터리 생성

- 사용자 지정 파인더 사용

- 까다로운 답변을 찾기 위한 쿼리 예제

- **자바 퍼시스턴트 API**^{JPA, Java Persistence API} 사용

데이터를 저장하고 검색할 수 있는 능력은 모든 애플리케이션의 핵심 요구 사항이며, 3장에서 배우는 내용은 여러분에게 중요한 능력을 제공할 것이다.

3장의 코드 위치

3장의 코드는 깃허브 저장소(https://github.com/PacktPublishing/Learning-Spring-Boot-3.0/tree/main/ch3)에서 확인할 수 있다.

기존 스프링 부트 애플리케이션에 스프링 데이터 추가하기

개발 중인 애플리케이션이 있다고 가정해보자. 프로그램 관리자에게 급하게 준비 중인 프레젠테이션을 기반으로 만든 웹 페이지를 보여줬다. 관리자는 흥분하면서도 실제 데이터에 연결해야 한다는 의견을 내놓았다.

하지만 걱정하지 않고 우리는 미소를 지었다. **스프링 데이터**는 강력한 데이터 관리를 도와줄 것이다.

하지만 진도를 나아가기 전에 먼저 선택을 해야 한다. 정확히 어떤 데이터 저장소가 필요할까?

오늘날 가장 일반적으로 사용되는 데이터베이스는 관계형 데이터베이스인 오라클, MySQL, PostgreSQL 등이 있다. 지난 스프링원 키노트keynote에서 언급했듯이 관계형 데이터베이스는 스프링 이니셜라이저에서 생성된 모든 프로젝트의 80%를 차지한다. SQL뿐만 아니라 **NoSQL** 데이터 저장소를 선택할 때도 신중한 고려가 필요하지만, 다음 세 가지 옵션을 살펴볼 수 있다.

- **레디스**Redis는 기본적으로 키/밸류key/value 데이터 저장소로 구축됐다. 매우 빠르고 방대한 양의 키/밸류 데이터를 저장하는 데 매우 효과적이다. 또한, 정교한 통계 분석과 시간 제한time-to-live 기능도 갖추고 있다.

- **몽고DB**MongoDB는 문서document 저장소다. 여러 수준의 중첩된 문서를 저장할 수 있다. 또한, 문서를 처리하고 집계된 데이터를 생성하는 파이프라인을 생성하는 기능도 있다.

- **아파치 카산드라**^{Apache Cassandra}는 테이블과 같은 구조를 제공하지만 성능과 균형을 맞추기 위해 일관성을 제어할 수 있는 기능이 있다.

SQL 데이터 저장소는 역사적으로 데이터의 구조를 미리 정의하고 키를 적용하는 등 까다로운 요구 사항을 갖고 있으며, 그 밖의 다른 측면은 거의 고려하지 않는 경향이 있다.

NoSQL 데이터 저장소는 이러한 요구 사항 중 일부를 완화하는 경향이 있다. 많은 경우 사전 스키마^{schema} 설계가 필요하지 않다. 같은 키 공간^{keyspace}이나 문서 내에서도 레코드마다 다른 필드를 가질 수 있는 선택적 속성을 제공한다.

일부 NoSQL 데이터 저장소는 확장성, 최종 일관성, 내결함성 측면에서 더 많은 유연성을 제공한다. 예를 들어, 아파치 카산드라는 원하는 만큼의 노드를 실행할 수 있으며 쿼리에 대한 응답을 제공하기 전에 얼마나 많은 노드가 동의해야 하는지 선택할 수 있다. 응답이 빠를수록 신뢰성은 떨어지지만, 일반적으로 관계형 데이터 저장소처럼 모든 노드의 75% 동의를 기다리는 것보다 빠를 수 있다.

NoSQL 데이터 저장소는 일반적으로 트랜잭션을 지원하지 않는다. 일부 데이터 저장소는 제한된 상황에서 트랜잭션을 제공하기 시작했다. 그러나 일반적으로 NoSQL 데이터 저장소가 관계형 데이터 저장소의 일관성, 트랜잭션, 고정 구조와 같은 모든 기능을 모방한다면 더 빠르고 확장성이 뛰어난 기능을 잃게 될 것이다.

그렇기 때문에 전통적인 데이터 저장소를 사용하는 데 중점을 두는 것이다. 3장의 나머지 부분에서 설명하는 기능은 스프링 데이터에서 지원하는 모든 데이터 저장소에서 광범위하게 사용할 수 있다. 다음 절에서 그 이유를 설명할 것이다.

스프링 데이터를 사용해 손쉽게 데이터 관리

스프링 데이터는 데이터 액세스를 단순화하기 위한 독특한 접근 방식을 갖고 있다. 스프링 데이터는 최소 공통 분모^{lowest common denominator} 접근 방식을 사용하지 않는다. 이는 인터페이스에 단일 API를 정의하고 모든 데이터 저장소에 대해 구현을 제공하는 방식이다.

이 접근 방식은 모든 데이터 저장소가 공유하는 기능에 대한 액세스를 줄이는 경향이 있다. 모든 데이터 저장소는 다양한 기능을 제공하기 때문에 특정 데이터 저장소를 사용하고 싶게 만드는 핵심적인 측면은 공유되는 API에서 찾을 수 없다.

하지만 스프링 데이터는 다른 접근 방식을 취한다. 각 데이터 저장소는 데이터에 액세스할 수 있는 여러 가지 방법을 제공하지만 동일한 API를 사용하지 않는다. 우선, 거의 모든 스프링 데이터 모듈에는 데이터 저장소별 기능에 쉽게 액세스할 수 있는 **템플릿**이 존재한다. 이러한 템플릿 중 일부는 다음과 같다.

- RedisTemplate

- CassandraTemplate

- MongoTemplate

- CouchbaseTemplate

이러한 템플릿 클래스는 일반적인 API의 하위 클래스가 아니다. 각 스프링 데이터 모듈에는 고유한 핵심 템플릿이 있다. 이 템플릿들은 모두 리소스 관리를 처리하는 비슷한 수명 주기를 갖고 있으며, 공통 데이터 액세스 패러다임에 기반한 함수와 데이터 저장소의 기본 기능에 기반한 함수가 혼합돼 있다.

데이터 저장소의 템플릿을 사용해 거의 모든 작업을 수행할 수 있지만, 데이터에 액세스하는 더 쉬운 방법도 있다. 많은 스프링 데이터 모듈에는 **리포지터리** 지원이 포함돼 있어 순전히 도메인 유형에 따라 쿼리, 업데이트, 삭제를 정의할 수 있다. 3장의 뒷부분에서 이를 더 많이 사용하는 방법을 살펴볼 것이다.

데이터 요구 사항을 정의하는 다른 방법으로는 예제별 쿼리 및 서드파티 라이브러리 **Querydsl**에 대한 지원 등이 있다.

노트

모든 데이터 저장소에는 템플릿이 있지만, 오랫동안 스프링 프레임워크의 하이버네이트(Hibernate) 솔루션의 일부였던 HibernateTemplate은 실제로 레거시 애플리케이션이 하이버네이트의 SessionFactory.getCurrentSession() API로 마이그레이션하는 것을 돕기 위한 도구다. 하이버네이트 팀은 이 접근 방식을 사용하거나 JPA의 EntityManager를 직접 사용하는 방향으로 마이그레이션하는 것을 선호한다. 따라서 3장에서는 HibernateTemplate에 대해 자세히 다루지 않는다. 하지만 스프링 데이터 JPA가 관계형 데이터 저장소에 대한 액세스를 간소화하는 여러 가지 방법을 살펴볼 것이다.

이러한 모든 접근 방식에는 공통적인 저의^{undercurrent}가 있다. 레디스용이든, 몽고DB용이든, 카산드라용이든 select 문을 작성하는 것은 지루할 뿐만 아니라 유지 관리 비용도 많이 든다. 쿼리의 상당 부분이 도메인 유형과 필드 이름에 매핑되는 구조적 값을 단순히 복사하는 것임을 고려할 때 스프링 데이터는 도메인 정보를 활용해 개발자가 쿼리를 작성하는 데 도움을 준다.

쿼리를 수작업으로 작성하는 대신 데이터 액세스 언어를 도메인 개체와 해당 필드로 전환하면 문제 해결 방식을 비즈니스 사용 사례로 전환할 수 있다.

그럼에도 수작업으로 쿼리를 작성해야 하는 사용 사례는 항상 존재한다. 예를 들어, 20개의 테이블을 조인해야 하는 월간 고객 보고서나 다양한 입력 값이 혼재된 고객 보고서가 있을 수 있다.

이 경우 스프링 데이터의 도움 없이 쿼리를 직접 작성할 수 있는 옵션이 존재한다.

3장의 나머지 부분에서는 스프링 데이터가 제공하는 이러한 다양한 형태의 데이터 접근 방식을 통해 쿼리 오타^{typo}와 싸우는 대신 고객 문제 해결에 집중할 수 있는 방법을 살펴볼 것이다.

프로젝트에 스프링 데이터 JPA 추가

스프링 데이터로 무엇이든 하려면 먼저 프로젝트에 추가해야 한다. 이전 절에서 다양한 데이터 저장소에 대해 잠시 논의했지만, 이번에는 관계형 데이터베이스로 설정해보자.

이를 위해 스프링 데이터 JPA를 사용할 것이다. 시작하기 위해 간단한 임베디드 데이터베이스인 **H2**를 선택할 것이다. 이 데이터베이스는 자바로 작성된 JDBC 기반의 관계형 데이터베이스다. 프로토타이핑^{prototyping} 작업에 효과적이다.

이미 초안을 작성한 애플리케이션에 **스프링 데이터 JPA**와 **H2**를 추가하려면 2장에서 언급한 start.spring.io를 사용해 애플리케이션 빌드하기에서와 동일한 전략을 쉽게 사용할 수 있다.

1. start.spring.io를 방문한다.

2. 이전과 동일한 프로젝트 아티팩트 세부 정보를 입력한다.

3. **DEPENDENCIES**를 클릭한다.

4. **스프링 데이터 JPA와 H2**를 선택한다.

5. **EXPLORE**를 클릭한다.

6. pom.xml 파일을 찾아 클릭한다.

7. 새 비트를 클립보드에 복사한다.

8. IDE에서 이전 프로젝트를 연다.

9. pom.xml 파일을 열고 새 비트를 올바른 위치에 붙여 넣는다.

IDE에서 새로 고침 버튼을 누르면 모든 준비가 완료된다.

이제 프로젝트에 스프링 데이터 JPA와 H2가 추가됐으므로 다음 절에서 데이터 구조 설계를 시작할 준비가 됐다.

⠿ DTO, 엔티티, POJO

코드 작성을 시작하기 전에 **데이터 전송 객체**^{DTO, Data Transfer Object}, **엔티티**^{entity}, **오래된 방식의 자바 오브젝트**^{POJO, Plain Old Java Object}라는 기본적인 패러다임을 이해해야 한다.

이 세 가지 규칙 간의 차이점은 어떤 도구에서도 직접적으로 적용되지 않는다는 점으로 특별한 부분은 없다. 그렇기 때문에 코딩 구조가 아닌 패러다임이라 할 수 있다. 그렇다면 DTO, 엔티티, POJO는 정확히 무엇을 의미할까?

- DTO: 일반적으로 서버에서 클라이언트나 그 반대로 데이터를 전송하는 것이 목적인 클래스

- 엔티티: 데이터 저장소에 데이터를 저장/검색하는 것을 목적으로 하는 클래스

- POJO: 프레임워크 코드를 확장하지 않거나 어떤 종류의 제한도 없는 클래스

엔티티

데이터베이스에서 데이터를 쿼리하는 코드를 작성할 때 데이터가 최종적으로 저장되는 클래스를 일반적으로 **엔티티**라고 한다. 이 개념은 JPA가 출시되면서 표준으로 자리 잡았다. 말 그대로 JPA를 통해 데이터를 저장하고 검색하는 것과 관련된 모든 클래스는 @Entity로 주석을 달아야 한다.

하지만 엔티티의 개념은 JPA에서 멈추지 않는다. 이러한 어노테이션이 필요하지 않더라도 몽고DB에서 데이터를 주고받는 데 사용되는 클래스도 엔티티로 간주할 수 있다. 데이터 액세스에 관여하는 클래스에는 일반적으로 데이터 저장소에서 부과하는 요구 사항이 있다. JPA는 특히 쿼리에서 반환된 엔티티 객체를 프록시proxy로 래핑wrapping한다. 이를 통해 JPA 공급자는 업데이트를 추적해 실제로 업데이트를 데이터 저장소에 **플러싱**flushing이라고 알려진 푸시할 시기를 알 수 있으며, 엔티티 캐싱caching을 더 잘 처리하는 데 도움이 된다.

3장에서는 데이터베이스에 저장하려는 video 유형에 대한 세부 사항으로 엔티티를 배치할 필요가 있다. 다음 코드가 3장의 요구 사항에 적합하다.

```
@Entity
class VideoEntity {

  private @Id @GeneratedValue Long id;
  private String name;
  private String description;

  protected VideoEntity() {
    this(null, null);
  }

  VideoEntity(String name, String description) {
    this.id = null;
    this.description = description;
    this.name = name;
  }
  // 게터와 세터
}
```

위 코드에는 다음과 같은 특징이 있다.

- `@Entity`는 JPA가 관리하는 유형임을 알리는 JPA의 어노테이션이다.

- `@Id`는 기본 키에 플래그를 지정하는 JPA의 어노테이션이다.

- `@GeneratedValue`은 키 생성을 JPA 공급자에게 오프로드하기 위한 JPA 어노테이션이다.

- JPA에는 공개 또는 보호된 인수가 없는 생성자 메서드가 필요하다.

- ID 필드가 제공되지 않는 생성자, 즉 데이터베이스에 새 항목을 생성하기 위해 설계된 생성자도 있다. id 필드가 null이면 테이블에 새 행을 생성하고 싶다는 것을 JPA에 알린다.

JPA를 사용한 엔티티 모델링에 대해 많은 시간을 할애하지 않을 것이다. 엔티티 모델링의 복잡성을 다룬 책은 여러 권 있다.

DTO

반면에 DTO는 일반적으로 애플리케이션의 웹 계층에서 사용된다. 이러한 클래스는 데이터를 가져와 HTML 생성 또는 JSON 처리를 위해 적절한 형식이 지정됐는지 확인하는 데더 중점을 둔다. 스프링 부트의 기본 JSON 직렬화/역직렬화 라이브러리인 **잭슨**에는 JSON 렌더링을 사용자 지정할 수 있는 다양한 어노테이션이 포함돼 있다.

노트

> DTO는 JSON에만 국한되지 않는다. XML이나 다른 형태의 데이터 교환 형식을 사용하는 경우에도 데이터의 적절한 형식을 보장해야 하는 것은 동일하다. JSON은 오늘날 업계에서 가장 널리 사용되는 형식일 뿐이며, 따라서 스프링 부트가 스프링 웹을 선택할 때 기본적으로 잭슨을 클래스 경로에 배치하는 이유이기도 하다.

DTO와 엔티티가 필요한 이유는 무엇일까? 최근 몇 년 동안 얻은 중요한 교훈은 클래스를 작성할 때 한 가지 작업에만 집중하면 유지 관리 및 업데이트가 더 쉬워진다는 것이다. 실제로 이 개념은 **단일 책임 원칙**SRP, Single-Responsibility Principle이라는 용어로도 불린다.

DTO와 엔티티 모두 되려고 하는 클래스는 장기적으로 관리하기가 더 어렵다. 왜 그럴까? 웹 계층과 퍼시스턴스^{persistence} 계층이라는 두 가지 이해관계자가 있기 때문이다.

팁

> 단기 목표와 장기 목표. DTO와 엔티티가 되려고 하는 클래스는 장기적으로 관리하기가 더 어렵다고 했는데 그것은 사실이다. 하지만 스프링 부트를 소개할 때 CTO에게 보고하는 데모는 어떨까? 이는 요점을 전달해야 하는 단기적인 시나리오다. 오래 지속되는 애플리케이션을 구축하려는 것이 아니라 빠른 데모를 만들려는 것이다. 이러한 시나리오에서는 하나의 클래스가 DTO와 엔티티 역할을 모두 수행해도 괜찮다. 하지만 프로덕션에 사용할 예정이라면 이 두 가지 아이디어를 분리하는 것이 장기적으로 더 나은 유지 관리 방법이 될 것이다. 더 자세한 내용은 DTO 대 엔티티 영상(https://springbootlearning.com/dtos-vs-entities)을 참조한다.

앞서 DTO와 엔티티에 대해 언급했다. 그렇다면 POJO는 어디에 해당할까?

POJO

스프링은 오랜 기간 동안 POJO 지향 프로그래밍 스타일을 지원해왔다. 스프링 이전에는 대부분의 자바 기반 프레임워크가 개발자에게 다양한 클래스를 확장하도록 요구했다. 이로 인해 사용자 코드는 작업을 수행하기 위해 프레임워크에 연결해야 했다.

이러한 종류의 클래스는 작업하기 어려웠다. 프레임워크에서 상속된 요구 사항으로 인해 테스트 사례를 작성하는 데 적합하지 않았다. 사용자가 만든 코드가 제대로 작동하는지 확인하기 위해 모든 것을 돌려봐야 하는 경우가 많았다. 전반적으로 코딩이 매우 번거로웠다.

POJO 기반 접근 방식은 프레임워크 코드를 확장할 필요가 없는 사용자 코드를 작성하는 것을 의미했다.

애플리케이션 콘텍스트에 빈을 등록하는 스프링의 개념 덕분에 이러한 무거운 스타일을 피할 수 있었다. 라이프사이클이 내장된 등록 빈은 이러한 POJO 기반 객체를 서비스 적용을 허용하는 프록시로 래핑할 수 있는 문을 열었다.

스프링의 초기 기능 중 하나는 트랜잭션 지원이었다. VideoService와 같은 것을 애플리케이션 콘텍스트에 등록하는 스프링의 혁신적인 특성 덕분에 외부 호출자의 모든 메서드 호출에 스프링의 TransactionTemplate을 적용하는 프록시로 빈을 쉽게 래핑할 수 있었다.

이를 통해 단위 테스트를 쉽게 수행할 수 있었으며, 트랜잭션 지원을 서비스에서 알 필요조차 없는 구성 단계로 만들면서 VideoService가 제대로 작동하는지 확인할 수 있었다.

어노테이션을 지원하는 자바 5가 등장하면서 적용이 더욱 쉬워졌다. 트랜잭션 지원은 간단한 @Transaction 어노테이션으로 적용될 수 있었다.

스프링은 서비스를 가볍고 POJO 지향적으로 유지함으로써 개발의 경량화에 영향을 미쳤다.

어쩌면 어노테이션을 적용하거나 아무것도 적용하지 않는 것이 정말 POJO인지에 대해서는 논란의 여지가 있을 수 있다. 하지만 POJO로 구축된 애플리케이션을 검증해야 한다는 생각은 시스템에 대한 신뢰를 더 빨리 쌓을 수 있게 해준다.

모든 준비 작업이 완료됐으므로 다음 절에서는 쿼리를 파헤치고 작성할 것이다.

⁝⁝ 스프링 데이터 리포지터리 생성

가장 좋은 쿼리는 무엇일까? 작성할 필요가 없는 쿼리가 그중 하나다.

터무니없게 들릴지 모르지만, 스프링 데이터를 사용하면 실제로 많은 쿼리를 작성하지 않고도 애플리케이션을 작성할 수 있다. 가장 간단한 방법은 리포지터리 패턴을 기반으로 하는 것이다.

이 패턴은 원래 마틴 파울러Martin Fowler의 『엔터프라이즈 애플리케이션 아키텍처 패턴』(위키북스, 2015)에서 확인할 수 있다.

리포지터리는 기본적으로 특정 도메인 유형에 대한 모든 데이터 작업을 한 곳에 모은다. 애플리케이션은 도메인 언어로 리포지터리와 대화하고, 리포지터리는 다시 쿼리 언어로 데이터 저장소와 대화한다.

스프링 데이터 이전에는 이러한 작업 변환을 수작업으로 작성해야 했다. 하지만 스프링 데이터는 데이터 저장소의 메타데이터metadata를 읽고 **쿼리 도출**을 수행할 수 있는 수단을 제공한다.

이제 확인해보자. VideoRepository.java라는 새로운 인터페이스를 생성하고 다음 코드를 추가한다.

```
public interface VideoRepository extends JpaRepository
  <VideoEntity, Long> {
}
```

앞의 코드는 다음과 같이 설명할 수 있다.

- VideoEntity와 Long(도메인 유형 및 기본 키 유형) 2개의 일반 파라미터로 JpaRepository를 확장한다.

- 스프링 데이터 JPA 인터페이스인 JpaRepository에는 이미 지원되는 **CRUD** Change Replace Update Delete 작업 세트가 포함돼 있다.

믿거나 말거나, 이것만 이해하면 된다.

이해해야 할 가장 중요한 내용 중 하나는 IDE를 사용해 JpaRepository 내부를 들여다보면 이 클래스 계층 구조가 Repository로 끝나는 것을 발견할 수 있다는 것이다. 이것은 내부에 아무것도 없는 마커 인터페이스다.

스프링 데이터는 모든 리포지터리 인스턴스를 찾고 다양한 쿼리 파생 전술을 적용하도록 코딩돼 있다. 즉 리포지터리 또는 그 하위 인터페이스를 확장하는 인터페이스를 생성하면 스프링 부트의 구성 요소 검색에 의해 선택돼 사용할 수 있도록 자동으로 등록된다.

하지만 이것이 전부는 아니다. 다음 작업에서 볼 수 있듯이 JpaRepository에는 데이터를 가져오는 다양한 방법이 포함돼 있다.

- findAll(), findAll(Example<S>), findAll(Example<S>, Sort), findAll(Sort), findAllById(Iterable<ID>), findById(ID), findAll(Pageable), findAll(Example<S>, Pageable), findBy(Example<S>), findBy(Example<S>, Pageable), findBy(Example<S>, Sort), findOne(Example<S>)

- deleteById(ID), deleteAll(Iterable<T>), deleteAllById(Iterable<ID>), deleteAllByIdIn Batch(Iterable<ID>), deleteAllInBatch()

- save(S), saveAll(Iterable<S>), saveAllAndFlush(Iterable<S>), saveAndFlush(S)

- count(), count(Example<S>), existsById(ID)

이것들은 모두 JpaRepository에서 직접 찾을 수 있는 것은 아니다. 일부는 계층 구조의 더 위쪽에 있는 다른 스프링 데이터 리포지터리 인터페이스에 있으며, 여기에는 ListPaging AndSortingRepository, ListCrudRepository, QueryByExampleExecutor가 포함된다.

다양한 서명에 포함된 제네릭generic 유형이 다소 혼란스러울 수 있다. 다음 목록을 확인해 해독해보자.

- ID: 리포지터리 기본 키의 제네릭 유형

- T: 리포지터리 직속 도메인 유형의 제네릭 유형

- S: T를 확장하는 제네릭 하위 유형(프로젝션 유형에 사용되기도 함)

여러 곳에서 사용되는 컨테이너 유형도 몇 가지 있다. 다음과 같이 설명할 수 있다.

- Iterable: 모든 요소가 메모리에서 완전히 구현될 필요가 없는 이터러블iterable 유형

- Example: 예제별 쿼리를 제공하는 데 사용되는 객체

3장을 진행하면서 이러한 다양한 연산과 이를 사용해 데이터 액세스 파워팩powerpack[1]을 만드는 방법을 살펴볼 것이다.

이러한 모든 연산은 엄청난 양의 강력한 기능을 제공하지만, 한 가지 부족한 점이 있다면 보다 구체적인 기준으로 쿼리할 수 있는 기능이 없다는 것이다. 다음 절에서는 보다 세부적인 쿼리를 작성할 수 있는 방법을 제공한다.

---

[1] 원래 의미는 엔진과 변속기를 합쳐 놓은 체계를 말한다. – 옮긴이

꞉ꞏ 사용자 지정 파인더 사용

사용자 지정 파인더^{custom finder}를 만들려면 앞서 만든 리포지터리인 VideoRepository로 돌아가서 다음 메서드 정의를 추가한다.

```
List<VideoEntity> findByName (String name);
```

앞의 코드는 다음과 같이 설명할 수 있다.

- findByName(String name) 메서드를 **사용자 지정 파인더**라고 한다. 이 메서드를 구현할 필요는 없다. 이 절에 설명된 대로 스프링 데이터가 자동으로 수행한다.
- 반환 유형은 리포지터리의 도메인 유형 목록을 반환해야 함을 나타내는 List<VideoEntity>이다.

이 인터페이스 메서드는 쿼리를 작성하는 데 필요한 전부다. 스프링 데이터의 마법은 메서드 이름을 파싱한다는 것이다. findBy로 시작하는 모든 리포지터리 메서드는 쿼리로 플래그가 지정된다. 그런 다음 몇 가지 선택적 한정자(Containing 또는 IgnoreCase)가 포함된 필드 이름(Name)을 찾는다. 이것은 필드이므로 해당 String name 인수가 있을 것으로 예상한다. 인수의 이름은 중요하지 않다.

스프링 데이터 JPA는 이 메서드 서명을 말 그대로 select video.* from VideoEntity video where video.name = ?1으로 변환한다. 보너스로, SQL 인젝션^{injection} 공격을 피하기 위해 들어오는 인자에 대해 적절한 바인딩도 수행한다. 다시 돌아오는 모든 행을 VideoEntity 객체로 변환한다.

팁

> SQL 인젝션 공격이란? 시스템 사용자에게 데이터를 입력해 쿼리에 연결할 수 있는 기회를 제공할 때마다 누군가 악의적으로 시스템을 공격하기 위해 SQL 비트를 삽입할 위험이 있는 것을 말한다. 일반적으로 프로덕션 쿼리에 사용자 입력을 무턱대고 복사해 붙여 넣는 것은 위험한 작업이다. 바인딩 인수는 훨씬 더 안전한 접근 방식을 제공해 모든 사용자 입력이 데이터 저장소의 정문으로 들어와 쿼리 생성에 올바르게 적용되도록 한다.

도메인 유형에 따라 안전한 유형의 쿼리를 작성하는 기능은 아무리 강조해도 지나치지 않다. 또한 테이블 이름이나 열에 신경 쓸 필요가 없다. 스프링 데이터는 기본 제공되는 모든 메타데이터를 사용해 관계형 데이터베이스와 통신하는 데 필요한 SQL을 작성한다.

게다가 이것은 JPA이기 때문에 데이터베이스 사용 습관에 신경 쓸 필요도 없다. MySQL, PostgreSQL 또는 다른 인스턴스와 대화하든 JPA는 이러한 특수성을 대부분 처리한다.

사용자 지정 파인더에서 사용하는 추가 연산자가 있다.

- And 및 Or는 여러 프로퍼티 표현식을 결합하는 데 사용할 수 있다. Between, LessThan, GreaterThan을 사용할 수도 있다.

- IsStartingWith, StartingWith, StartsWith, IsEndingWith, EndingWith, EndsWith, IsContaining, Containing, Like, IsNotContaining, NotContaining, NotContains를 적용할 수 있다.

- IgnoreCase를 단일 필드에 적용하거나 모든 프로퍼티에 적용하려면 마지막에 AllIgnore Case를 사용할 수 있다.

- 순서를 미리 알고 있는 경우 필드에 대해 OrderBy를 Asc 또는 Desc와 함께 적용할 수 있다.

노트

> **Containing, StartsWith, EndsWith, Like 비교**
>
> **자카르타 지속성 쿼리 언어**(JPQL, Jakarta Persistence Query Language)에서 %는 LIKE와 부분 일치를 수행하는 데 사용할 수 있는 와일드카드(wildcard)다. 이 와일드카드를 직접 적용하려면 findByNameLike() 와 같이 파인더에 Like를 적용하면 된다. 그러나 와일드카드를 끝에 넣는 것과 같이 간단한 작업을 수행하는 경우 StartsWith를 사용하고 부분 토큰을 제공하면 된다. 스프링 데이터가 와일드카드를 추가해준다. EndsWith는 와일드카드를 시작 부분에 넣고 Containing은 양쪽에 하나씩 넣는다. 좀 더 복잡한 것이 필요하다면 %firstthis%thenthis%와 같이 Like를 사용해 제어할 수 있다.

사용자 지정 파인더는 관계를 탐색할 수도 있다. 예를 들어, 리포지터리의 도메인 유형이 Person이고 주소 필드에 ZipCode가 있는 경우 findByAddressZipCode(ZipCode zipCode)라는 사용자 지정 파인더를 작성할 수 있다. 그러면 올바른 결과를 찾기 위한 조인[join]이 생성된다.

스프링 데이터에서 모호한 상황이 발생할 경우 이를 해결할 수 있다. 예를 들어, 방금 언급한 Person 객체에 addressZip 필드도 있는 경우, 스프링 데이터는 자연스럽게 관계를 탐색하는 대신 이 필드를 사용한다. 제대로 탐색하도록 하려면 findByAddress_ZipCode(ZipCode zipCode)와 같이 밑줄(_)을 사용하면 된다.

이러한 기술 중 일부를 적용하고 싶다고 가정하고 2장에서 웹 애플리케이션의 검색 상자를 만들어 보자.

2장에서 만든 머스테치 템플릿인 index.mustache에 다음과 같이 검색 상자를 추가해보자.

```
<form action="/multi-field-search" method="post">
  <label for="name">Name:</label>
  <input type="text" name="name">
  <label for="description">Description:</label>
  <input type="text" name="description">
  <button type="submit">Search</button>
</form>
```

앞의 코드는 다음과 같이 설명할 수 있다.

- 이 작업은 대상 URL로 /multi-field-search를 나타내며, HTTP 메서드는 POST다.

- name과 description 둘 다 레이블과 텍스트 입력이 있다.

- Search라는 레이블이 붙은 버튼은 전체 폼을 작동시킨다.

사용자가 두 상자 중 하나에 검색 기준을 입력하고 **Submit**을 클릭하면 /multi-field-search에 폼이 POST 메서드로 전달될 것이다.

이를 처리하려면 컨트롤러 클래스에 이를 파싱할 수 있는 새로운 메서드가 필요하다. 2장에서 언급했듯이 머스테치는 이름과 설명 필드를 수집하기 위해 데이터 유형이 필요하다. 자바 17 레코드는 이러한 경량 데이터 유형을 정의하는 데 적합하다.

VideoSearch.java를 생성하고 다음 코드를 추가한다.

```java
record VideoSearch(String name, String description) {
}
```

이 자바 17 레코드에는 HTML 폼의 앞부분에서 정의한 이름과 완벽하게 일치하는 2개의 문자열 필드(name 및 description)가 있다.

이 데이터 유형을 사용해 2장의 HomeController에 다른 메서드를 추가해 검색 요청을 처리할 수 있다.

```java
@PostMapping("/multi-field-search")
public String multiFieldSearch( //
  @ModelAttribute VideoSearch search, //
  Model model) {
  List<VideoEntity> searchResults = //
    videoService.search(search);
  model.addAttribute("videos", searchResults);
  return "index";
}
```

앞의 컨트롤러 메서드는 다음과 같이 설명할 수 있다.

- PostMapping("/multi-field-search")은 URL에 대한 HTTP POST 요청을 처리하는 메서드를 표시하는 스프링 MVC의 어노테이션이다.

- 검색 인수의 레코드 유형은 VideoSearch다. @ModelAttribute 어노테이션은 들어오는 폼을 역직렬화하기 위한 스프링 MVC의 신호다. Model 인수는 렌더링을 위해 정보를 전송하는 메커니즘이다.

- 새로 생성된 search() 메서드가 있는데, 이 메서드에서 비디오 검색 기준이 아래에서 정의할 VideoService로 전달된다. 결과는 videos라는 이름으로 Model 객체에 삽입된다.

- 이 메서드는 마지막으로 렌더링할 템플릿의 이름인 index를 반환한다. 2장의 내용을 다시 한번 정리하자면, 스프링 부트는 이 이름을 src/main/resources/templates/index.mustache로 변환하는 역할을 담당한다.

검색 요청을 처리하기 위한 웹 메서드를 정의할 때, 검색을 수행하는 VideoService 메서드를 설계해야 한다. 여기서 조금 까다로워진다. 지금까지는 단순히 요청의 세부 사항을 전달했다.

이제 요청을 실행할 차례인데, 여러 가지 일이 발생할 수 있다.

- 사용자가 **name**과 **description** 세부 정보를 모두 입력했을 수 있다.

- 사용자가 **name** 필드만 입력했을 수 있다.

- 사용자가 **description** 필드만 입력했을 수 있다.

사용자가 입력하는 정보에 따라 결과가 달라질 수 있다. 예를 들어, name 필드가 비어 있으면 모든 항목이 일치하므로 빈 문자열에 대해 일치를 시도하지 않으려 할 것이다.

다음과 같은 메서드 서명이 필요하다.

```
public List<VideoEntity> search(VideoSearch videoSearch)
```

앞의 코드는 VideoSearch 입력을 받아 VideoEntity 객체 목록으로 변환해야 하는 의무를 충족한다.

이제부터는 입력에 따라 name과 description을 모두 사용하도록 전환해야 하는데, 첫 번째 경로는 다음과 같다.

```
if (StringUtils.hasText(videoSearch.name()) //
  && StringUtils.hasText(videoSearch.description())) {
  return repository //
    .findByNameContainsOrDescriptionContainsAllIgnoreCase( //
      videoSearch.name(), videoSearch.description());
}
```

앞의 코드에는 몇 가지 핵심 구성 요소가 존재한다.

- StringUtils는 스프링 프레임워크 유틸리티로, VideoSearch 레코드의 두 필드에 실제로 일부 텍스트가 있고 비어 있거나 null이 아닌지 확인할 수 있게 해준다.

- 두 필드가 모두 채워져 있다고 가정하면 name 필드와 description 필드에 일치하는 사용자 지정 파인더를 호출할 수 있지만, Contains 한정자와 AllIgnoreCase 수정자를 사용할 수 있다. 기본적으로 두 필드 모두에서 부분적으로 일치하는 것을 찾고 있으므로 대소문자는 문제가 되지 않는다.

두 필드 중 하나가 비어 있거나 null인 경우 다음과 같이 추가 확인이 필요하다.

```java
if (StringUtils.hasText(videoSearch.name())) {
  return repository.findByNameContainsIgnoreCase(videoSearch.name());
}

if (StringUtils.hasText(videoSearch.description())) {
  return repository.findByDescriptionContainsIgnoreCase(videoSearch.description());
}
```

앞의 코드는 다소 비슷하지만 다르다.

- 이전과 동일한 StringUtils 유틸리티 메서드를 사용해 이름 필드에 텍스트가 있는지 확인한다. 텍스트가 있다면 Contains 및 IgnoreCase 한정자를 사용해 이름에 일치하는 사용자 지정 파인더를 호출한다.

- 또한, description 필드에 텍스트가 있는지 확인한다. 텍스트가 있는 경우 Contains 및 IgnoreCase 한정자와 함께 설명에 일치하는 사용자 지정 파인더를 사용한다.

마지막으로, 두 필드가 모두 비어 있거나 null인 경우 반환할 결과는 하나뿐이다.

```java
return Collections.emptyList();
```

이것은 일어날 수 있는 일의 최종 상태이므로 if 절이 필요하지 않다. 코드가 여기에 도달했다면 빈 목록을 반환하는 것 외에는 할 수 있는 일이 없다.

이 일련의 if 절이 조금 투박하다고 느낄 수 있다. 스프링 데이터 JPA를 사용해 데이터베이스를 쿼리하는 방법은 아직 몇 가지 더 존재하고, 이에 대해 더 자세히 알아볼 것이다. 3장

의 뒷부분에서 이러한 전략 중 몇 가지를 어떻게 활용할 수 있는지 살펴보고 더 매끄러운
솔루션을 만드는 방법에 대해 알아보자.

결과 정렬

데이터를 정렬하는 방법에는 여러 가지가 있다. 3장의 앞부분에서 OrderBy 절을 추가하는
방법에 대해 언급했다. 이는 정적인 접근 방식이지만 호출자에게 위임할 수도 있다.

모든 사용자 지정 파인더에는 호출자가 결과를 정렬하는 방법을 결정할 수 있도록 Sort 매
개 변수가 있을 수도 있다.

```
Sort sort = Sort.by("name").ascending() //
  .and(Sort.by("description").descending());
```

이 유창한 Sort API를 사용하면 일련의 열을 구성할 수 있으며, 이러한 열을 오름차순으로
정렬할지 내림차순으로 정렬할지 선택할 수 있다. 이는 정렬이 적용되는 순서이기도 하다.

열을 표현하기 위해 문자열 값을 사용하는 것이 걱정된다면 자바 8 시절부터 스프링 데이
터는 다음과 같이 강력하게 입력된 정렬 기준도 지원해왔다.

```
TypedSort<Video> video = Sort.sort(Video.class);
Sort sort = video.by(Video::getName).ascending() //
  .and(video.by(Video::getDescription).descending());
```

쿼리 결과 제한

쿼리 결과를 제한하는 방법에는 여러 가지가 있다. 이런 방법이 왜 필요한지는 100,000개
의 행이 있는 테이블을 쿼리한다고 상상해보는 것만으로도 충분하다. 모든 행을 가져오고
싶지 않을 것이다.

사용자 지정 파인더에 적용할 수 있는 몇 가지 옵션은 다음과 같다.

- First 또는 Top: 결과 집합에서 첫 번째 항목을 찾는다. 예를 들면, findFirstByName(String name) 또는 findTopByDescription(String desc).

- FirstNNN 또는 TopNNN: 결과 집합에서 첫 번째 NNN 엔트리를 찾는다. 예를 들면, findFirst5ByName(String name) 또는 findTop3ByDescription(String desc).

- Distinct: 이 연산자를 지원하는 데이터 저장소에 대해 이 연산자를 적용한다. 예를 들면, findDistinctByName(String name).

- Pageable: 데이터 페이지를 요청한다. 예를 들면, PageRequest.of(1, 20)은 페이지 크기가 20인 첫 번째 페이지(0이 첫 번째 페이지)를 찾는다. Pageable에 Sort 매개 변수를 제공할 수도 있다.

또한, 사용자 지정 파인더를 작성할 수 있을 뿐만 아니라 사용자 지정 existsBy, deleteBy, countBy 메서드도 작성할 수 있다는 점도 중요하다. 이들 모두 이번 절에서 설명한 것과 동일한 조건을 지원한다.

다음 예제를 살펴보자.

- countByName(String name): 쿼리를 실행하지만 COUNT 연산자를 적용해 도메인 유형 대신 정수를 반환한다.

- existsByDescription(String description): 쿼리를 실행하지만 결과가 비어 있는지 여부를 수집한다.

- deleteByTag(String tag): SELECT 대신 DELETE

팁

> SQL과 JPQL – 스프링 데이터 JPA가 실제로 작성하는 쿼리는 무엇일까? JPA는 EntityManager라고 알려진 쿼리를 작성하는 구조를 제공한다. EntityManager는 JPQL을 사용해 쿼리를 조합하는 API를 제공한다. 스프링 데이터 JPA는 리포지터리 메서드에서 메서드를 구문 분석하고 사용자를 대신해 EntityManager와 대화한다. 내부적으로 JPA는 JPQL을 관계형 데이터 저장소가 사용하는 언어인 **구조화된 쿼리 언어**(SQL, Structured Query Language)로 변환하는 역할을 한다. SQL 인젝션 공격과 같은 특정 개념은 JPQL이든 SQL을 사용하든 크게 중요하지 않다. 하지만 실제 쿼리에 관해서는 올바른 것에 대해 이야기하고 있는지 확인하는 것이 중요하다.

사용자 지정 파인더는 매우 강력하다. 쿼리를 작성하는 번거로움 없이 비즈니스 개념을 빠르게 확인할 수 있다.

하지만 모든 상황에 이상적이지 않을 수 있는 근본적인 상충관계가 존재한다.

사용자 지정 파인더는 거의 완전히 고정돼 있다. 물론 인수를 통해 사용자 지정 기준을 제공할 수 있고 정렬 및 페이징을 동적으로 조정할 수 있다. 하지만 기준으로 선택한 열과 그 열이 결합되는 방식의 IgnoreCase, Distinct 등은 작성할 때 고정된다.

이전 검색 상자 시나리오에서 이러한 제한 사항을 확인할 수 있었다. name과 description이라는 2개의 매개 변수만으로도 올바른 사용자 지정 파인더를 선택하기 위해 일련의 if 절을 작성해야 했다.

더 많은 옵션을 추가하면 상황이 어떻게 폭발적으로 증가할지 상상해보자. 요즘을 말하자면, 이 접근 방식은 모든 것을 처리하기 파인더 메서드의 조합을 폭발적으로 증가시키며, if 문은 금방 길어지고 추론하기 어렵게 된다. 다른 필드를 추가하면 어떻게 될까?

앞서 언급했듯이 문제는 사용자 지정 파인더가 적용할 수 있는 기준이 다소 정적이라는 점이다. 다행히도 스프링 데이터는 이러한 유동적인 상황에서 벗어날 수 있는 방법을 제공하며, 다음 절에서 다룰 것이다.

⁙ 까다로운 답변을 찾기 위한 쿼리 예제

쿼리에 대한 정확한 기준이 요청마다 달라질 때는 어떻게 해야 할까? 간단히 말해, 우리가 관심 있는 필드는 캡처하고 그렇지 않은 필드는 무시하는 객체를 스프링 데이터에 제공할 수 있는 방법이 필요하다.

정답은 **예제별 쿼리**다.

예제별 쿼리를 사용하면 도메인 객체의 인스턴스인 **프로브**probe를 만들 수 있다. 적용하려는 조건으로 필드를 채우고 관심이 없는 필드는 null로 비워 둔다.

그런 다음 프로브를 래핑해 Example을 만든다. 다음 예제를 확인하자.

```
VideoEntity probe = new VideoEntity();
probe.setName(partialName);
probe.setDescription(partialDescription);
probe.setTags(partialTags);
Example<VideoEntity> example = Example.of(probe);
```

앞의 코드는 다음과 같이 분석할 수 있다.

- 처음 몇 줄은 프로브를 생성하는 부분으로, 아마도 스프링 MVC 웹 메서드에서 필드가 게시된 곳에서 필드를 가져오는데, 일부는 채워지고 일부는 null인 것으로 추정된다.

- 마지막 줄은 null이 아닌 필드만 정확히 일치시키는 정책으로 Example<VideoEntity> 프로브를 래핑한다.

앞서 사용자 지정 파인더 절에서 단점에 대해 논의할 때 AllIgnoreCase 절을 적용하는 것에 대해 언급했다. 예제별 쿼리에 대해서도 동일한 작업을 수행하려면 예제를 다음과 같이 변경해야 한다.

```
Example<VideoEntity> example = Example.of(probe, //
  ExampleMatcher.matchingAll() //
    .withIgnoreCase() //
    .withStringMatcher(StringMatcher.CONTAINING));
```

이전과 똑같은 프로브를 사용한다고 가정하면 ExampleMatcher는 다음과 같이 변경한다.

- 모든 필드에서 일치하며, 기본적으로 이전과 마찬가지로 And 연산이다. 그러나 Or 연산으로 전환하고 싶다면 matchingAny()로 전환하면 된다.

- withIgnoreCase()는 스프링 데이터에 쿼리 대소문자를 구분하지 않도록 지시한다. 기본적으로 모든 열에 lower() 연산을 적용한다. 따라서 모든 인덱스를 적절히 조정하자.

- withStringMatcher()는 null이 아닌 모든 열에 대해 부분 일치로 만들기 위해 CONTAINING 필터를 적용한다. 내부적으로 스프링 데이터는 각 열을 와일드카드로 래핑한 다음 LIKE 연산자를 적용한다.

Example<VideoEntity>가 있다고 가정하면 어떻게 사용할 수 있을까? 우리가 활용하고 있는 JpaRepository 인터페이스는 findOne(Example<S> example), findAll(Example<S> example)과 함께 제공된다.

팁

> JpaRepository는 이러한 Example 기반 연산을 QueryByExample 실행자로부터 상속받는다. 리포지터리의 자체 확장을 롤링하는 경우 QueryByExampleExecutor를 확장하거나 findAll(Example⟨S⟩) 메서드를 직접 추가할 수 있다. 어느 쪽이든 메서드 시그니처가 있는 한 스프링 데이터는 예제별 쿼리를 기꺼이 실행한다.

지금까지 웹 페이지에서 일종의 검색 상자나 필터를 사용해 프로브를 조립하는 방법을 살펴봤다. 다중 필드 설정에서 전환하기로 결정하고 대신 입력이 하나만 있는 범용 검색 상자를 사용하기로 했다면 이를 적용하는 데 큰 노력이 필요하지 않을 것이다.

그런 검색 상자를 만들 수 있는지 살펴보자.

```html
<form action="/universal-search" method="post">
  <label for="value">Search:</label>
  <input type="text" name="value">
  <button type="submit">Search</button>
</form>
```

앞 코드의 이 폼은 3장의 앞부분에서 만든 HTML 템플릿과 매우 유사하지만 다음과 같은 예외가 있다.

- 대상 URL은 /universal-search다.

- 입력값은 value 하나만 있다.

다시 말하지만, 이 입력 데이터를 전송하려면 DTO로 래핑해야 한다. 자바 17 레코드 덕분에 이 작업은 매우 간단하다. 다음과 같이 UniversalSearch 레코드를 생성하기만 하면 된다.

```java
record UniversalSearch(String value) {
}
```

앞의 DTO에는 value라는 하나의 항목이 포함돼 있다.

이 새로운 UniversalSearch를 처리하려면 새로운 웹 메서드가 필요하다.

```
@PostMapping("/universal-search")
public String universalSearch(@ModelAttribute UniversalSearch search, Model model) {
  List<VideoEntity> searchResults = videoService.search(search);
  model.addAttribute("videos", searchResults);
  return "index";
}
```

앞의 검색 핸들러는 앞서 만든 다중 필드 검색 핸들러와 매우 유사하지만 다음과 같은 예외가 있다.

- /universal-search에 응답한다.

- 들어오는 폼은 단일 값인 UniversalSearch 유형으로 캡처된다.

- 검색 DTO는 다른 search() 메서드로 전달되며, 이 절에서 더 자세히 설명할 것이다.

- 검색 결과는 index 템플릿에 의해 렌더링될 model 필드에 저장된다.

이제 다음과 같이 하나의 값을 받아 모든 필드에 적용하는 VideoService.search() 메서드를 생성해 예제별 쿼리를 활용할 준비가 됐다.

```
public List<VideoEntity> search(UniversalSearch search) {
  VideoEntity probe = new VideoEntity();
  if (StringUtils.hasText(search.value())) {
    probe.setName(search.value());
    probe.setDescription(search.value());
  }
  Example<VideoEntity> example = Example.of(probe, //
    ExampleMatcher.matchingAny() //
      .withIgnoreCase() //
      .withStringMatcher(StringMatcher.CONTAINING));
  return repository.findAll(example);
}
```

앞의 대체되는 검색 방법은 다음과 같이 설명할 수 있다.

- `UniversalSearch` DTO를 가져온다.

- 리포지터리와 동일한 도메인 유형을 기반으로 프로브를 만들고 프로브의 `Name` 및 `Description` 필드에 값 프로퍼티를 복사하지만 텍스트가 있는 경우에만 복사한다. 값 프로퍼티가 비어 있으면 필드가 `null`로 남는다.

- `Example.of` 정적 메서드를 사용해 `Example<VideoEntity>`를 어셈블한다. 그러나 프로브를 제공하는 것 외에도 대소문자를 무시하고 모든 입력의 양쪽에 와일드카드를 넣는 `CONTAINING` 일치를 적용하는 추가 기준도 제공한다.

- 모든 필드에 동일한 기준을 적용하기 때문에 `matchingAny()`, 즉 Or 연산으로 전환해야 한다.

UI의 디자인을 한 번만 변경하고 예제별 쿼리로 전환함으로써 결과를 찾기 위해 백엔드를 조정할 수 있었다.

이는 효과적이고 유지 관리가 쉬울 뿐만 아니라 무슨 일이 일어나고 있는지 쉽게 읽고 이해할 수 있다. 이 video 기반 구조에 더 많은 속성을 추가하기 시작해도 조정하기 어렵지 않다.

팁

> 모든 필드에서 일치하는 파인더를 만들고 무시하려는 열에 null을 제공하면 된다고 생각하는 경우 이 방법은 작동하지 않을 것이다. 관계형 데이터베이스에서 null은 null과 같지 않다는 것을 다시 한번 상기하자. 이것이 바로 스프링 데이터에 한정자로 IsNull 및 IsNotNull이 있는 이유다. 예를 들어, findByNameIsNull은 이름 필드가 null인 모든 항목을 찾는다.

그러나 이것이 전부는 아니다. 다음 절에 나와 있는 보다 유창한 방법을 포함해 쿼리를 구성하는 다른 방법도 있다.

⠿ 자바 퍼시스턴트 API 사용

다른 모든 방법이 실패하고 스프링 데이터의 쿼리 파생 전술을 필요에 맞게 적용할 수 없는 경우 JPQL을 직접 작성할 수 있다.

리포지터리 인터페이스에서 다음과 같이 쿼리 메서드를 생성할 수 있다.

```
@Query("select v from VideoEntity v where v.name = ?1")
List<VideoEntity> findCustomerReport(String name);
```

앞의 방법은 다음과 같이 설명할 수 있다.

- @Query는 사용자 지정 JPQL 문을 제공하는 스프링 데이터 JPA의 방법이다.

- '1'을 사용해 위치 바인딩 매개 변수를 포함시켜 name 인수에 묶을 수 있다.

- JPQL을 제공하기 때문에 메서드의 이름은 더 이상 중요하지 않다. 사용자 지정 파인더가 제한한 이름보다 더 나은 이름을 선택할 수 있는 기회다.

- 반환 유형이 List<VideoEntity>이므로 스프링 데이터는 컬렉션을 형성한다.

@Query를 사용하면 기본적으로 스프링 데이터에서 수행되는 모든 쿼리 작성을 피하고 한 가지 예외를 제외한 상태로 사용자가 제공한 쿼리를 사용한다. 스프링 데이터 JPA는 여전히 ordering 및 paging을 적용한다. 쿼리 끝에 SORT 절을 추가할 수 있기 때문에 스프링 데이터 JPA에서는 Sort 인수를 제공하고 이를 적용할 수 있다.

여기서는 JPQL과 같은 스프링 데이터 JPA 세부 사항에 초점을 맞추고 있지만, 거의 모든 다른 스프링 데이터 모듈에는 해당 @Query 어노테이션이 존재한다. 각 데이터 저장소에서는 데이터 저장소의 쿼리 언어로 사용자 지정 쿼리를 작성할 수 있다. 예를 들면, **몽고QL**^{MongoQL}, **카산드라 쿼리 언어**^{CQL, Cassandra Query Language}, 심지어 **니켈/카우치베이스 쿼리 언어**^{N1QL, Nickel/Couchbase Query Language}를 사용할 수 있다.

스프링 데이터 JPA의 경우 이 어노테이션을 통해 JPQL을 제공할 수 있다는 점을 강조해야 한다. 이제 앞의 예제는 사용자 지정 쿼리에 대해 약간 단순하다. 지금까지 읽은 내용을 바탕으로 findByName(String name)이 완벽한 후보가 될 것이라고 생각했다면 정답이다.

하지만 때때로 다양한 테이블을 조인해야 하는 사용자 지정 쿼리가 있을 수 있다. 아마도 다음과 비슷한 쿼리가 있을 것이다.

```
@Query("select v FROM VideoEntity v " //
    + "JOIN v.metrics m " //
    + "JOIN m.activity a " //
    + "JOIN v.engagement e " //
    + "WHERE a.views < :minimumViews " //
    + "OR e.likes < :minimumLikes")
List<VideoEntity> findVideosThatArentPopular( //
    @Param("minimumViews") Long minimumViews, //
    @Param("minimumLikes") Long minimumLikes);
```

앞의 코드는 다음과 같이 설명할 수 있다.

- 이 @Query는 표준 내부 조인을 사용해 서로 다른 4개의 테이블을 조인하는 JPQL 문을 보여준다.

- 기본 위치 매개 변수 대신 :minimumViews 및 :minimumLikes는 명명된 매개 변수다. 이 매개 변수는 스프링 데이터 @Param("minimumViews") 및 @Param("minimumLikes") 주석에 의해 메서드 인수에 바인딩된다.

앞의 메서드는 @Query가 잘하는 일에 가까워지고 있다. 이와 유사한 사용자 지정 파인더는 findByMetricsActivityViewsLessThanOrEngagementLikesLessThan(Long minimumViews, Long minimumLikes)이다.

팁

> 사용자 지정 파인더와 @Query 중 하나를 선택하는 것은 어렵다. 솔직히 말해서 4개의 테이블을 함께 조인하는 이 예제에서는 사용자 지정 파인더가 옳다는 것을 알기 때문에 여전히 사용자 지정 파인더를 사용할 것이다. 하지만 이 파인더 방법이 점점 더 길어지면 쿼리를 직접 작성하는 것이 더 유리해지기 시작한다. 핵심 요소는 WHERE 절의 수와 복잡한 외부 JOIN 절의 수다. 기본적으로 쿼리를 간단한 이름으로 캡처하기 어려울수록 전체 쿼리를 제어하기가 더 쉬워진다.

그리고 JPQL이 방해가 되는 경우 @Query의 nativeQuery=true 인수를 사용해 순수 SQL을 작성하는 것도 가능하다.

스프링 데이터 JPA 3.0에는 **SQL 구문 분석 라이브러리**인 **JSqlParser**가 포함돼 있어 다음과 같이 쿼리를 작성할 수 있다.

```
@Query(value="select * from VIDEO_ENTITY where NAME = ?1", nativeQuery=true)
List<VideoEntity> findCustomWithPureSql(String name);
```

앞의 코드와 같이 쿼리를 작성하는 이유는 무엇일까? 사실 몇 가지 이유가 있을 수 있다.

- 고객 보고서에 액세스해야 하지만 모든 관련 테이블이 나머지 파인더가 작동하는 항목에 실제로 연결되지 않는다. 하나의 보고서를 위해 엔티티 유형 스택을 설정하는 데 시간을 낭비할 가치가 있을까? 보고서의 순수한 SQL 작성에 집중하는 것이 더 쉬울 수 있다.

- 말 그대로 20개의 테이블을 복잡한 왼쪽 외부$^{left\ outer}$ 조인, 상호 연관된 하위 쿼리, 기타 복잡성으로 조인하는 보고서를 본 적이 있다. JPA를 사용하기 위해 JPQL로 변환하는 것은 이해가 되지 않았다.

사용자 지정 파인더를 네이티브^{native} SQL로 교체하는 기준은 사용자 지정 JPQL로 교체할지 여부와 매우 유사하다. 이는 JPQL과 SQL 중 어느 쪽이 더 편한지에 따라 결정된다.

팁

> 개인적으로 @Query를 사용한다면 아마도 JPQL이 아닌 순수 SQL로 전환할 것이다. 그 이유는 JPQL보다 SQL에 대한 내 경험이 훨씬 더 많기 때문이다. 200개 이상의 쿼리가 있는 24시간 99.999% 가용성 시스템에서 일해 온 나는 잠자는 동안에도 왼쪽 외부 조인 및 상호 연관된 하위 쿼리를 작성할지도 모른다. 이에 상응하는 JPQL은 너무 많은 공부가 필요할 것이다. 하지만 어쩌면 JPQL이 더 적합할 수도 있다. JPQL의 세계에 빠져들었다면 그렇게 하자. 작업을 완료할 수 있다면 무엇이든 해보자.

고려해야 할 또 다른 요소는 기본 쿼리를 수행할 때 스프링 데이터 JPA가 동적 정렬을 지원하지 않는다는 점이다. 그렇게 하려면 SORT 절을 추가해 SQL을 조작해야 한다. Pageable 인수를 사용해 페이징 요청을 지원할 수 있다. 하지만 이 경우 @Query의 countQuery 항목을 채워서 계산할 SQL 문을 제공해야 한다. 스프링 데이터 JPA는 결과 집합을 반복해 결과 페이지를 제공할 수 있다.

또한, 연결 관리 및 트랜잭션 처리는 여전히 스프링 데이터에서 처리한다는 점을 이해하는 것도 중요하다.

⁑ 요약

3장에서는 스프링 데이터 JPA를 사용해 데이터를 가져오는 다양한 방법을 배웠다. 그런 다음 몇 가지 변형된 쿼리를 검색 상자에 연결했다. 자바 17 레코드를 사용해 폼 요청을 웹 메서드와 VideoService로 전송하기 위해 DTO를 빠르게 어셈블했다.

다양한 쿼리 전술을 언제 사용하는 것이 합당한지 평가해봤다.

4장에서는 애플리케이션을 잠그고 프로덕션에 사용할 수 있도록 준비하는 방법을 살펴볼 것이다.

04

스프링 부트
애플리케이션 보호

3장에서는 스프링 데이터 JPA를 사용해 데이터를 쿼리하는 방법을 배웠다. 사용자 지정 파인더를 작성하는 방법, 예제별 쿼리를 사용하는 방법, 데이터 저장소 사용자 지정 JPQL 및 SQL에 직접 액세스하는 방법까지 알아봤다.

4장에서는 애플리케이션을 안전하게 유지하는 방법을 살펴볼 것이다.

보안은 매우 중요한 문제다. 보안이 확보되기 전까지는 애플리케이션이 진짜가 아니라고 여러 번 이야기했다.

하지만 보안은 스위치만 누르면 끝나는 것이 아니다. 보안은 여러 계층이 필요한 복잡한 문제이므로 세심한 주의가 필요하다.

4장을 살펴보면서 한 가지 알아둬야 할 것이 있다면 절대로 혼자서 보안을 강화하려고 시도하지 않아야 한다는 것이다. 자기만의 솔루션을 만들지 말고, 쉽다고 생각하지 말자. 비밀번호를 잊어버린 사용자를 위해 워드Word 문서를 해독하는 상용 유틸리티를 만든 사람은 즉시 비밀번호가 나타나지 않도록 의도적으로 지연 시간을 도입했다고 한다.

수년간 애플리케이션 보안을 연구해온 보안 엔지니어, 컴퓨터 과학자, 업계 리더들이 있다. 업계 전문가들이 개발한 도구와 관행을 도입하는 것은 애플리케이션의 데이터와 사용자를 적절히 보호하기 위한 첫 번째 단계다.

그렇기 때문에 우리의 첫 번째 단계는 공신력 있는 보안 도구로 전환하는 것이다. 바로 **스프링 시큐리티**다.

스프링 시큐리티는 2003년 처음부터 공개적으로 개발됐다. 이 프레임워크는 독점적인 것이 아니라 전 세계의 존경받는 보안 전문가들이 기여한 것이다. 또한 스프링의 전담 팀에서 적극적으로 유지 관리하고 있다.

4장에서는 다음 주제를 다룬다.

- 스프링 부트 애플리케이션에 스프링 시큐리티 추가

- 사용자 지정 보안 정책으로 자체 사용자 생성

- 하드 코딩된 사용자를 스프링 데이터 지원 사용자 집합으로 교체

- 구글^{Google}을 활용해 사용자 인증

- 웹 경로 및 HTTP 메서드 보안

- 스프링 데이터 메서드 보안

> **4장의 코드 위치**
>
> 4장의 코드는 깃허브 저장소(https://github.com/PacktPublishing/Learning-Spring-Boot-3.0/ tree/main/ch4)에서 확인할 수 있다.

⁝⁝⁚ 프로젝트에 스프링 시큐리티 추가

스프링 시큐리티를 사용하려면 먼저 프로젝트에 추가해야 한다.

이미 초안을 작성한 애플리케이션에 스프링 시큐리티를 추가하려면 3장에서 사용한 것과 동일한 방법을 사용하면 된다.

1. start.spring.io를 방문한다.

2. 이전과 동일한 프로젝트 아티팩트 세부 정보를 입력한다.

3. **DEPENDENCIES**를 클릭한다.

4. **Spring Security**를 선택한다.

5. **EXPLORE**를 클릭한다.

6. pom.xml 파일을 찾아 클릭한다.

7. 새 코드를 클립보드에 복사한다. 스프링 시큐리티에는 스타터^{starter}와 테스트 모듈^{test} ^{module}이 모두 있으니 조심하자.

8. **IDE**에서 이전 프로젝트를 연다.

9. pom.xml 파일을 열고 새 코드를 적재적소에 붙여 넣는다.

IDE에서 새로 고침 버튼을 누르면 모든 준비가 완료된다.

지금까지 구축한 애플리케이션을 즉시 실행할 수 있다. 스프링 데이터 **JPA**로 지원되는 똑같은 웹 애플리케이션을 실행할 수 있으나, 잠겨 있을 것이다.

스프링 부트가 경로에서 스프링 시큐리티를 감지하면 무작위로 생성된 비밀번호로 모든 것을 잠근다. 이것은 좋은 일일 수도 있고 나쁜 일일 수도 있다.

회사의 CTO에게 스프링 부트의 강력한 기능을 통해 애플리케이션을 잠글 수 있는 방법을 간단히 설명하는 것이라면 이는 좋은 일일 수 있다.

하지만 단순한 보고 이상의 작업을 하려면 다른 접근 방식이 필요하다. 스프링 부트의 자동 설정된 'user'인 사용자 이름과 임의의 비밀번호를 사용할 때의 문제점은 애플리케이션이 다시 시작될 때마다 비밀번호가 변경된다는 것이다.

application.properties를 사용해 사용자 이름, 비밀번호, 심지어 역할까지 재정의할 수 있지만 이는 확장성이 떨어진다. 거의 동일한 노력을 기울이면서 보다 현실적인 접근 방식을 제공하는 또 다른 방법이 있다.

바로 다음에 다룰 내용이다.

사용자 지정 보안 정책으로 자체 사용자 생성

스프링 시큐리티는 고도로 플러그인 형태가 가능한 아키텍처를 갖고 있으며, 4장에서 최대한 활용할 것이다.

애플리케이션 보안의 핵심 측면은 다음과 같다.

- 사용자 소스 정의

- 사용자에 대한 액세스 규칙 생성

- 애플리케이션의 다양한 부분을 액세스 규칙과 연결

- 애플리케이션의 모든 측면에 정책 적용

첫 번째 단계부터 시작해 사용자 소스를 생성해보자. 스프링 시큐리티에는 이 작업을 위한 UserDetailsService 인터페이스가 제공된다.

이 인터페이스를 활용하기 위해 다음 코드를 사용해 SecurityConfig 자바 클래스를 생성할 것이다.

```java
@Configuration
public class SecurityConfig {

  @Bean
  public UserDetailsService userDetailsService() {
    UserDetailsManager userDetailsManager =
      new InMemoryUserDetailsManager();
    userDetailsManager.createUser(
      User.withDefaultPasswordEncoder()
        .username("user")
        .password("password")
        .roles("USER")
        .build());
    userDetailsManager.createUser(
      User.withDefaultPasswordEncoder()
        .username("admin")
        .password("password")
        .roles("ADMIN")
        .build());
```

```
        return userDetailsManager;
    }
}
```

앞의 시큐리티 코드는 다음과 같이 설명할 수 있다.

- @Configuration은 이 클래스가 실제 애플리케이션 코드가 아닌 빈 정의의 소스임을 알리는 스프링의 어노테이션이다. 스프링 부트는 구성 요소 검색을 통해 이를 감지하고 모든 빈 정의를 애플리케이션 콘텍스트에 자동으로 추가한다.

- UserDetailsService는 사용자 소스를 정의하기 위한 스프링 시큐리티의 인터페이스다. @Bean으로 표시된 이 빈 정의는 InMemoryUserDetailsManager를 생성한다.

- 그런 다음 InMemoryUserDetailsManager를 사용해 2명의 사용자를 생성할 수 있다. 각 사용자에는 사용자 이름, 비밀번호, 역할이 있다. 이 코드 조각은 비밀번호 인코딩을 피하기 위해 withDefaultPasswordEncoder() 메서드도 사용한다.

중요한 점은 스프링 시큐리티가 클래스 경로에 추가되면 스프링 부트의 자동 설정이 스프링 시큐리티의 @EnableWebSecurity 어노테이션을 활성화한다는 것이다. 그러면 다양한 필터 및 기타 구성 요소의 표준 설정이 활성화된다.

구성 요소는 **스프링 MVC**인지 또는 그 반응형 변형인 **스프링 웹플럭스**인지에 따라 동적으로 선택된다. 필요한 빈 중 하나는 UserDetailsService 빈이다.

스프링 부트는 이전 절에서 설명한 단일 사용자 인스턴스 버전을 자동 설정한다. 그러나 직접 정의했기 때문에 스프링 부트는 자동 설정을 중단하고 직접 작성한 버전을 대신 사용할 것이다.

팁

> 지금까지의 코드에서는 withDefaultPasswordEncoder()를 사용해 비밀번호를 명확하게 저장했다. 프로덕션 환경에서는 이 작업을 수행하지 말자. 비밀번호는 저장하기 전에 암호화해야 한다. 실제로 비밀번호를 올바르게 저장하면 비밀번호를 알아내는 것뿐만 아니라 사전 공격의 위험도 줄일 수 있다. 스프링 시큐리티를 사용할 때 비밀번호를 올바르게 보호하는 방법에 대한 자세한 내용은 웹 페이지(https://springbootlearning.com/password-storage)를 참조한다.

믿거나 말거나, 이 책에서 개발한 애플리케이션을 실행하는 데는 이 정도면 충분하다. 이제 `public static void main()` 메서드를 마우스 오른쪽 버튼으로 클릭하고 실행하거나 터미널에서 `./mvnw spring-boot:run`을 사용한다.

애플리케이션이 실행되고, 새 브라우저 탭에서 `localhost:8080`을 방문하면 `/login`의 페이지로 자동 리디렉션된다.

그림 4.1 스프링 시큐리티 기본 제공 로그인 폼

이것은 스프링 시큐리티의 기본 제공 로그인 폼이다. 직접 구성할 필요가 없다. `userDetails Service` 빈에서 계정 중 하나를 입력하면 로그인할 수 있다.

하드 코딩된 비밀번호가 조금 불안하다면 다음 절에서 사용자 자격 증명의 저장소를 외부 데이터베이스로 옮기는 방법을 확인해보자.

⁝ 하드 코딩된 사용자를 스프링 데이터 지원 사용자 집합으로 교체

하드 코딩된 사용자 집합을 만드는 것은 데모를 만들거나 책을 쓸 때는 좋지만 실제 프로덕션 지향 애플리케이션을 구축하는 데는 적합하지 않다. 대신 사용자 관리를 외부 데이터베이스에 아웃소싱^outsourcing^하는 것이 좋다.

애플리케이션이 외부 사용자 소스에 연결해 인증하도록 하면 보안 엔지니어링 팀과 같은 다른 팀에서 해당 데이터베이스를 관리하는 완전히 다른 도구를 통해 사용자를 관리할 수 있다.

사용자 관리와 사용자 인증을 분리하는 것은 시스템의 보안을 개선하는 좋은 방법이다. 따라서 3장에서 배운 몇 가지 기술을 이전 절에서 배운 UserDetailsService 인터페이스와 결합할 것이다.

클래스 경로에 이미 스프링 데이터 JPA와 H2가 있으므로 다음과 같이 JPA 기반 UserAccount 도메인 객체를 정의하는 것으로 시작할 수 있다.

```
@Entity
public class UserAccount {
  @Id
  @GeneratedValue
  private Long id;
  private String username;
  private String password;
  @ElementCollection(fetch = FetchType.EAGER)
  private List<GrantedAuthority> authorities = //
    new ArrayList<>();
}
```

앞의 코드에는 몇 가지 주요 기능이 포함돼 있다.

- 3장에서 설명한 것처럼 @Entity는 관계형 테이블에 매핑된 클래스를 나타내는 JPA의 어노테이션이다.

- 기본 키는 @Id 어노테이션으로 표시된다. @GeneratedValue은 JPA 제공업체가 고유한 값을 생성하도록 신호를 보낸다.

- 이 클래스에는 사용자 이름, 비밀번호, 권한 목록도 있다.

- 권한은 컬렉션이기 때문에 JPA 2에서는 @ElementCollection 어노테이션을 사용해 이를 처리하는 간단한 방법을 제공한다. 이러한 모든 권한 값은 별도의 테이블에 저장된다.

스프링 시큐리티에 사용자 데이터를 가져오도록 요청하기 전에 먼저 일부 데이터를 로드해야 한다. 프로덕션 환경에서는 테이블을 생성하고 업데이트하기 위한 별도의 도구를 구축해야 한다. 지금은 일부 항목을 직접 미리 로드할 수 있다.

이를 위해 사용자 관리자를 대상으로 하는 스프링 데이터 JPA 리포지토리 정의를 다음과 같이 UserManagementRepository 인터페이스를 생성해 만들어보자.

```
public interface UserManagementRepository extends
  JpaRepository<UserAccount, Long> {
}
```

앞의 리포지터리는 스프링 데이터 JPA의 JpaRepository를 확장한 것으로 모든 사용자 관리 도구에 필요한 전체 작업 모음을 제공한다.

이를 활용하려면 애플리케이션이 시작될 때 코드 조각을 실행하기 위해 스프링 부트가 필요하다. SecurityConfig 클래스에 다음 빈 정의를 추가한다.

```
@Bean
CommandLineRunner initUsers(UserManagementRepository repository) {
  return args -> {
    repository.save(new UserAccount("user", "password", "ROLE_USER"));
    repository.save(new UserAccount("admin", "password", "ROLE_ADMIN"));
  };
}
```

앞의 빈은 자바 8 **람다 함수**를 통해 스프링 부트의 CommandLineRunner로 정의한다.

팁

> CommandLineRunner는 **단일 추상 메서드**(SAM, Single Abstract Method)로, 정의해야 하는 메서드가 하나뿐이다. 이 특성 덕분에 자바 8 이전 버전에서 익명 클래스를 생성하는 대신 람다 표현식을 사용해 CommandLineRunner를 인스턴스화할 수 있다.

이 예제에서는 UserManagementRepository에 종속되는 빈 정의가 있다. 람다 표현식 내에서 이 리포지터리는 사용자 및 관리자라는 2개의 UserAccount 항목을 저장하는 데 사용된다. 이러한 항목이 준비되면 마침내 JPA 지향 UserDetailsService를 코딩할 수 있다.

UserAccount 항목을 가져오려면 또 다른 스프링 데이터 리포지터리 정의가 필요하다. 이번에는 아주 간단한 정의가 필요하다. 저장이나 삭제와 관련된 것은 없다. 따라서 다음과 같이 UserRepository라는 인터페이스를 생성한다.

```
public interface UserRepository extends Repository<UserAccount, Long> {
  UserAccount findByUsername(String username);
}
```

앞의 코드는 다음과 같은 점에서 이전에 생성한 리포지터리 UserManagementRepository와
다르다.

- JpaRepository 대신 리포지터리를 확장한다. 즉 아무것도 없는 상태에서 시작한다. 바로
  위 코드에 있는 것 외에는 정의된 연산이 없다.

- 사용자 이름을 기반으로 UserAccount 항목을 가져오는 데 사용되는 사용자 지정 파인더
  인 findByUsername이 있다. 이것이 바로 이 섹션의 뒷부분에서 스프링 시큐리티를 제공
  하는 데 필요한 것이다.

이 부분이 바로 스프링 데이터가 정말 빛을 발하는 부분 중 하나다. 사용자 계정이라는 도
메인에 집중해 데이터 저장과 관련된 하나의 리포지터리를 작성하고 단일 항목을 가져오는
데 중점을 둔 다른 리포지터리를 정의했다. 이 모든 것을 JPQL이나 SQL 작성에 끌어들이
지 않고도 할 수 있다.

이 모든 것이 준비되면 마침내 이전 절에서 정의한 UserDetailsService 빈을 대체할 수 있는
빈 정의를 생성하고 이를 SecurityConfig 클래스에 추가할 수 있다.

```
@Bean
UserDetailsService userService(UserRepository repo) {
  return username -> repo.findByUsername(username).asUser();
}
```

앞의 빈 정의는 UserRepository를 호출한다. 그런 다음 이를 사용해 UserDetailsService를
형성하는 람다 표현식을 만든다. 이 인터페이스를 자세히 살펴보면 문자열 기반 username
필드를 UserDetails 객체로 변환하는 loadUserByName이라는 단일 메서드인 또 다른 SAM이
있음을 알 수 있다. 들어오는 인수는 username이며, 이를 리포지터리에 위임할 수 있다.

UserDetails는 사용자 정보에 대한 스프링 시큐리티의 표현이다. 여기에는 사용자 이름, 비밀번호, 권한, 그리고 잠김, 만료, 활성화를 나타내는 일부 불리언[Boolean] 값이 포함된다.

잠시 속도를 늦추고, 마지막 부분을 다시 확인해보자. 앞 코드의 userService 빈은 UserDetails 객체 자체가 아니라 UserDetailsService 빈을 생성한다. 이는 사용자 데이터를 검색하기 위한 서비스다.

빈 정의 내부의 람다 표현식은 username을 입력으로 받고 출력으로 UserDetails 객체를 생성하는 함수인 UserDetailsService.loadUserName()으로 변환된다. 로그인 프롬프트에 사용자 이름을 입력한다고 상상해보자. 이 값이 함수에 전달된다.

리포지터리는 사용자 이름을 기반으로 데이터베이스에서 UserAccount를 가져오는 핵심 단계를 수행한다. 스프링 시큐리티가 데이터베이스에서 이 엔티티로 작업하려면 이 엔티티를 UserDetails 인터페이스를 구현한 스프링 시큐리티 User 객체로 변환해야 한다.

따라서 UserAccount로 돌아가서 편의 메서드인 asUser()를 추가해 변환해야 한다.

```
public UserDetails asUser() {
  return User.withDefaultPasswordEncoder() //
    .username(getUsername()) //
    .password(getPassword()) //
    .authorities(getAuthorities()) //
    .build();
}
```

이 메서드는 빌더를 사용하고 엔티티 유형에서 프로퍼티를 연결해 스프링 시큐리티 UserDetails 객체를 생성하기만 하면 된다. 이제 사용자 관리를 데이터베이스 테이블로 아웃소싱하는 완전한 솔루션이 완성됐다.

주의

> 해킹 공격을 방지하기 위해 비밀번호를 인코딩하는 것이 걱정된다면 충분히 그럴 만하다. 이 작업은 앞서 언급했듯이 실제로 비밀번호를 저장하는 사용자 관리 도구에서 처리해야 한다. 또한, 역할을 업데이트하는 필요성에도 대처해야 한다. 최우선으로 해시 테이블(hash table) 공격으로부터 보호할 수 있는 안전한 솔루션이 필요하다.

사실 사용자 관리는 지루한 관리 작업이 될 수 있다. 4장의 뒷부분에 있는 구글을 활용해 사용자 인증하기 절에서 사용자를 관리하는 다른 방법을 살펴볼 것이다.

이 절의 시작 부분에서 사용자 소스를 정의해야 한다고 언급했다. 임무를 완료했다. 다음으로 다뤄야 할 핵심 사항은 몇 가지 액세스 역할을 정의하는 것이다. 다음 절에서 이에 대해 자세히 살펴보자.

⁝⁝⁝ 웹 경로 및 HTTP 메서드 보안

애플리케이션을 잠그고 권한이 있는 사용자만 액세스하도록 허용하는 것은 큰 진전이다. 하지만 그것만으로는 충분하지 않은 경우가 많다.

실제로 누가 무엇을 할 수 있는지 제한해야 한다. 지금까지 적용한 프로세스는 폐쇄된 사용자 목록의 일부로서 자신의 신원을 증명해야 하는 **인증**authentication이라고 한다.

하지만 실제 애플리케이션에 적용해야 하는 다음 보안 요소는 사용자가 무엇을 수행할 수 있는지를 말하는 **권한 부여**authorization다.

스프링 시큐리티는 이를 매우 간단하게 적용할 수 있게 해준다. 보안 정책을 사용자 지정하는 첫 번째 단계는 4장의 앞부분에서 '사용자 지정 보안 정책으로 자체 사용자 생성' 절에서 생성한 SecurityConfig 클래스에 빈 정의를 하나 더 추가하는 것이다.

지금까지 스프링 부트에는 자동 설정된 정책이 적용돼 있었다. 사실, 스프링 부트 자체의 SpringBootWebSecurityConfiguration 내부에 무엇이 있는지 보여주는 것이 더 간단할 수 있다.

```
@Bean
SecurityFilterChain defaultSecurityFilterChain(HttpSecurity http) throws Exception {
  http.authorizeRequests().anyRequest().authenticated();
  http.formLogin();
  http.httpBasic();
  return http.build();
}
```

앞의 코드 조각은 다음과 같이 설명할 수 있다.

- @Bean은 이 메서드를 애플리케이션 콘텍스트에 추가할 빈 정의로 신호를 준다.

- SecurityFilterChain은 스프링 시큐리티 정책을 정의하는 데 필요한 빈 유형이다.

- 이러한 정책을 정의하기 위해 스프링 시큐리티 HttpSecurity 빈을 요청한다. 이를 통해 애플리케이션을 관리할 규칙을 정의할 수 있다.

- authorizeRequests는 요청을 승인하는 방법을 정확히 정의한다. 이 경우 사용자가 인증된 경우 모든 요청이 허용되며, 이것이 적용되는 유일한 규칙이다.

- 그 외에도 formLogin과 httpBasic 지시어가 켜져 있어 두 가지 표준 인증 메커니즘인 **HTTP Form**과 **HTTP Basic**을 모두 사용할 수 있다.

- 그런 다음 이러한 설정이 적용된 HttpSecurity 빌더builder를 사용해 모든 서블릿 요청이 라우팅되는 SecurityFilterChain을 렌더링한다.

formLogin과 httpBasic에 대해 더 자세히 설명하려면 몇 가지 사실을 이해하는 것이 중요하다.

폼 인증form authentication에는 웹 애플리케이션의 테마와 일치하도록 스타일을 지정할 수 있는 멋진 HTML 폼이 필요하다. 스프링 시큐리티는 기본 폼도 제공한다. 4장에서는 기본 폼을 사용할 것이다. 폼 인증은 로그아웃도 지원한다.

기본 인증basic authentication은 HTML 및 폼 렌더링과 관련이 없으며, 대신 모든 브라우저에 작성된 팝업이 포함된다. 사용자 지정은 지원되지 않으며, 자격 증명을 버리는 유일한 방법은 브라우저를 종료하거나 다시 시작하는 것이다. 또한, 기본 인증을 사용하면 **curl**과 같은 명령줄 도구로 간편하게 인증할 수 있다.

일반적으로 폼 인증과 기본 인증을 모두 사용하면 애플리케이션은 브라우저에서 폼 기반 인증을 지연하는 동시에 명령줄command-line 도구에서 기본 인증을 계속 허용한다.

스프링 부트에서 제공하는 이 보안 정책에는 권한 부여는 전혀 포함돼 있지 않다. 기본적으로 사용자가 인증되기만 하면 모든 것에 대한 액세스 권한을 부여한다.

보다 자세한 정책의 예는 다음과 같다.

```java
@Bean
SecurityFilterChain configureSecurity(HttpSecurity http) throws Exception {
  http.authorizeHttpRequests() //
    .requestMatchers("/resources/**", "/about", "/login").permitAll() //
    .requestMatchers(HttpMethod.GET, "/admin/**").hasRole("ADMIN") //
    .requestMatchers("/db/**").access((authentication, object) -> {
      boolean anyMissing = Stream.of("ADMIN", "DBA")//
        .map(role -> hasRole(role).check(authentication, object).isGranted()) //
        .filter(granted -> !granted) //
        .findAny() //
        .orElse(false); //
      return new AuthorizationDecision(!anyMissing);
    }) //
    .anyRequest().denyAll() //
    .and() //
    .formLogin() //
    .and() //
    .httpBasic();
  return http.build();
}
```

앞의 보안 정책에는 훨씬 더 자세한 내용이 있으므로 조항별로 자세히 살펴보자.

- 메서드 서명은 이전에 표시된 스프링 부트의 기본 정책과 동일하다. 메서드 이름은 다를 수 있지만 크게 중요하지 않다.

- 이 정책은 웹 기반 검사를 알리는 authorizeHttpRequests를 사용한다.

- 첫 번째 규칙은 URL이 /resources, /about 또는 /login으로 시작하는지 확인하는 경로 기반 검사다. 그렇다면 인증 상태에 관계없이 즉시 액세스 권한이 부여된다. 즉 이러한 페이지는 로그인하지 않고도 자유롭게 액세스할 수 있다.

- 두 번째 규칙은 /admin 페이지에 대한 모든 GET 호출을 찾는다. 이러한 호출은 사용자에게 ADMIN 역할이 있음을 나타낸다. 여기에서 HTTP 메서드를 경로와 결합해 액세스를 제어할 수 있다. 이 규칙은 DELETE 작업과 같은 작업을 잠그는 데 특히 유용할 수 있다.

- 세 번째 규칙은 훨씬 더 강력하고 사용자 지정 가능한 검사를 보여준다. 사용자가 /db 경로 아래에 있는 항목에 액세스하려고 시도하는 경우 특별한 액세스 검사가 수행된다. 앞의 코드에는 람다 함수가 있는데, 이 함수는 현재 사용자의 인증 사본과 함께 검사 중인 객체를 전달받는다. 이 함수는 DBA 및 ADMIN와 같은 역할 스트림을 가져와서 사용자에게 역할이 부여됐는지 확인하고, 부여되지 않은 역할이 있는지 찾아서 있는 경우 액세스를 거부한다. 즉 사용자는 이 경로에 액세스하려면 DBA 및 ADMIN 역할이 모두 있어야한다.

- 마지막 규칙은 액세스를 거부한다. 이는 일반적으로 좋은 패턴이다. 사용자가 앞의 규칙 중 어느 하나도 충족하지 못하면 아무것도 액세스할 수 없다.

- 규칙 이후에는 스프링 부트의 기본 정책과 마찬가지로 폼 인증과 기본 인증이 모두 활성화된다.

보안은 복잡한 존재다. 그렇기 때문에 스프링 시큐리티에서 어떤 규칙을 제공하든 항상 사용자 지정 액세스 검사를 작성할 수 있어야 한다. /db/**에 대한 액세스를 관리하는 규칙이 완벽한 예다.

스프링 시큐리티가 가능한 모든 규칙의 순열permutation을 포착할 것으로 기대하는 대신 사용자 지정 검사를 작성할 수 있는 기능을 부여하는 것이 더 쉽다. 이 예제에서는 누군가가 모든 역할을 보유하고 있는지 확인하기로 선택했다. 스프링 시큐리티에는 사용자가 주어진 역할 목록 중 하나를 갖고 있는지 여부를 감지하는 기본 제공 함수가 있지만 모든 역할을 확인할 수는 없다.

우리가 작성한 이 사용자 지정 규칙은 많은 테스트 케이스를 작성해야 하는 이유를 보여주는 완벽한 예다. 5장에서 더 자세히 살펴보겠지만, 이러한 규칙의 복잡성은 성공 경로와 실패 경로를 모두 테스트해 규칙이 작동하는지 확인하는 것이 왜 중요한지에 대한 서막이 될 것이다.

> **역할**(role) 대 **권한**(authority): 스프링 시큐리티에는 권한이라는 기본 개념이 있다. 기본적으로 권한은 뭔가에 액세스할 수 있는 정의된 권한이다. 그러나 ROLE_ADMIN, ROLE_USER, ROLE_DBA 등의 ROLE_ 접두사가 이러한 권한을 분류하는 개념은 매우 일반적으로 사용되기 때문에 스프링 시큐리티에는 **역할 확인**을 지원하는 전체 API 제품군이 존재한다. 이런 상황에서 ROLE_ADMIN 권한이 있거나 단순히 ADMIN 역할만 있는 사용자는 관리자 페이지 중 어느 것이든 GET할 수 있다.

지금까지 배운 내용을 바탕으로 비디오 목록 사이트에 적합한 정책을 만들 수 있는지 살펴보자. 먼저 몇 가지 요구 사항을 적어보자.

- 모든 콘텐츠에 액세스하려면 로그인해야 한다.

- 초기 비디오 목록은 인증된 사용자에게만 표시돼야 한다.

- 모든 검색 기능은 인증된 사용자만 사용할 수 있어야 한다.

- 관리자 사용자만 새 비디오를 추가할 수 있다.

- 다른 모든 형태의 액세스는 비활성화된다.

- 이러한 규칙은 HTML 웹 페이지와 명령줄 상호 작용 모두에 적용돼야 한다.

이러한 요구 사항을 사용해 SecurityChainFilter 빈을 정의할 수 있어야 한다.

```
@Bean
SecurityFilterChain configureSecurity(HttpSecurity http) throws Exception {
  http.authorizeHttpRequests() //
    .requestMatchers("/login").permitAll() //
    .requestMatchers("/", "/search").authenticated() //
    .requestMatchers(HttpMethod.GET, "/api/**").authenticated() //
    .requestMatchers(HttpMethod.POST, "/new-video", "/api/**").hasRole("ADMIN") //
    .anyRequest().denyAll() //
    .and() //
    .formLogin() //
    .and() //
    .httpBasic();
  return http.build();
}
```

앞의 보안 정책은 다음과 같이 설명할 수 있다.

- `@Bean`은 해당 빈의 정의를 `HttpSecurity` 빈을 가져와 `SecurityChainFilter` 빈을 생성하는 것으로 나타낸다. 이것이 스프링 시큐리티 정책을 정의하는 특징이다.

- `authorizeHttpRequests`를 사용하면 일련의 규칙을 볼 수 있다. 첫 번째 규칙은 로그인 여부에 관계없이 모든 사람에게 /login 페이지에 대한 액세스 권한을 부여한다.

- 두 번째 규칙은 인증된 모든 사용자에게 기본 URL / 및 검색 결과에 대한 액세스 권한을 부여한다. 특정 역할이 있을 수 있지만 기본 페이지를 그렇게 제한할 필요는 없다.

- 세 번째 규칙은 모든 /api URL에 대한 GET 액세스를 인증된 사용자로 제한한다. 이렇게 하면 사이트에 대한 명령줄 액세스가 허용되며, 인증된 모든 사용자에게 기본 웹 페이지에 대한 액세스를 허용하는 것과 동일한 API다.

- 네 번째 규칙은 ADMIN 역할이 있는 인증된 사용자에게만 /new-video 및 /api/new-video 모두에 대한 POST 액세스를 제한한다.

- 다섯 번째 규칙은 이전 규칙 중 어느 것과도 일치하지 않는 모든 사용자는 인증 또는 권한 부여에 관계없이 액세스를 제한한다.

- 마지막으로, 폼 인증과 기본 인증을 모두 사용하도록 설정한다.

결정해야 할 문제가 한 가지 남았다. **사이트 간 요청 위조**^{CSRF, Cross-Site Request Forgery}다. 다음 절에서 어떤 경로를 선택할지 결정할 것이다.

CSRF를 사용할 것인가 말 것인가, 그것이 문제로다

CSRF는 스프링 시큐리티가 기본적으로 방어하는 특정 공격 벡터^{vector}[1]를 나타낸다. 스프링 시큐리티는 많은 공격 방법을 방어하지만 대부분 정책 결정이 필요하지 않다.

약간 기술적인 이야기지만, CSRF는 이미 인증된 사용자를 속여 악성 링크를 클릭하도록

---

1   공격자가 네트워크 또는 시스템에 침입하는 방법이다. – 옮긴이

유도하는 것이다. 악성 링크는 사용자에게 요청을 승인하도록 요청해 악의적인 공격자에게 내부 액세스 권한을 부여한다.

이를 방지하는 가장 좋은 방법은 보안 자산에 **논스**[nonce]를 삽입하고 이를 포함하지 않는 요청을 거부하는 것이다. 논스는 적절한 리소스를 표시하는 서버에서 생성된 반무작위 숫자다. 논스는 CSRF 토큰[token]으로 포함되며, 일반적으로 폼과 같이 상태를 변경하는 HTML 코드에 포함돼야 한다.

타임리프[Thymeleaf]와 같이 스프링 부트와 긴밀하게 통합된 템플릿 엔진을 사용하는 경우에는 아무것도 할 필요가 없다. 타임리프 템플릿은 페이지에서 렌더링되는 모든 폼에 적합한 CSRF 기반 HTML 입력을 자동으로 추가한다.

반면에 **머스테치**는 가볍기 때문에 이러한 통합 기능이 없다. 그러나 application.properties 내에 적용해 스프링 시큐리티의 CSRF 토큰을 사용할 수 있다.

```
spring.mustache.servlet.expose-request-attributes=true
```

앞의 설정을 사용하면 템플릿 엔진에서 새 프로퍼티인 _csrf를 사용할 수 있다. 이를 통해 검색 폼을 다음과 같이 업데이트할 수 있다.

```
<form action="/search" method="post">
  <label for="value">Search:</label>
  <input type="text" name="value">
  <input type="hidden" name="{{_csrf.parameterName}}" value="{{_csrf.token}}">
  <button type="submit">Search</button>
</form>
```

이전 버전의 검색 폼에는 숨겨진 입력이 하나 더 포함돼 있다. 템플릿 렌더링을 위해 _csrf 토큰이 자동으로 노출된다.

자체 서버에서 렌더링되는 유효한 HTML 템플릿에만 올바른 _csrf 값이 포함된다. 인증된 사용자가 속아서 방문하는 악성 웹 페이지에는 이러한 값이 없다. 요청마다 _csrf 값이 변경되기 때문에 다른 사이트에서 이 값을 캐시하거나 예측할 방법이 없다.

새 비디오를 생성할 수 있는 index.mustache 내의 다른 폼도 이 변경이 필요하다.

```
<form action="/new-video" method="post">
  <input type="text" name="name">
  <input type="text" name="description">
  <input type="hidden" name="{{_csrf.parameterName}}" value="{{_csrf.token}}">
  <button type="submit">Submit</button>
</form>
```

앞의 코드는 보안을 강화하는 간단한 변경 사항을 보여준다. 사실, 이것은 스프링 시큐리티의 기본 정책이다.

하지만 이것이 선택이 필요한 문제라고 언급했던 것을 기억하는가? 그 이유는 스프링 시큐리티의 CSRF 필터가 템플릿과 JSON 기반 API 컨트롤러 모두에 적용되거나 두 시나리오 모두에 대해 비활성화되기 때문이다.

명확하게 말하자면, CSRF 보호는 우리가 로그인하는 웹 페이지가 있을 때 완벽하게 의미가 있다. 그러나 상태 비저장^{stateless} 시나리오에서 API 호출을 수행할 때는 CSRF 보호가 필요하지 않다.

우리 애플리케이션은 두 가지 시나리오를 모두 지원하므로 적절한 아키텍처는 이 애플리케이션을 2개의 다른 애플리케이션으로 분리하는 것이다. 웹 애플리케이션은 앞의 코드에 표시된 대로 적절한 CSRF 보호를 계속 적용할 수 있다.

다른 애플리케이션은 SecurityFilterChain을 다음과 같이 조정해 CSRF 보호를 비활성화할 수 있다.

```
@Bean
SecurityFilterChain configureSecurity(HttpSecurity http) throws Exception {
  http.authorizeHttpRequests() //
    .mvcMatchers("/login").permitAll() //
    .mvcMatchers("/", "/search").authenticated() //
    .mvcMatchers(HttpMethod.GET, "/api/**")
      .authenticated() //
    .mvcMatchers(HttpMethod.POST, "/new-video", "/api/**").hasRole("ADMIN") //
    .anyRequest().denyAll() //
    .and() //
```

```
        .formLogin() //
        .and() //
        .httpBasic() //
        .and() //
        .csrf().disable();
    return http.build();
}
```

앞의 SecurityConfig는 이전 절의 마지막에서 만든 보안 정책과 거의 동일하다. 유일한 변경 사항은 마지막에서 두 번째 줄에 있는 .and().csrf().disable()이다. 이 작은 지시문은 스프링 시큐리티에 CSRF 보호를 완전히 해제하도록 지시한다.

전체적인 접근 방식으로, 3장에서 가져온 ApiController를 삭제하고 다른 애플리케이션에 존재한다고 가정해보자. CSRF 보호를 비활성화할 필요가 없다. 대신, 앞의 두 코드 조각에 표시된 대로 index.mustache에 변경 사항을 적용하면 된다.

이런 식으로 경로 기반 보안을 적용할 수 있는 다양한 방법들을 갖추게 됐다. 그러나 이런 방법들이 애플리케이션을 보호하는 유일한 방법은 아니며 특정 시나리오에 최적화된 것도 아니다.

지금까지 사용자 데이터 소스를 제공하고 사용자를 위한 몇 가지 초기 액세스 규칙을 만들었다. 다음 절에서는 보다 전략적인 보안 검사를 적용해 작업을 마무리할 것이다.

다음 절에서는 메서드 기반 보안에 대해 알아볼 것이다.

⠿ 스프링 데이터 메서드 보안

4장의 코드 위치

4장의 코드는 깃허브 저장소(https://github.com/PacktPublishing/Learning-Spring-Boot-3.0/tree/main/ch4-method-security)에서 확인할 수 있다.

지금까지 요청의 URL을 기반으로 다양한 보안 조항을 적용하는 전술을 살펴봤다. 하지만 스프링 시큐리티에는 메서드 수준 보안도 함께 제공된다.

이러한 기술을 컨트롤러 메서드, 서비스 메서드, 그리고 실제로 모든 스프링 빈의 메서드 호출에 간단히 적용할 수도 있지만, 이는 하나의 솔루션을 다른 솔루션과 교환하는 것처럼 보일 수 있다.

메서드 수준 보안은 보다 세분화된 잠금 기능을 제공하는 데 특화돼 있다.

모델 업데이트

이에 대해 자세히 알아보기 전에 4장의 앞부분에서 사용한 도메인 모델을 업데이트해야 한다. 다시 한번 말하자면, 이전 절에서 id, name, description 필드가 있는 VideoEntity 클래스를 만들었다.

메서드 수준의 보안을 실제로 활용하려면 이러한 엔티티 정의에 데이터의 소유권을 나타내는 username 필드를 추가하는 일반적인 한 가지 규칙을 추가해야 한다.

```
@Entity
class VideoEntity {

  private @Id @GeneratedValue Long id;
  private String username;
  private String name;
  private String description;

  protected VideoEntity() {
    this(null, null, null);
  }

  VideoEntity(String username, String name, String description) {
      this.id = null;
      this.username = username;
      this.description = description;
      this.name = name;
    }

  // 게터와 세터
}
```

142

이 업데이트된 VideoEntity 클래스는 추가 username 필드를 제외하고는 4장의 앞부분과 거의 동일하다. 간결성을 위해 상용구 형식의 게터와 세터는 제외했다.

소유권을 다루려면 사용자 집합을 업데이트하는 것이 좋다. 4장의 앞부분에서는 단순히 사용자와 관리자만 있었다. 이제 alice와 bob를 추가해서 사용자 수를 확장해보자.

```
@Bean
CommandLineRunner initUsers(UserManagementRepository repository) {
    return args -> {
        repository.save(new UserAccount("alice", "password", "ROLE_USER"));
        repository.save(new UserAccount("bob", "password", "ROLE_USER"));
        repository.save(new UserAccount("admin", "password", "ROLE_ADMIN"));
    };
}
```

4장의 시작 부분에 있는 initUsers 코드를 기억하는가? 이 코드를 alice, bob, admin 3명의 사용자 집합으로 바꾼다. alice는 자신이 업로드한 비디오만 삭제할 수 있고, bob은 자신이 업로드한 비디오만 삭제할 수 있는 보안 프로토콜을 만들기 위해서다.

> **앨리스(Alice)와 밥(Bob)**
>
> 보안 시나리오는 종종 앨리스와 밥의 관점에서 설명되는데, 이는 RSA 보안의 발명자인 리베스트(Rivest), 샤미르(Shamir), 애들먼(Adleman)이 1978년 발표한 논문 「디지털 서명 및 공개 키 암호 시스템을 얻는 방법(A Method for Obtaining Digital Signatures and Public-key Cryptosystems)」에서부터 사용된 관습이다. 자세한 내용은 웹 페이지(https://en.wikipedia.org/wiki/Alice_and_Bob)를 참조하자.

데이터 소유권 확보

VideoEntity 객체에 소유권을 할당하려면 새 항목이 생성될 때 소유권을 할당하는 것이 합리적이다. 따라서 새 엔트리를 생성하기 위한 POST 요청을 처리하는 HomeController 메서드를 다시 살펴봐야 한다.

```
@PostMapping("/new-video")
public String newVideo(@ModelAttribute NewVideo newVideo, //
  Authentication authentication) {
    videoService.create(newVideo,authentication.getName());
    return "redirect:/";
  }
```

HomeController의 newVideo 메서드는 4장의 앞부분에 있는 메서드와 비슷하지만 authenti
cation이라는 인수가 하나 더 있다.

이 인수는 스프링 시큐리티가 클래스 경로에 있을 때 스프링 MVC에서 제공하는 매개 변
수다. 이 메서드는 서블릿 콘텍스트에 저장된 인증 세부 정보를 자동으로 추출해
Authentication 인스턴스를 채운다.

이 상황에서는 인증 인터페이스의 상위 인터페이스인 java.security.Principal에 있는 표
준 유형인 name을 추출하고 있다. Principal의 자바 문서에 따르면 이것은 principal의 이름
이다.

당연히 이를 위해서는 다음과 같이 VideoService.create를 업데이트해야 한다.

```
public VideoEntity create(NewVideo newVideo, String username) {
  return repository.saveAndFlush(new VideoEntity //
    (username, newVideo.name(), newVideo.description()));
}
```

앞서 업데이트된 create 버전에는 두 가지 주요 변경 사항이 있다.

- username 추가 인수가 있다.

- username은 방금 업데이트한 VideoEntity 생성자에 전달된다.

이렇게 변경하면 새로 입력한 모든 비디오가 현재 로그인한 사용자와 자동으로 연결된다.

삭제 버튼 추가

비디오를 삭제할 수 있는 기능을 제공하되 해당 기능을 비디오 소유자에게만 잠그는 것에 대해 이야기했다. index.mustache 내에 삭제 버튼과 함께 각 비디오를 다음과 같이 렌더링하는 것부터 시작해 단계별로 살펴보자.

```
{{#videos}}
    <li>
        {{name}}
        <form action="/delete/videos/{{id}}" method="post">
            <input type="hidden"
                name="{{_csrf.parameterName}}"
                value="{{_csrf.token}}">
            <button type="submit">Delete</button>
        </form>
    </li>
{{/videos}}
```

index.mustache의 이전 코드 조각은 다음과 같이 설명할 수 있다.

- {{#videos}} 태그는 머스테치가 비디오 프로퍼티의 배열을 반복하도록 지시한다.

- 데이터베이스에서 발견된 모든 인스턴스에 대해 HTML 줄을 렌더링한다.

- {{name}}은 name 필드를 렌더링한다.

- <form> 항목은 /delete/videos/{{id}}에 대한 링크를 작성하는 데 사용되는 {{id}} 필드가 있는 HTML 폼을 생성한다.

4장의 앞부분에서 설명한 것처럼 이 폼에는 숨겨진 _csrf 입력이 있다는 점을 이해하는 것이 중요하다. 이 폼은 REST가 아닌 HTML이므로 선택한 HTTP 메서드로 DELETE가 아닌 POST를 사용한다.

이제 다음과 같이 POST /delete/videos/{{id}} 호출에 응답하는 메서드를 HomeController에 추가해야 한다.

```
@PostMapping("/delete/videos/{videoId}")
public String deleteVideo(@PathVariable Long videoId) {
  videoService.delete(videoId);
  return "redirect:/";
}
```

이 방법은 다음과 같이 설명할 수 있다.

- @PostMapping은 이 메서드가 URL /delete/videos/{videoId}의 POST에 응답할 것이라는 신호를 보낸다.

- @PathVariable는 이름 일치를 기반으로 videoId 인수를 추출한다.

- videoId 필드를 사용해 VideoService에 전달한다.

- 문제가 해결되면 해당 메서드는 "redirect:/"를 반환한다. 이는 사용자에게 **HTTP 302 Found**를 발행해 GET /로 다시 이동시키는 스프링 MVC 지시문이다.

다음으로 VideoService 내부에 다음과 같이 delete() 메서드를 생성해야 한다.

```
public void delete(Long videoId) {
  repository.findById(videoId) //
    .map(videoEntity -> {
      repository.delete(videoEntity);
      return true;
    }) //
    .orElseThrow(() -> new RuntimeException("No video at " + videoId));
}
```

앞의 방법은 다음과 같이 설명할 수 있다.

- videoId는 삭제할 비디오의 기본 키다.

- 먼저 리포지터리의 findById 메서드를 사용해 엔티티를 조회한다.

- 스프링 데이터 JPA는 Optional을 반환하며, 이를 매핑해 VideoEntity 객체를 가져올 수 있다.

- 그런 다음 VideoEntity 객체를 사용해 delete(entity) 메서드를 수행할 수 있다. delete() 의 반환 유형은 void이므로 반환 값에 대한 Optional.map의 요구를 준수하기 위해 true을 반환해야 한다.

- Optional이 비어 있는 것으로 판명되면 대신 RuntimeException을 던진다.

데이터 소유자에 대한 액세스 권한 잠그기

거의 다 됐다. 4장에서 지금까지는 비디오의 id 필드를 delete 작업으로 변환하는 코드를 작성했다. 하지만 이번 절에서는 스프링 데이터 메서드로 액세스를 제한하는 방법에 대해 설명한다. 스프링 데이터 JPA의 JpaRepository 인터페이스에는 몇 가지 삭제 작업이 있지만, 다음과 같이 보안 제어를 적용하려면 VideoRepository 내부에서 이 정의를 확장해야 한다.

```
@PreAuthorize("#entity.username == authentication.name")
@Override
void delete(VideoEntity entity);
```

앞서 설명한 스프링 데이터 JPA의 내장된 delete(VideoEntity) 메서드에 대한 변경 사항은 다음과 같이 설명할 수 있다.

- @Override: 이 어노테이션은 메서드 이름이나 메서드 서명의 다른 측면을 변경하지 않도록 보장한다.

- @PreAuthorize: 이것은 사용자 지정된 보안 검사를 작성할 수 있는 스프링 시큐리티의 메서드 기반 어노테이션이다.

- #entity.username: 첫 번째 매개 변수에서 엔티티 인수를 참조 해제하고 자바 빈 프로퍼티를 사용해 사용자 이름 매개 변수를 조회한다.

- authentication.name: 현재 보안 콘텍스트의 인증 객체에 액세스해 주체의 이름을 조회하는 스프링 시큐리티 인수다.

VideoEntity의 username 피드를 현재 사용자의 name과 비교해 사용자가 자신의 비디오 중 하나를 삭제하려고 시도할 때만 이 메서드가 작동하도록 제한할 수 있다.

메서드 수준 보안 활성화

이제 메서드 수준 보안을 활성화하지 않으면 이 중 어느 것도 작동하지 않는다. 4장의 첫 부분에서 만든 SecurityConfig 클래스로 돌아가서 다음 어노테이션을 추가해야 한다.

```
@Configuration
@EnableMethodSecurity
public class SecurityConfig {
    // 이전 보안 설정 세부 정보
}
```

앞의 코드에서 @EnableMethodSecurity는 메서드 기반 보안을 활성화하기 위한 스프링 시큐리티의 어노테이션이다.

노트

> @EnableGlobalMethodSecurity에 대해 들어본 적이 있다면 앞의 코드에서 사용된 이 메서드는 @Enable MethodSecurity로 대체되고 있다는 것을 유의해야 한다. 우선, 새로운 @EnableMethodSecurity는 스프링 시큐리티의 더 강력한 @PreAuthorize을 포함한 주변 어노테이션을 기본적으로 활성화하는 반면, 오래된 @Secured 어노테이션과 다소 제한적인 JSR-250(@RolesAllowed) 어노테이션은 비활성화한 상태로 둔다. 이 외에도 @EnableMethodSecurity는 더 복잡한 메타데이터 소스, 설정 프로퍼티, 의사 결정 관리자, 투표자 대신 스프링 시큐리티의 간소화된 AuthorizationManager API를 활용한다.

이제 모든 것이 준비됐다.

사이트에 사용자 세부 정보 표시

마지막으로, 로그아웃 버튼과 함께 사용자 기반 보안 세부 정보를 표시하는 방법에 대해 알아보자.

이를 위해 먼저 다음과 같이 HomeController를 업데이트해야 한다.

```
@GetMapping
public String index(Model model, Authentication authentication) {
  model.addAttribute("videos", videoService.getVideos());
  model.addAttribute("authentication", authentication);
  return "index";
}
```

앞의 컨트롤러 메서드는 4장의 앞부분과 동일하지만 Authentication에서 몇 가지 변경 사항이 있다. 이 절의 앞부분에서 만든 delete() 컨트롤러 메서드와 마찬가지로, 추가 모델 프로퍼티에 세부 정보를 저장해 이 제공된 값을 활용하고 있다.

이 메커니즘을 통해 현재 사용자에 대한 인증 세부 정보를 템플릿에 제공할 수 있다. 다음과 같이 index.mustache를 상단에 업데이트해 이 메커니즘을 활용할 것이다.

```
<h3>User Profile</h3>
<ul>
    <li>Username: {{authentication.name}}</li>
    <li>Authorities: {{authentication.authorities}}</li>
</ul>

<form action="/logout" method="post">
    <input type="hidden" name="{{_csrf.parameterName}}" value="{{_csrf.token}}">
    <button type="submit">Logout</button>
</form>
```

앞의 HTML 코드 조각은 다음과 같이 설명할 수 있다.

- 사용자 아이디는 {{authentication.name}}을 사용해 표시된다.

- 인증기관은 {{authentication.authorities}}를 사용해 표시된다.

- 로그아웃 버튼은 HTML 폼 내에 제공된다. 스프링 시큐리티에서 로그아웃하는 동작은 /logout에 대해 POST 메서드를 실행하는 것이다. CSRF가 비활성화되지 않은 경우 로그아웃할 때도 _csrf 토큰을 제공해야 한다는 점을 알아두는 것이 중요하다.

명확하지 않은 경우 index.mustache의 모든 HTML 폼과 추가하기로 결정한 다른 템플릿에는 _csrf 토큰이 숨겨진 입력으로 포함돼야 한다. 스프링 부트는 머스테치의 템플릿 엔진과 타임리프와 동일한 수준의 통합을 제공하지 않는다. 타임리프를 사용하는 경우 학습 곡선이 가파르지만 이러한 숨겨진 입력을 자동으로 추가하므로 기억할 필요가 없다.

4장의 앞부분에서 VideoService 내부에 일부 VideoEntity 데이터를 미리 로드했다. alice와 bob을 기반으로 다음과 같이 업데이트해보자.

```
@PostConstruct
void initDatabase() {
  repository.save(new VideoEntity("alice", "Need HELP with your SPRING BOOT 3
App?",
      "SPRING BOOT 3 will only speed things up and make it //
        super SIMPLE to serve templates and raw data."));
  repository.save(new VideoEntity("alice", "Don't do THIS to your own CODE!", //
    "As a pro developer, never ever EVER do this to your //
      code. Because you'll ultimately be doing it to YOURSELF!"));
  repository.save(new VideoEntity("bob", "SECRETS to fix BROKEN CODE!", //
    "Discover ways to not only debug your code, but to //
      regain your confidence and get back in the game as a software developer."));
}
```

앞의 방법에서 VideoService의 하단은 다음과 같이 설명할 수 있다.

- @PostConstruct: 애플리케이션이 시작된 후 이 메서드가 실행되도록 신호를 보내는 표준 자카르타 EE 어노테이션이다.

- 리포지터리: VideoRepository 필드는 alice용 비디오 2개와 bob용 비디오 1개를 로드하는 데 사용된다.

이 모든 준비가 완료되면 애플리케이션을 다시 시작하고 사용해볼 수 있다.

localhost:8080을 방문하면 스프링 시큐리티의 사전 구축된 로그인 페이지로 즉시 이동한다.

그림 4.2 alice로 로그인

alice로 로그인하면 페이지 상단에 그림 4.3과 같은 메시지가 표시된다.

> # Greetings Learning Spring Boot 3.0 fans!
>
> In this chapter, we are learning how to make a web app using Spring Boot 3.0
>
> **User Profile**
>
> - Username: alice
> - Authorities: [ROLE_USER]
>
> Logout

그림 4.3 사용자 인증 세부 정보를 렌더링하는 인덱스 템플릿

이전 페이지에는 추가 보안 세부 정보가 표시된다. 여기에는 **Username** 필드와 사용자에게 할당된 **Authorities**이 모두 존재한다. 마지막으로, **Logout** 버튼이 있다.

중요

> 페이지에 사용자의 비밀번호를 입력하지 말아야 한다. 사실, 권한 목록도 넣지 않는 것이 가장 좋다. 그림 4.3은 정교한 옵션을 허용하기 위해 템플릿에 제공되는 정보의 양을 보여줄 뿐이다. 머스테치는 로직이 없는 특성상 약간 제한적이지만, 타임리프에는 실제로 섹션을 선택적으로 렌더링하고 보안 검사를 수행할 수 있는 스프링 시큐리티 확장 기능이 있다. 이 책의 제목은 '타임리프 배우기'가 아니라 '스프링 부트 3.0'이기 때문에 해당 부분을 다루지 않는다. 하지만 옵션이 있다는 것을 알고 있는 것이 좋다.

alice 사용자로 밥이 소유한 마지막 비디오에서 **DELETE**를 클릭하면 어떻게 될까? 앨리스에게는 그림 4.4와 같은 **403** 응답이 표시될 것이다.

Access to localhost was denied

You don't have authorization to view this page.

HTTP ERROR 403

그림 4.4 스프링 시큐리티가 액세스를 거부할 때 표시되는 403 forbidden 페이지

브라우저에서 **Back** 버튼을 누르고 자신의 비디오 중 하나를 삭제하려고 하면 정상적으로 작동한다.

보너스

> 스프링 시큐리티에 대한 보다 높은 수준의 시각적 관점을 위해서 비디오(https://springbootlearning.com/security)를 확인하자.

이 절에서 다룬 메서드 기반 제어를 통해 세분화된 액세스를 구현할 수 있다. URL 수준뿐만 아니라 객체 수준에서도 제어할 수 있다. 하지만 여기에는 대가가 따른다.

누군가는 이러한 모든 사용자와 역할을 관리해야 한다. 사용자 관리만을 위한 보안 운영 팀을 구성해야 한다고 해서 놀라선 안 된다. 사용자 관리는 상당히 지루할 수 있다.

이 때문에 많은 팀에서 사용자 관리를 페이스북Facebook, 트위터Twitter, 깃허브, 구글 또는 옥타Okta와 같은 대체 도구로 완전히 아웃소싱하는 것을 고려하고 있다.

다음 절에서 구글을 아이덴티티identity 공급업체로 사용하는 방법을 살펴볼 것이다.

⁝⁝ 구글을 활용해 사용자 인증

사용자와 비밀번호를 관리해야 한다는 생각이 두려울 수 있다. 많은 보안 팀은 이러한 모든 작업을 처리하기 위해 대형 제품을 구입한다. 심지어 콜call 수를 줄이기 위해 비밀번호 재설정을 사용자에게 직접 푸시하는 도구에 투자하는 팀도 있다.

요컨대, 사용자 관리는 결코 가볍게 여겨서는 안 되는 중요한 작업이므로 많은 팀이 **OAuth** 를 사용한다. '액세스 위임을 위한 개방형 표준'(https://en.wikipedia.org/wiki/OAuth)으로 설명되는 OAuth는 사용자 관리를 거의 전적으로 아웃소싱할 수 있는 방법을 제공한다.

OAuth는 소셜 미디어 애플리케이션이 등장하면서 생겨났다. 서드파티 트위터 애플리케이션 사용자는 비밀번호를 애플리케이션에 직접 저장하곤 했다. 이는 사용자가 비밀번호를 변경하고자 할 때 불편할 뿐만 아니라 보안상 큰 위험 요소였다.

OAuth는 애플리케이션이 소셜 미디어 사이트에 직접 접근하도록 함으로써 이러한 문제를 해결했다. 사용자가 소셜 미디어 사이트에 로그인하고, 사이트는 **범위**^{scope}로 알려진 잘 정의된 권한이 포함된 특수 토큰을 애플리케이션에 반환한다. 이를 통해 애플리케이션은 사용자를 대신해 상호 작용할 수 있게 된다.

말 그대로 모든 소셜 미디어 서비스가 OAuth를 지원하는 것은 놀라운 일이 아니다. 트위터, 페이스북, 깃허브, 구글 등 모든 애플리케이션에 연결해 사용자가 로그인할 수 있도록 할 수 있다. 실제로 일부 애플리케이션은 이러한 모든 사이트를 지원하므로 사용자가 애플리케이션에 쉽게 로그인할 수 있다.

우리가 선택할 수 있는 것은 이것만이 아니다. 자체 OAuth 사용자 서비스를 구축할 수도 있다. 자체 사용자 관리 서비스를 운영하지 않는 이유를 설명한 후 다시 돌아가는 것처럼 들릴 수 있지만, 이러한 다양한 선택에는 장단점이 있다.

OAuth 사용의 장점

- 페이스북 또는 X(전 트위터)를 사용하는 경우 이미 해당 플랫폼에 존재하는 모든 사용자가 애플리케이션에 액세스할 수 있다. 이러한 플랫폼의 인기를 고려할 때 사용자가 쉽게 액세스할 수 있는 방법이 될 수 있다.

- 깃허브를 선택하는 경우 사용자 기반이 개발자 위주로 구성돼야 한다. 모든 개발자가 깃허브 계정을 갖고 있는 것은 아니지만, 많은 개발자가 계정을 갖고 있다. 이는 이런 방향으로 치우친 애플리케이션에 유리할 수 있다.

- 구글을 선택하면 또 다른 방대한 사용자 모음을 사용할 수 있다.

- 직접 설정이 가능하고 활용할 수 있는 상용 시스템인 옥타를 선택하면 100% 제어할 수 있다. 사용자가 소셜 미디어 플랫폼에 존재할 필요도 없고, 개발자 중심적일 필요도 없다. 사용자 관리의 어려운 부분을 아웃소싱할 수 있으면서도 완전한 제어권을 가질 수 있다.

OAuth 사용의 단점

- 선호하는 소셜 미디어 네트워크에 존재하지 않는 사람은 계정을 개설하거나 해당 네트워크에 액세스하지 않도록 선택해야 한다. 또한, 트위터에서는 이러한 사용자 관리를 지원하지 않으려 노력하고 있다.

- 페이스북, 트위터, 구글, 깃허브 또는 기타 소셜 미디어 사이트를 선택하면 해당 소셜 미디어 사이트의 범위에 국한된다. 스스로 정의할 수 없다. 단순히 사용자 정보에 액세스하고 이를 활용하는 것이 목표라면 괜찮을 수 있다. 그러나 관리자, 이사회 임원, 관리자, DBA, 기타 다양한 역할을 수행하려는 경우 이 정도로는 충분하지 않다.

- 예를 들어, 애플리케이션이 깃허브(https://gitter.im)를 최대한 활용하지 않는다면 깃허브를 사용하는 것이 적합하지 않을 수 있다.

범위를 완벽하게 제어해야 하는 경우 옥타를 사용하는 것이 좋다. 무엇보다도 옥타 개발 팀은 스프링 시큐리티와의 완전한 통합을 유지한다.

평가와 선택을 마쳤다고 가정하면 이제 스프링 시큐리티를 연결하도록 설정할 차례다.

이를 설명하기 위해 언급된 서비스 중 하나를 선택할 수 있지만 이 책의 나머지 부분에서는 구글을 사용하자.

구글 OAuth 2.0 애플리케이션 생성

구글 인증을 위한 단계를 수행하기 전에 먼저 구글에서 애플리케이션을 만들어야 한다. 즉 대시보드에 몇 가지 세부 정보를 등록하고 자격 증명을 추출한 다음, 이 자격 증명을 스프

링 부트 애플리케이션에 연결해 사용자에게 구글 데이터에 대한 액세스 권한을 부여해야
한다.

이렇게 하려면 다음 단계를 수행한다.

1. 구글 클라우드의 대시보드(https://console.cloud.google.com/home/dashboard)로 이동한다.

2. 왼쪽 상단의 **프로젝트 선택** 바로 옆에 있는 드롭다운을 클릭한다. 팝업에서 **새 프로젝트** 를 누르고 기본값을 수락한다.

3. 새 프로젝트가 상단의 드롭다운에 표시되도록 선택한다.

4. 구글 클라우드 대시보드의 왼쪽 패널에서 아래로 스크롤해 **API 및 서비스** 위로 마우스 를 가져간다. 팝업 메뉴에서 **사용 설정된 API 및 서비스**를 클릭한다.

5. 페이지 하단의 목록에서 **YouTube Data API v3**를 찾는다. 이를 클릭하고 **API 사용**을 누른다. 이렇게 하면 애플리케이션에 유튜브의 최신 데이터 **API**에 대한 액세스 권한이 부여된다.

6. 새로 만든 애플리케이션의 대시보드로 돌아가서 왼쪽 패널을 살펴보고 **사용자 인증** 정 보를 선택한다.

7. **사용자 인증 정보 만들기**를 클릭한다. 팝업 메뉴에서 **OAuth 클라이언트 ID**를 선택한다.[2]

8. 애플리케이션 유형에서 **웹 애플리케이션**을 선택한다.

9. **이름** 항목에서 애플리케이션의 이름을 입력한다.

10. **승인된 리디렉션 URI**에 http://localhost:8080/login/oauth2/code/google을 입력한다.

11. 인증 정보가 생성되면 오른쪽 상단에 표시된 **클라이언트 ID**와 **클라이언트 보안 비밀번호** 를 캡처한다. 나중에 스프링 부트 애플리케이션에 연결할 것이다.

12. 앞서의 왼쪽 열의 **API 및 서비스**(https://console.cloud.google.com/apis/dashboard)로 돌아 가서 **OAuth 동의 화면**을 클릭한다.

---

2   최근 구글 클라우드에서 사용자 인증 정보를 만들기 전에 OAuth 동의 화면을 먼저 만들어야 되기 때문에 12, 13번 단계를
    먼저 수행해야 한다. – 옮긴이

13. 테스트 사용자 아래에 나중에 스프링 부트 애플리케이션을 빌드할 때 로그인할 각 이메일 주소에 대한 항목을 만든다.

이러한 단계는 지루해보일 수 있지만, 구글이든 다른 플랫폼이든 모든 최신 OAuth 애플리케이션에는 어느 정도 다음 단계가 필요하다.

- 애플리케이션 정의

- 승인된 플랫폼 API

- 지원되는 사용자

- 자체 애플리케이션에 대한 콜백^{callback}

콘솔을 파헤쳐서 설정이 연결된 위치를 찾기만 하면 된다.

노트

> 이 단계에서는 구글 애플리케이션이 테스트 모드에 있는 것으로 간주된다. 즉 우리만 액세스할 수 있다. 우리 컴퓨터에서 로컬로 코드를 실행하고 테스트해볼 수 있다. 우리가 게시하지 않는 한 다른 사람은 아무것도 액세스할 수 없다.

스프링 부트 프로젝트에 OAuth 클라이언트 추가

이 절의 코드 위치

이 절의 소스 코드는 깃허브 저장소(https://github.com/PacktPublishing/Learning-Spring-Boot-3.0/tree/main/ch4-oauth)에서 확인할 수 있다.

4장의 앞부분에서는 3장 스프링 부트로 데이터 쿼리하기에서 코드를 가져와서 스프링 시큐리티를 추가했다.

이 절에서는 실제로 새롭게 시작해야 한다.

1. 스프링 초기화 페이지인 **스프링 이니셜라이저**(https://start.spring.io)로 이동한다.

2. 다음 세부 정보를 선택하거나 입력한다.

   ○ **Project**: Maven Project

   ○ **Language**: Java

   ○ **Spring Boot**: 3.0.0

   ○ **Group**: com.springbootlearning.learningspringboot3

   ○ **Artifact**: ch4-oauth

   ○ **Name**: Chapter 4 (OAuth)

   ○ **Description**: Securing an Application with Spring Boot and OAuth 2.0

   ○ **Package name**: com.springbootlearning.learningspringboot3

   ○ **Packaging**: Jar

   ○ **Java**: 17

3. **ADD DEPENDENCIES**를 클릭한다. 다음 항목을 선택한다.

   ○ **OAuth 2 Client**

   ○ **Spring Web**

   ○ **Spring Reactive Web**

   ○ **Mustache**

4. 화면 하단의 **GENERATE** 버튼을 클릭한다.

5. 선호하는 IDE로 코드를 가져온다.

먼저, 스프링 웹과 스프링 리액티브 웹을 모두 어떻게 사용할 수 있을까? 스프링 웹은 스프링 MVC를 사용해 서블릿 기반 웹 애플리케이션을 구축하는 방법이다. 하지만 우리가 사용할 또 다른 기능은 스프링의 차세대 HTTP 클라이언트인 웹클라이언트^{WebClient}를 활용하는 구글의 Oauth API다. 이 기능은 스프링 리액티브 웹플럭스^{Spring Reactive WebFlux}에서 찾을 수 있다.

스프링 부트가 클래스 경로에서 스프링 웹과 스프링 리액티브 웹을 모두 인식하면 기본적으로 표준 임베디드 아파치 톰캣으로 설정하고 표준 서블릿 컨테이너를 실행한다.

이 모든 것이 준비되면 OAuth 웹 애플리케이션 구축을 시작할 수 있다.

스프링 이니셜라이저는 생성된 프로젝트의 일부로 application.properties 파일을 생성한다. 액세스해야 하는 일부 프로퍼티의 반복적인 특성으로 인해 YAML 기반 변수로 전환한다. 해당 파일의 이름을 application.yaml로 변경하기만 하면 된다.

해당 파일에 다음 항목을 추가한다.

```
spring:
  security:
    oauth2:
      client:
        registration:
          google:
            clientId: **your Google Client ID**
            clientSecret: **your Google Client secret**

            scope: openid,profile,email,
                   https://www.googleapis.com/auth/youtube
```

앞의 코드에서 application.yaml을 사용하면 계층적 방식으로 프로퍼티를 입력할 수 있다. 이 기능은 동일한 하위 레벨에 여러 프로퍼티를 입력해야 할 때 가장 유용하다. 이 경우 spring.security.oauth2.client.registration.google에 여러 항목이 있다.

주의

> OAuth2는 유연성이 뛰어나기 때문에 다양한 설정이 제공된다. 이는 사용자가 애플리케이션으로 이동해 인증을 위해 다른 플랫폼으로 전달된 다음 다시 애플리케이션으로 이동하는 흐름 때문에 필요하다. 스프링 시큐리티는 설정을 좀 더 쉽게 하기 위해 구글, 깃허브, 페이스북, 옥타에 대해 미리 정의된 설정이 포함된 CommonOAuth2Provider를 추가했다. clientId와 clientSecret만 연결하면 된다. 기술적으로는 이 정도면 구글 인증에는 충분하다. 하지만 유튜브 데이터 API를 활용할 계획이므로 범위 설정을 추가했으며, 이에 대해서는 나중에 설명할 것이다.

우리가 구축하고 있는 웹은 구글이 통신하는 OAuth2 인증 클라이언트로 설명할 수 있다. 이는 스프링 시큐리티 OAuth2에서 `OAuth2AuthorizedClient`를 사용해 표현된다. 애플리케이션과 구글 간의 흐름을 원활하게 하기 위해 스프링 부트는 `ClientRegistrationRepository`와 `OAuth2AuthorizedClientRepository`를 자동 설정한다.

이들은 앞의 `application.yaml`에서 `clientId` 및 `clientSecret` 프로퍼티를 파싱하는 클래스다. 이러한 리포지터리가 필요한 또 다른 이유는 OAuth2가 둘 이상의 OAuth2 공급자와의 작업을 지원하기 때문이다.

페이스북, 트위터, 구글, 심지어 애플을 포함한 여러 옵션을 사용해 로그인할 수 있도록 지원하는 특정 웹 사이트를 본 적이 있을 것이다.

따라서 이러한 모든 요청을 중개할 수 있는 기능이 필요하다. 이를 위해 `SecurityConfig` 클래스를 생성하고 다음 빈 정의를 추가해야 한다.

```java
@Configuration
public class SecurityConfig {

    @Bean
    public OAuth2AuthorizedClientManager clientManager( //
      ClientRegistrationRepository clientRegRepo, //
        OAuth2AuthorizedClientRepository authClientRepo) {

      OAuth2AuthorizedClientProvider clientProvider = //
        OAuth2AuthorizedClientProviderBuilder.builder() //
            .authorizationCode() //
            .refreshToken() //
            .clientCredentials() //
            .password() //
            .build();

      DefaultOAuth2AuthorizedClientManager clientManager = //
        new DefaultOAuth2AuthorizedClientManager( //
            clientRegRepo, authClientRepo);
      clientManager //
        .setAuthorizedClientProvider(clientProvider);

      return clientManager;
    }
}
```

앞의 clientManager() 빈 정의는 앞서 언급한 2개의 자동 설정된 Oauth2 빈을 요청하고 이를 DefaultOAuth2AuthorizedClientManager로 통합할 것이다. 이 빈은 application.yaml에서 필요한 프로퍼티를 가져와서 들어오는 서블릿 요청의 콘텍스트에서 사용하는 작업을 수행한다.

믿을지 모르겠지만, 구글을 OAuth 2 플랫폼으로 선택할 날이 머지않았다. 스프링 시큐리티 OAuth2가 클래스 경로에 배치되면 스프링 부트의 애플리케이션을 자동으로 잠그는 자동 설정 정책을 갖게 된다. 하지만 이번에는 고정된 사용자 이름에 대한 임의의 암호를 생성하는 대신 앞서 언급한 OAuth 2 빈을 OAuth2AuthorizationClientManager와 결합한다.

하지만 여기서 한 걸음 더 나아가고자 한다. 다음 절에서 다룰 구글의 유튜브 데이터 API를 실제로 호출하려고 한다.

원격으로 OAuth2 API 호출

웹클라이언트와 같은 HTTP 원격 서비스 호출자에 OAuth 2 지원을 연결하려면 먼저 YouTubeConfig라는 클래스를 생성하고 다음 빈 정의를 추가한다.

```
@Configuration
public class YouTubeConfig {

  static String YOUTUBE_V3_API = //
    "https://www.googleapis.com/youtube/v3";

  @Bean
  WebClient webClient(
    OAuth2AuthorizedClientManager clientManager) {

    ServletOAuth2AuthorizedClientExchangeFilterFunction oauth2 = //
```

```
      new ServletOAuth2AuthorizedClientExchangeFilterFunction(
        clientManager);
    oauth2.setDefaultClientRegistrationId("google");

    return WebClient.builder() //
      .baseUrl(YOUTUBE_V3_API) //
      .apply(oauth2.oauth2Configuration()) //
      .build();
  }
}
```

앞의 빈 정의는 스프링의 최신 HTTP 원격 서비스 호출자인 WebClient를 새로 생성한다. 오랜 역사를 자랑하는 RestTemplate은 그대로 유지되지만, WebClient는 원격 HTTP 서비스와 상호 작용할 수 있는 새롭고 개선된 여러 가지 방법을 제공한다. 가장 큰 개선 사항 중 하나는 반응형 서비스에 대한 완벽한 지원과 함께 유창한 API다. 4장에서는 사용하지 않지만 이 책의 뒷부분에서 다룰 내용이다.

앞의 코드에서 이 WebClient는 구글의 유튜브 v3 API를 가리킬 뿐만 아니라 이전에 생성한 OAuth2AuthorizedClientManager를 사용해 **교환 필터 함수**^{exchange filter function}를 등록하고 OAuth2 권한을 부여한다.

노트

> 교환 필터 함수는 서블릿과 스프링 MVC에서는 찾아볼 수 없는 개념이며, 대신 스프링 웹플럭스의 반응형 패러다임에서 사용된다. 웹 클라이언트를 통과하는 모든 요청이 이 함수를 호출한다는 점에서 클래식 서블릿 필터와 매우 유사하다. 이렇게 하면 현재 사용자가 구글에 로그인돼 있고 올바른 권한을 갖고 있는지 확인할 수 있다.

서블릿 기반 애플리케이션이 있음에도 불구하고 스프링 웹플럭스의 WebClient를 사용하는 또 다른 이유는 스프링 프레임워크의 가장 최근에 추가된 기능 중 **HTTP 클라이언트 프록시** ^{HTTP client proxy}를 활용하기 위해서다.

HTTP 클라이언트 프록시의 개념은 인터페이스 정의에서 원격 서비스와 상호 작용하는 데 필요한 모든 세부 정보를 캡처하고 내부적으로 스프링 프레임워크^{framework}가 요청과 응답을 처리하도록 하는 것이다.

다음과 같이 YouTube라는 인터페이스를 생성해 이러한 교환 중 하나를 캡처할 수 있다.

```
interface YouTube {

  @GetExchange("/search?part=snippet&type=video")
  SearchListResponse channelVideos( //
    @RequestParam String channelId, //
    @RequestParam int maxResults, //
    @RequestParam Sort order);

  enum Sort {
    DATE("date"), //
    VIEW_COUNT("viewCount"), //
    TITLE("title"), //
    RATING("rating");

    private final String type;

    Sort(String type) {
      this.type = type;
    }
  }
}
```

앞의 인터페이스에는 channelVideos라는 단일 메서드가 있다. 사실 이 메서드의 이름은 중요하지 않다. 중요한 것은 @GetExchange 메서드이기 때문이다. 2장에서 @GetMapping을 사용해 HTTP GET 연산을 스프링 MVC 컨트롤러 메서드와 연결하는 방법을 살펴봤다.

HTTP 원격의 경우 이에 대응하는 어노테이션은 @GetExchange이다. 이 어노테이션은 스프링 프레임워크가 HTTP GET 호출을 사용해 /search?part=snippet&type=video를 원격으로 호출하도록 지시한다.

명확하지 않은 경우 @GetExchange 호출의 경로가 앞서 설정한 기본 URL(https://www.googleapis.com/youtube/v3)에 추가돼 이 API에 액세스할 수 있는 완전한 URL이 형성된다.

이 메서드에는 URL과 함께 HTTP 동사를 지정하는 것 외에도 channelId, maxResults, order라는 세 가지 입력이 있다. @RequestParam 어노테이션 주석은 이러한 매개 변수가 ?channelId=<value>&maxResults=<value>&order=<value> 형식의 쿼리 매개 변수로 URL에 추가될 것임

을 나타낸다. 무엇보다도 order 매개 변수는 자바 열거형인 Sort를 사용해 API가 허용 가능한 값으로 간주하는 값으로 제한된다.

쿼리 매개 변수의 이름은 메서드의 인수 이름에서 가져온다. @RequestParam 어노테이션을 사용해 재정의할 수 있지만, 각 인수의 이름을 API와 일치하도록 설정하는 것이 더 쉽다는 것을 알았다.

이 특정 API의 경우 API 설명서(https://developers.google.com/youtube/v3/docs/search/list)에서 확인할 수 있는 것처럼 HTTP 요청 본문이 없다. 전체 요청은 URL에 포함돼 있다.

하지만 일부 데이터를 다른 API로 보내야 하는 경우 예를 들어, HTTP POST를 기대하는 API로 보내야 하는 경우 @PostExchange를 사용할 수 있다. 데이터를 다른 메서드 인수로 제공하고 @RequestBody를 적용해 스프링 프레임워크가 **잭슨**에게 제공된 데이터를 JSON으로 직렬화하도록 요청할 수 있도록 할 수 있다.

이 API의 응답은 다음과 같이 이전 목록의 **검색** 함수의 **응답** 섹션에 자세히 나와 있는 JSON 문서다.

```
{
    "kind": "youtube#searchListResponse",
    "etag": etag,
    "nextPageToken": string,
    "prevPageToken": string,
    "regionCode": string,
    "pageInfo": {
        "totalResults": integer,
        "resultsPerPage": integer
    },
    "items": [
        search Resource
    ]
}
```

자바 17 레코드는 앞선 API 응답을 캡처할 때 정말 빛을 발한다. 대부분 데이터 지향적인 일부 베어본 자바 객체가 필요하며, 이를 빠르게 처리해야 한다. 따라서 다음과 같이 SearchListResponse라는 레코드를 생성한다.

```
record SearchListResponse(String kind, String etag, String  //
  nextPageToken, String prevPageToken, PageInfo pageInfo, //
    SearchResult[] items) {
}
```

원하는 모든 필드를 포함하고 중요하지 않은 필드는 제외할 수 있다. 앞의 코드에서 대부분의 필드는 일반 자바 문자열이지만, 마지막 두 필드인 PageInfo와 SearchResult는 그렇지 않다.

따라서 자바 레코드를 몇 개 더 생성해 각각 자체 파일에 넣는다.

```
record PageInfo(Integer totalResults, Integer resultsPerPage) {
}
record SearchResult(String kind, String etag, SearchId id, SearchSnippet snippet) {
}
```

앞의 유형을 만드는 프로세스는 구글의 유튜브 API 문서에서 중첩된 각 유형을 살펴보고 표시된 대로 필드를 캡처하기만 하면 된다. 문자열, 정수, 중첩된 유형 또는 다른 유형에 대한 링크로 설명돼 있다. 자체 구문이 있는 각 하위 유형에 대해 다른 레코드를 생성하기만 하면 된다.

팁

> 레코드 유형의 이름은 중요하지 않다. 중요한 부분은 필드 이름이 다시 전달되는 JSON 구조의 이름과 일치하는지 확인하는 것이다.

지금까지 레코드에서 캡처한 내용을 사용해 이제 SearchId와 SearchSnippet을 각각 자체 파일에 만들어야 한다.

```
record SearchId(String kind, String videoId, String channelId, String playlistId) {
}
record SearchSnippet(String publishedAt, String channelId, String title,
  String description, //
    Map<String, SearchThumbnail> thumbnails, String channelTitle) {
}
```

이러한 레코드 유형은 거의 모두 기본 제공 자바 유형이므로 거의 완벽하다. 빠진 유일한 유형은 SearchThumbnail이다. 유튜브의 API 참조 문서를 읽으면 이 레코드 정의로 쉽게 마무리할 수 있다.

```
record SearchThumbnail(String url, Integer width, Integer height) {
}
```

이 마지막 레코드 유형은 문자열과 정수 2개뿐이므로 완료됐다.

하지만 아직은 부족한 부분이 존재한다. 유튜브와 통신하기 위해 OAuth 2와 원격 HTTP 서비스를 설정하는 데 많은 시간을 투자했다. 가장 중요한 것은 다음 절에서 소개하는 애플리케이션의 웹 레이어를 구축하는 것이다.

OAuth2 기반 웹 애플리케이션 생성

이제 렌더링을 시작할 웹 컨트롤러를 만들 차례다.

```
@Controller
public class HomeController {

  private final YouTube youTube;

  public HomeController(YouTube youTube) {
    this.youTube = youTube;
  }

  @GetMapping("/")
  String index(Model model) {
    model.addAttribute("channelVideos", //
      youTube.channelVideos("UCjukbYOd6pjrMpNMFAOKYyw", //
        10, YouTube.Sort.VIEW_COUNT));
    return "index";
  }
}
```

앞의 웹 컨트롤러에는 몇 가지 핵심 사항이 있다.

- @Controller는 템플릿 기반 웹 컨트롤러임을 나타낸다. 각 웹 메서드는 렌더링할 템플릿의 이름을 반환한다.

- 2장에서 다룬 개념인 **생성자 주입**을 통해 유튜브 서비스를 주입하고 있다.

- index 메서드에는 스프링 MVC 모델 객체가 있고, 여기에 channelVideos 프로퍼티를 생성한다. 이 메서드는 채널 ID, 페이지 크기 10으로 유뷰트 서비스의 channelVideos 메서드를 호출하고 검색 결과를 정렬하는 방법으로 조회 수를 사용한다.

- 렌더링할 템플릿의 이름은 index다.

우리가 선택한 템플릿 엔진으로 머스테치를 사용하고 있으므로 템플릿의 이름은 src/main/resources/templates/index.mustache로 확장된다. 이를 정의하기 위해 다음과 같이 매우 간단한 HTML 5 코딩을 시작할 수 있다.

```
<!doctype html>
<html lang="en">
<head>
    <link href="style.css" rel="stylesheet" type="text/css"/>
</head>
<body>
<h1>Greetings Learning Spring Boot 3.0 fans!</h1>
<p>
    In this section, we are learning how to make
    a web app using Spring Boot 3.0 + OAuth 2.0
</p>

<h2>Your Videos</h2>
<table>
    <thead>
    <tr>
        <td>Id</td>
        <td>Published</td>
        <td>Thumbnail</td>
        <td>Title</td>
        <td>Description</td>
    </tr>
```

```
        </thead>
        <tbody>
        {{#channelVideos.items}}
            <tr>
                <td>{{id.videoId}}</td>
                <td>{{snippet.publishedAt}}</td>
                <td>
                    <a href="https://www.youtube.com/watch?v=
                    {{id.videoId}}" target="_blank">
                    <img src="{{snippet.thumbnail.url}}" alt="thumbnail"/>
                    </a>
                </td>
                <td>{{snippet.title}}</td>
                <td>{{snippet.shortDescription}}</td>
            </tr>
        {{/channelVideos.items}}
        </tbody>
    </table>
</body>
```

앞선 코드의 HTML 5의 모든 측면을 살펴보지는 않을 것이다. 하지만 머스테치의 핵심적인 부분은 다음과 같다.

- 머스테치 지시문은 배열({{#channelVideos.items}})을 반복하거나 단일 필드({{id.videoId}})를 반복할 때 이중 중괄호로 묶는다.

- 파운드 기호(#)로 시작하는 머스테치 지시문은 모든 항목에 대해 HTML 사본을 생성해 반복하라는 신호다. SearchListResponse 항목 필드는 SearchResult 항목의 배열이므로 해당 태그 내부의 HTML은 각 항목에 대해 반복된다.

- SearchSnippet 내부의 섬네일 필드에는 실제로 각 비디오에 대해 여러 개의 항목이 있다. 머스테치는 로직이 없는 엔진이므로 템플릿 요구 사항을 지원하기 위해 몇 가지 추가 메서드를 사용해 해당 레코드 정의를 보강해야 한다.

올바른 섬네일을 선택하는 방법을 추가하고 설명 필드를 100자 미만으로 축소하는 방법은 다음과 같이 SearchSnippet 레코드를 업데이트해 구현할 수 있다.

```java
record SearchSnippet(String publishedAt, String channelId, String title,
String description, //
  Map<String, SearchThumbnail> thumbnails, String channelTitle) {

  String shortDescription() {
    if (this.description.length() <= 100) {
      return this.description;
    }
    return this.description.substring(0, 100);
  }

  SearchThumbnail thumbnail() {
    return this.thumbnails.entrySet().stream() //
      .filter(entry -> entry.getKey().equals("default")) //
      .findFirst() //
      .map(Map.Entry::getValue) //
      .orElse(null);
  }
}
```

앞의 코드에서 다음과 같은 일이 발생한다는 것을 알 수 있다.

- shortDescription 메서드는 description 필드를 직접 반환하거나 100자 하위 문자열을 반환한다.

- thumbnail 메서드는 섬네일 맵 항목을 반복하고 default라는 이름의 항목을 찾아서 반환한다.

좋은 마무리를 위해 테이블을 멋지게 다듬을 수 있도록 CSS를 적용해보자. src/main/resources/static/style.css를 생성한다.

```css
table {
    table-layout: fixed;
    width: 100%;
    border-collapse: collapse;
    border: 3px solid #039E44;
}

thead th:nth-child(1) {
```

```
        width: 30%;
    }

    thead th:nth-child(2) {
        width: 20%;
    }

    thead th:nth-child(3) {
        width: 15%;
    }

    thead th:nth-child(4) {
        width: 35%;
    }

    th, td {
        padding: 20px;
    }
```

앞의 코드에 따라 스프링 MVC는 src/main/resources/static에 있는 정적 리소스를 자동으로 제공한다. 모든 준비가 완료됐으니 애플리케이션을 실행해보자. localhost:8080을 방문하면 자동으로 구글의 로그인 페이지로 이동한다.

그림 4.5 구글 로그인 페이지

이 로그인 페이지에는 사용했던 모든 구글 계정이 표시된다. 예시에는 여러 개가 있다. 중요한 것은 애플리케이션과 함께 구글 클라우드 대시보드에서 이전에 등록한 계정을 선택하는 것이다. 그렇지 않으면 작동하지 않는다.

이제 CommonOAuth2Provider의 표준 구글 범위 목록을 수락했다면 구글에 이메일 주소와 같은 사용자 계정 세부 정보만 요청했을 것이다. 그러면 자체 웹 애플리케이션으로 다시 리디렉션될 것이다.

하지만 유튜브 API를 활용하기 위해 범위 프로퍼티를 사용자 지정했기 때문에 특정 유튜브 채널을 선택하라는 또 다른 프롬프트가 나타난다. 채널이 없는 경우 아무것도 업로드하지 않더라도 채널을 선언해야 한다.

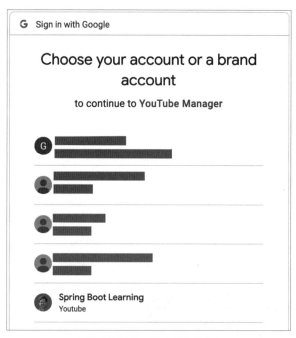

그림 4.6 유튜브 채널 선택 페이지

여러 개의 채널 중 하나를 선택한다. 여기에서 그림 4.7과 같이 스프링 부트 머스테치 템플릿으로 다시 리디렉션된다.

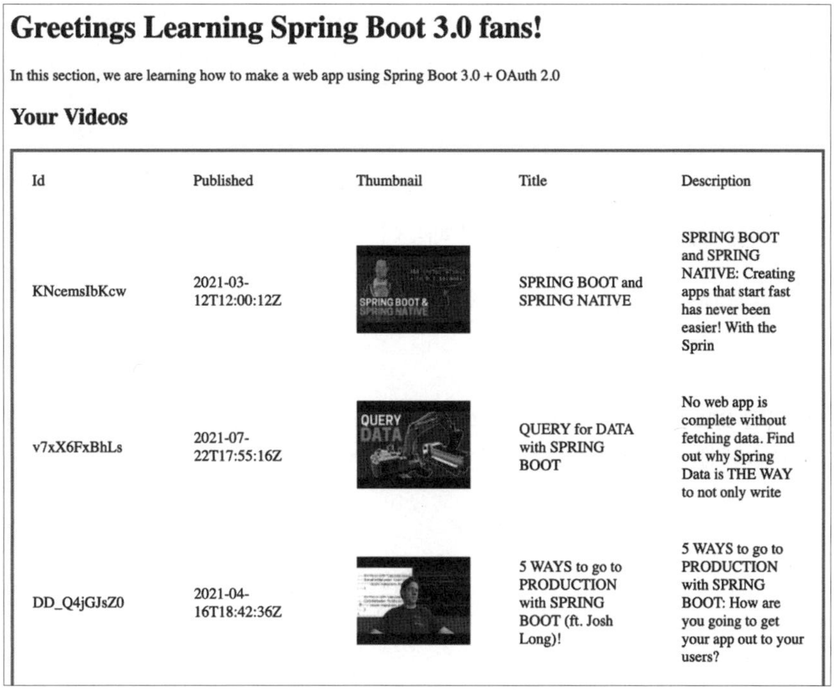

그림 4.7 스프링 부트 유튜브 템플릿

이렇게 자체 웹 페이지에 유튜브 데이터가 표시된다. 섬네일에는 하이퍼링크도 있어 새 브라우저 탭을 열고 비디오를 볼 수 있다.

팁

> 앞의 코드는 해당 유튜브 채널에서 데이터를 가져와 가장 인기 있는 비디오를 표시한다. 그림 4.7은 이 책에 맞게 수정한 것이다. 그러나 해당 채널 URL이 아닌 임의의 채널 ID를 입력해도 결과를 얻을 수 있다. 예를 들어, 여러 스프링 비디오를 제작한 스프링 개발자 애드보케이트(advocate)인 친구 댄 베가(Dan Vega)의 채널을 확인하려면 youtube.channelVideos("UCc98QQw1D-y38wg6mO3w4MQ", 10, YouTube.Sort.VIEW_COUNT)를 입력하면 된다.

OAuth2를 사용해 사용자 관리를 서드파티 서비스로 오프로드할 수 있는 시스템을 성공적으로 구축했다. 사용자 관리를 구글 또는 선택한 OAuth2 서비스에 오프로드함으로써 사용자 관리와 관련된 자체 리스크를 크게 줄일 수 있다.

사실 이것이 바로 서드파티 서비스를 활용하는 주된 이유다. 사용자 ID와 이메일 주소만으로 사용자를 식별할 수 있는 간편한 서비스를 제공하는 스타트업과 기업이 많이 있다.

일부 웹 사이트가 여러 외부 서비스를 통해 로그인할 수 있도록 허용하는 것을 본 적이 있을 것이다. 이는 실제로 여러 플랫폼에서 항목을 정의하고, 모든 항목을 `application.yaml`에 추가한 다음, 이를 모두 조정할 수 있기 때문이다.

여러 외부 서비스를 지원하도록 애플리케이션을 수정하는 연습을 해보자.

보너스

> 말 그대로 구글 OAuth2 클라이언트를 생성하고 스프링 부트 3.0에 등록한 후 유튜브 데이터를 제공하는 실습 라이브 스트림(https://springbootlearning.com/oauth2)에 참여해보자.

⁞⁝ 요약

4장에서는 스프링 MVC 애플리케이션을 보호하는 방법을 배웠다. 사용자 지정 사용자를 연결하고, 경로 기반 컨트롤을 적용하고, 스프링 시큐리티를 사용해 메서드 수준의 세분화된 컨트롤까지 추가했다. 마지막으로, 스프링 시큐리티의 OAuth2 통합을 사용해 사용자 관리를 높은 수준의 구글에 아웃소싱함으로써 모든 것을 마무리했다. 이를 통해 일부 유튜브 데이터를 확보하고 비디오 링크를 제공함으로써 이점을 활용했다.

4장이 길어 보일 수도 있지만 사실 보안은 복잡한 문제다. 4장에서 소개한 다양한 전술을 통해 애플리케이션을 보호할 때 무엇을 해야 할지에 대한 확실한 아이디어를 얻을 수 있기를 바란다.

5장에서는 다양한 테스트 메커니즘을 통해 코드의 견고성을 보장하는 방법을 살펴볼 것이다.

05

스프링 부트 테스트

4장에서는 경로 기반 규칙과 메서드 기반 규칙을 포함한 다양한 전술을 통해 애플리케이션을 보호하는 방법을 배웠다. 또한, 사용자 관리에 대한 위험을 분산하기 위해 구글과 같은 외부 시스템에 위임하는 방법도 배웠다.

5장에서는 스프링 부트의 **테스트**에 대해 알아볼 것이다. 테스트는 다방면으로 접근해야 한다. 또한, 한 번으로 끝나는 것도 아니다. 새로운 기능을 추가할 때마다 해당 테스트 케이스를 추가해 요구 사항을 캡처하고 충족하는지 확인해야 하기 때문이다. 미처 생각하지 못한 코너^{corner} 케이스를 발견하는 것은 언제나 가능하다. 그리고 애플리케이션이 발전함에 따라 테스트 방법도 업데이트하고 업그레이드해야 한다.

테스트는 우리가 구축하는 소프트웨어에 대한 자신감을 키울 수 있는 철학이다. 그리고 이러한 자신감을 고객과 클라이언트에게 전달해 품질을 입증할 수 있다.

5장의 요점은 광범위한 테스트 전술과 그에 따른 다양한 장단점을 소개하는 것이다. 이 책의 샘플 코드가 잘 테스트됐는지 확인하기 위해서가 아니라 프로젝트를 더 잘 테스트하는 방법을 배우고 언제 어떤 전술을 사용해야 하는지 알 수 있도록 하기 위해서다.

5장에서는 다음과 같은 주제를 다룬다.

- 애플리케이션에 JUnit 및 기타 테스트 툴킷 추가

- 도메인 기반 테스트 케이스 생성

- MockMVC를 사용해 웹 컨트롤러 테스트

- 모의 데이터 리포지터리로 데이터 리포지터리 테스트

- 임베디드 데이터베이스로 데이터 리포지터리 테스트

- 컨테이너화된 데이터베이스를 사용해 데이터 리포지터리 테스트

- 스프링 시큐리티 테스트로 보안 정책 테스트

> **5장의 코드 위치**
>
> 5장의 코드는 깃허브 저장소(https://github.com/PacktPublishing/Learning-Spring-Boot-3.0/tree/main/ch5)에서 확인할 수 있다.

∷ 애플리케이션에 JUnit 5 추가

테스트 케이스 작성의 첫 번째 단계는 필요한 테스트 구성 요소를 추가하는 것이다. 가장 널리 사용되는 테스트 도구는 JUnit이다. JUnit 5는 스프링 프레임워크 및 스프링 부트와 긴밀하게 통합된 최신 버전이다. JUnit의 기원에 대한 자세한 역사는 웹 페이지(https://springbootlearning.com/junit-history)를 참조한다.

애플리케이션에 JUnit을 추가하려면 무엇이 필요할까?

아무것도 필요하지 않다.

4장에서 새 프로젝트를 출시하거나 기존 프로젝트를 보강하기 위해 스프링 이니셜라이저(https://start.spring.io)를 사용한 방법을 기억할 것이다. 하단에 자동으로 추가된 종속성 중 하나가 바로 이것이다.

```
<dependency>
        <groupId>org.springframework.boot</groupId>
        <artifactId>spring-boot-starter-test</artifactId>
        <scope>test</scope>
</dependency>
```

테스트 범위가 지정된 이 스프링 부트 스타터에는 다음을 포함한 편리한 종속성 집합이 완전히 로드돼 있다.

- **스프링 부트 테스트**: 스프링 부트 지향 테스트 유틸리티

- **JSONPath**: JSON 문서를 위한 쿼리 언어

- **AssertJ**: 결과 어설션^{assertion}을 위한 유창한 API

- **Hamcrest**: 매처^{matcher} 라이브러리

- **JUnit 5**: 테스트 케이스 작성을 위한 기초 라이브러리

- **Mockito**: 테스트 케이스 작성을 위한 모킹^{mocking} 프레임워크

- **JSONassert**: JSON 문서를 대상으로 하는 어설션 라이브러리

- **스프링 테스트**: 스프링 프레임워크의 테스트 유틸리티

- **XMLUnit**: XML 문서 검증을 위한 툴킷

모킹에 대해 들어본 적이 없다면 모킹은 결과를 확인하는 대신 호출된 메서드를 검증하는 테스트의 한 형태라고 설명할 수 있다. 5장에서 모킹을 사용하는 방법을 자세히 살펴볼 것이다.

간단히 말해, 이러한 모든 툴킷은 이미 테스트를 작성할 준비가 된 상태다. 왜일까?

선택과 집중으로 시간을 낭비하지 않기 위해서다. 적합한 테스트 키트를 찾을 필요도 없고, 테스트를 선택할 필요도 없다. 스프링 부트 프로젝트 빌드의 챔피언인 스프링 이니셜라이저는 이러한 모든 툴킷을 추가하도록 해 우리가 그것들을 추가하는 것을 기억할 필요조차 없게 해준다.

스프링 팀에게 테스트는 그만큼 중요하다.

5장에서는 이러한 툴킷을 모두 사용할 필요는 없지만 기능의 단면을 살펴볼 수 있을 것이다. 5장이 끝날 때쯤에는 이러한 툴킷이 제공하는 기능에 대해 더 잘 이해할 수 있을 것이다.

도메인 기반 테스트 케이스 생성

앞서 테스트는 다방면으로 접근해야 한다고 언급했다. 모든 시스템에서 가장 중요한 것 중하나는 도메인 유형이다. 이를 테스트하는 것은 매우 중요하다. 기본적으로 사용자가 공개적으로 볼 수 있는 모든 메서드가 테스트 케이스 작성의 대상이 된다.

이제 3장에서 정의한 VideoEntity 도메인 객체를 중심으로 몇 가지 테스트 케이스를 작성해보자.

```java
public class CoreDomainTest {

  @Test
  void newVideoEntityShouldHaveNullId() {
    VideoEntity entity = new VideoEntity("alice", "title", "description");
    assertThat(entity.getId()).isNull();
    assertThat(entity.getUsername()).isEqualTo("alice");
    assertThat(entity.getName()).isEqualTo("title");
    assertThat(entity.getDescription()).isEqualTo("description");
  }
}
```

이 코드는 다음과 같이 설명할 수 있다.

- CoreDomainTest: 이 테스트 스위트suite의 이름이다. 관례에 따라 테스트 스위트 클래스는 Test라는 단어로 끝난다. 단위 테스트의 경우 UnitTest, 통합 테스트의 경우 Integration Test 및 기타 한정어로 끝나는 경우도 흔하다.

- @Test: 이 JUnit 어노테이션은 이 메서드가 테스트 케이스임을 나타낸다. @Test 버전은

org.junit이 아닌 org.junit.jupiter.api 버전을 사용해야 한다. 전자의 패키지는 JUnit 5이고 후자의 패키지는 JUnit 4다. 둘 다 이전 버전과의 호환성을 지원하기 위해 클래스 경로에 포함된다.

- newVideoEntityShouldHaveNullId: 테스트 메서드의 이름은 무엇을 검증하는지에 대한 요점을 전달해야 하므로 중요하다. 이것은 기술적 요구 사항이 아니라 정보를 전달할 수 있는 기회다. 이 메서드는 VideoEntity의 새 인스턴스를 생성할 때 해당 id 필드가 null 이어야 하는지 확인한다.

- 메서드의 첫 번째 줄은 VideoEntity의 인스턴스를 생성한다.

- assertThat(): 값을 받아 검증 조건을 확인하는 AssertJ 정적 헬퍼 메서드다.

- isNull(): id 필드가 null인지 확인한다.

- isEqualTo(): 다양한 필드가 예상 값과 동일한지 확인한다.

IDE에서 클래스를 마우스 오른쪽 버튼으로 클릭하고 실행하면 된다.

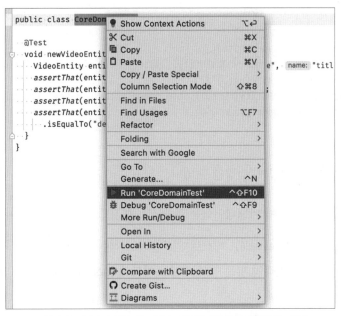

그림 5.1 테스트 클래스를 마우스 오른쪽 버튼으로 클릭하고 실행

테스트 스위트를 실행하면 결과를 확인할 수 있다.

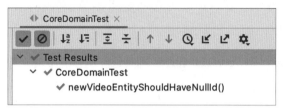

그림 5.2 합격 시 녹색 체크를 표시하는 테스트 결과 보기

이 결과에서 주목할 점은 이 테스트 케이스^{case}를 실행하는 데 약 49밀리초가 걸렸다는 사실이다. 테스트 철학을 채택하는 데 있어 테스트를 자주 실행하는 것이 매우 중요하다. 코드를 편집할 때마다 테스트 스위트를 실행해야 하며, 가능하면 모든 테스트 스위트를 실행해야 한다.

더 많은 테스트 기법으로 넘어가기 전에, 공개되는 모든 메서드는 테스트해야 한다는 데 동의했던 것을 기억하자. 이는 다음과 같이 도메인 클래스의 toString() 메서드와 같은 것에도 적용된다.

```
@Test
void toStringShouldAlsoBeTested() {
  VideoEntity entity = new VideoEntity("alice", "title",  "description");
  assertThat(entity.toString()) //
    .isEqualTo("VideoEntity{id=null, username='alice', name='title',
      description='description'}");
}
```

이 테스트 방법은 다음과 같이 설명할 수 있다.

- @Test: 다시 말하지만, 이 어노테이션은 이 메서드가 테스트 메서드임을 나타낸다.

- toStringShouldAlsoBeTested(): 테스트 의도를 포착하는 방법으로 항상 테스트 메서드 이름을 사용하자. 개인적인 팁은 항상 메서드 이름에 should를 사용해 그 목적을 명확히 하는 것이 좋다.

- 다시 말하지만, 첫 번째 줄은 기본 정보가 포함된 VideoEntity 인스턴스를 생성한다.

- assertThat(): 이 메서드는 toString() 메서드의 값이 예상한 값인지 확인하는 데 사용된다.

어설션을 결합할 것인가, 결합하지 않을 것인가?

이 테스트 메서드의 어설션을 이전 테스트 메서드에 추가할 수도 있다. 결국 둘 다 동일한 VideoEntity를 갖고 있기 때문이다. 왜 별도의 메서드로 분리할까? 엔티티의 toString() 메서드를 테스트하는 의도를 매우 명확하게 포착하기 위해서다. 이전 테스트 메서드에서는 생성자를 사용해 엔티티를 채운 다음 해당 게터 메서드를 확인하는 데 중점을 뒀다. toString() 메서드는 별도의 메서드다. 어설션을 더 작은 테스트 메서드로 분리함으로써 하나의 실패한 테스트가 다른 테스트를 가릴 가능성이 줄어든다.

마지막으로, 도메인 객체의 설정자를 확인해보자.

```
@Test
void settersShouldMutateState() {
  VideoEntity entity = new VideoEntity("alice", "title", "description");
  entity.setId(99L);
  entity.setName("new name");
  entity.setDescription("new desc");
  entity.setUsername("bob");
  assertThat(entity.getId()).isEqualTo(99L);
  assertThat(entity.getUsername()).isEqualTo("bob");
  assertThat(entity.getName()).isEqualTo("new name");
  assertThat(entity.getDescription()).isEqualTo("new desc");
}
```

이 코드는 다음과 같이 설명할 수 있다.

- settersShouldMutateState(): 이 테스트 메서드는 엔티티의 세터 메서드를 검증하는 데 목적이 있다.

- 첫 번째 줄은 다른 테스트 케이스와 동일한 엔티티 인스턴스를 생성한다.

- 그런 다음 테스트 메서드는 엔티티의 모든 세터 메서드를 실행한다.

- 이전과 동일한 AssertJ 어설션을 사용하지만 다른 값을 사용해 상태가 올바르게 변경됐
  는지 확인한다.

이 테스트 클래스가 준비되면 테스트 커버리지^{coverage}에 참여할 수 있는 위치에 있다. **인텔리제이** 및 대부분의 최신 IDE는 다음과 같이 커버리지 유틸리티를 사용해 테스트 케이스를 실행할 수 있는 수단을 제공한다.

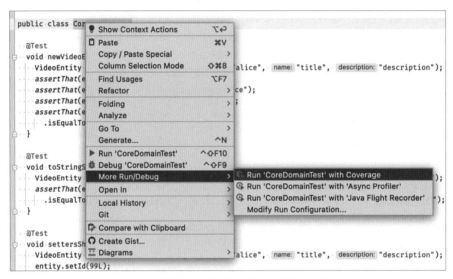

그림 5.3 커버리지 분석으로 테스트 클래스 실행

인텔리제이는 색상 하이라이트^{highlight}로 테스트된 줄을 보여준다. 이를 통해 VideoEntity 엔티티 클래스가 보호된 인자가 없는 생성자를 제외하고는 완전히 커버됐음을 알 수 있다. 해당 생성자를 확인하는 다른 테스트 케이스를 작성하는 것은 연습 과제로 남겨 뒀다.

이 절에서는 도메인 클래스에 대한 단위 수준 테스트를 작성하는 방법을 확인했다. 이 개념을 함수, 알고리듬, 기타 기능적 특징을 포함하는 클래스로 쉽게 확장할 수 있다.

그러나 고려해야 할 또 다른 부분은 대부분의 애플리케이션이 웹 애플리케이션이라는 사실이다. 다음 절에서는 스프링 MVC 웹 컨트롤러를 검증하기 위한 다양한 전술을 확인할 것이다.

⁂ MockMVC를 사용해 웹 컨트롤러 테스트

웹 페이지가 웹 애플리케이션의 핵심 구성 요소인 스프링에는 웹 기능을 쉽게 검증할 수 있는 도구가 포함돼 있다.

스프링 MVC 웹 컨트롤러를 인스턴스화하고 다양한 어설션을 사용해 조사할 수는 있지만, 이 방법은 번거로울 수 있다. 그래서 우리가 추구하는 것 중 하나는 스프링 MVC의 메커니즘을 이용하는 것이다. 기본적으로 웹 호출을 하고 컨트롤러가 응답할 때까지 기다려야 한다.

이 책의 앞부분에서 빌드한 HomeController 클래스를 테스트하려면 HomeController와 동일한 패키지의 src/test/java 아래에 새로운 테스트 클래스인 HomeControllerTest.java를 만들어야 한다.

```java
@WebMvcTest(controllers = HomeController.class)
public class HomeControllerTest {

  @Autowired MockMvc mvc;

  @MockBean VideoService videoService;

  @Test
  @WithMockUser
  void indexPageHasSeveralHtmlForms() throws Exception {
    String html = mvc.perform( //
      get("/")) //
      .andExpect(status().isOk()) //
      .andExpect( //
        content().string( //
          containsString("Username: user"))) //
      .andExpect( //
        content().string( //
          containsString("Authorities: [ROLE_USER]"))) //
      .andReturn() //
      .getResponse().getContentAsString();

    assertThat(html).contains( //
      "<form action=\"/logout\"", //
      "<form action=\"/search\"", //
```

```
        "<form action=\"/new-video\"");
    }
}
```

이 작은 테스트 클래스는 다음과 같이 설명할 수 있다.

- @WebMvcTest: 스프링 MVC의 머신을 활성화하는 스프링 부트 테스트 어노테이션이다. 컨트롤러 매개 변수는 이 테스트 스위트를 홈 컨트롤러 클래스로만 제한한다.

- @Autowired MockMvc mvc: @WebMvcTest는 애플리케이션 콘텍스트에 스프링의 MockMvc 유틸리티 인스턴스를 추가한다. 그런 다음 모든 테스트 메서드가 사용할 수 있도록 테스트 스위트에 자동 와이어링할 수 있다.

- @MockBean VideoService videoService: 이 빈은 HomeController의 필수 구성 요소다. 스프링 부트 테스트의 @MockBean 어노테이션을 사용하면 모의 버전의 빈이 생성돼 애플리케이션 콘텍스트에 추가된다.

- @Test: 이 메서드를 JUnit 5 테스트 케이스로 나타낸다.

- @WithMockUser: 스프링 보안 테스트^{Spring Security Test}의 이 어노테이션은 사용자 이름 user와 권한 기본값인 ROLE_USER로 로그인하는 사용자를 시뮬레이션한다.

- 첫 번째 줄은 MockMvc를 사용해 get("/")을 수행한다.

- 이후 구문에서는 결과가 HTTP 200(OK) 응답 코드인지, 콘텐츠에 사용자 이름 user와 권한 ROLE_USER가 포함돼 있는지 확인하는 등 일련의 어설션을 수행한다. 그런 다음 전체 응답을 문자열로 가져와서 MockMVC 호출을 마무리한다.

- MockMVC 호출 다음에는 HTML 출력의 비트를 확인하는 AssertJ 어설션이 있다.

이 테스트 메서드는 기본적으로 HomeController 클래스의 기본 URL을 호출하고 응답 코드 및 콘텐츠와 같은 다양한 측면을 확인한다.

실습하는 웹 애플리케이션의 핵심 기능은 새로운 비디오를 생성하는 것이다. 5장의 앞부분에서 웹 페이지에 배치한 HTML 양식을 다음 표시된 방법을 통해 사용한다.

```
@Test
@WithMockUser
void postNewVideoShouldWork() throws Exception {
  mvc.perform( //
    post("/new-video") //
      .param("name", "new video") //
      .param("description", "new desc") //
      .with(csrf())) //
    .andExpect(redirectedUrl("/"));

  verify(videoService).create( //
    new NewVideo( //
      "new video", //
      "new desc"), //
    "user");
}
```

이 테스트 방법은 다음과 같이 설명할 수 있다.

- @Test: 테스트 메서드로서 이를 알리는 JUnit 5 어노테이션이다.

- @WithMockUser: 모의 인증을 통해 스프링 시큐리티의 검사를 통과한다.

- 이 테스트 메서드에서는 2개의 매개 변수인 name과 description을 가진 post("/new-video")를 수행하기 위해 MockMVC를 사용한다. 웹 페이지가 **CSRF**를 사용하기 때문에 .with(csrf())를 사용해 적절한 CSRF 토큰을 자동으로 제공함으로써 이를 공격이 아닌 유효한 요청으로 시뮬레이션할 수 있다.

- redirectedUrl("/"): 컨트롤러가 HTTP 리디렉션을 발행하는지 확인한다.

- verify(videoService): 모의 VideoService 빈의 create() 메서드가 MockMVC에서 제공한 것과 동일한 매개 변수와 @WithMockUser의 사용자 이름으로 호출됐는지 확인하기 위한 Mockito의 후크다.

이 모든 것이 생성되면 그림 5.4와 같이 테스트 스위트를 쉽게 실행할 수 있다.

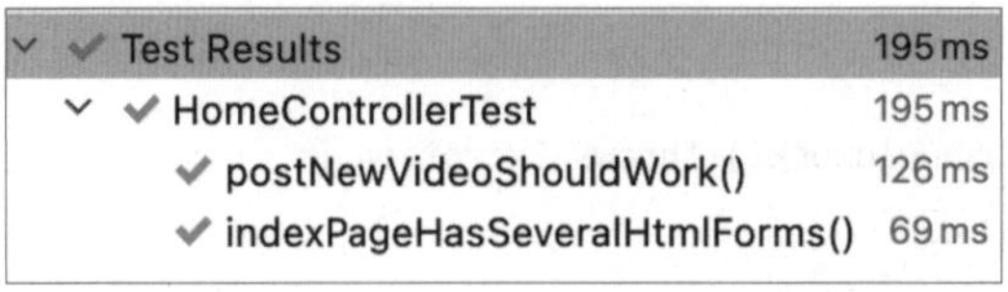

그림 5.4 HomeControllerTest의 테스트 결과

이 테스트 결과 스크린샷은 몇 가지 컨트롤러 방법을 1초도 안 되는 시간 내에 성공적으로 실행한 것을 보여준다.

다른 컨트롤러 메서드도 테스트해볼 수 있도록 연습용으로 남겨졌다.

기본적인 컨트롤러 동작을 이렇게 빠르게 증명할 수 있다는 것이 매우 중요하다. 이를 통해 테스트 체제를 구축해 모든 컨트롤러를 검증할 수 있다. 그리고 5장의 앞부분에서 언급했듯이 더 많은 테스트를 작성할수록 시스템에 더 많은 확신을 심어줄 수 있다.

이 절에서 간략하게 살펴본 것은 모의 VideoService 빈을 사용한 것이다. 다음 절에서 다루 겠지만 모킹을 통해 할 수 있는 일은 훨씬 더 많다.

⁝⁝ 모킹으로 데이터 리포지터리 테스트

웹 컨트롤러에 대한 자동화 테스트를 실행한 후, 이제 시스템의 또 다른 핵심 부분인 웹 컨 트롤러가 호출하는 **서비스 계층**service layer에 주의를 돌릴 시간이다.

여기서 중요한 것은 공동 작업자를 찾아내는 것이다. HomeController에 주입되는 유일한 서 비스는 VideoService이므로 자세히 살펴보자.

3장에서 정의한 대로 VideoService에는 하나의 공동 작업자 VideoRepository가 있다. 기본 적으로 단위 테스트 방식으로 VideoService 빈을 테스트하려면 외부 영향으로부터 분리해 야 한다. 이는 모킹을 사용해 수행할 수 있다.

이전 절에서는 스프링 부트 테스트의 슬라이스 기반 @WebMvcTest 어노테이션을 활용했다. 이 절에서는 다른 방법을 사용해 구성해볼 것이다.

```
@ExtendWith(MockitoExtension.class)
public class VideoServiceTest {

  VideoService service;
  @Mock VideoRepository repository;

  @BeforeEach
  void setUp() {
    this.service = new VideoService(repository);
  }
}
```

이 테스트 클래스는 다음과 같이 설명할 수 있다.

- @ExtendWith(MockitoExtension.class): Mockito의 JUnit 5 후크로 @Mock 어노테이션을 사용해 모든 필드를 모의 테스트할 수 있다.

---

1 사전에 정의된 반응으로 동작하게 하는 것이다. - 옮긴이

- VideoService: 테스트 중인 클래스다.

- VideoRepository: VideoService에 필요한 공동 작업자가 모킹용으로 표시돼 있다.

- BeforeEach: 모든 테스트 메서드 전에 이 설정 메서드를 실행하도록 하는 JUnit 5의 어노
  테이션이다.

- setUp() 메서드는 생성자를 통해 모의 VideoRepository를 주입해 VideoService가 생성되
  는 것을 보여준다.

Mockito에는 항상 모의 객체를 생성할 수 있는 정적 mock() 메서드가 있었다. 하지만 @Mock
어노테이션과 MockitoExtension JUnit 5 확장을 사용하면 어떤 컴포넌트를 테스트 중인지
매우 명확하게 알 수 있다.

이 메커니즘이 준비됐으므로 첫 번째 테스트 메서드를 추가할 준비가 됐다.

```java
@Test
void getVideosShouldReturnAll() {
  // given
  VideoEntity video1 = new VideoEntity("alice", "Spring Boot 3 Intro",
    "Learn the basics!");
  VideoEntity video2 = new VideoEntity("alice", "Spring Boot 3 Deep Dive",
    "Go deep!");
  when(repository.findAll()).thenReturn(List.of(video1, video2));

  // when
  List<VideoEntity> videos = service.getVideos();

  // then
  assertThat(videos).containsExactly(video1, video2);
}
```

이 테스트 방법에는 다음과 같은 몇 가지 주요 부분이 있다.

- @Test: 다시 한번 말하자면, 이것은 테스트 메서드로 플래그를 지정하는 JUnit 5의 어노
  테이션이다.

- 처음 두 줄은 몇 가지 테스트 데이터를 생성하는 내용이다. 세 번째 줄은 Mockito를 사용해 모의 비디오 저장소가 findAll() 메서드가 호출될 때 응답하는 방식을 정의한다.

- 다음 줄은 VideoService의 getVideos() 메서드가 호출되는 곳이다.

- 마지막 줄은 AssertJ를 사용해 결과를 확인한다.

위 항목들은 정확하지만 이 테스트 메서드의 전체 흐름을 포착하지는 못한다.

우선, 이 메서드에는 given, when, then이라는 세 단계를 나타내는 3개의 주석이 있다. given, when, then은 **행위 주도 개발**^{BDD, Behavior-Driven Development}의 핵심이다. 이 개념은 일련의 입력이 주어졌을 때 X라는 동작을 수행하면 Y라는 결과를 기대할 수 있다는 것이다.

이러한 방식으로 진행되는 테스트 케이스는 읽기 쉬운 경향이 있다. 소프트웨어 개발자뿐만 아니라 코드 작성에 집중하지 않고 고객의 의도를 파악하는 데 집중하는 비즈니스 분석가 및 기타 팀원도 이러한 방식을 사용할 수 있다.

팁

> 주석을 반드시 포함할 필요는 없지만, 이 규칙을 따르면 더 쉽게 읽을 수 있다. 그리고 주석뿐만이 아니다. 때로는 여기저기 흩어져 있는 테스트 케이스를 작성할 수도 있다. 테스트 메서드를 given, when, then을 수행하도록 만들면 테스트가 더욱 일관성 있고 집중적으로 작성될 수 있다. 예를 들어, 테스트 케이스에 너무 많은 어설션이 있고 너무 많은 방향에서 벗어나는 것 같다면 여러 테스트 메서드로 분할해야 한다는 신호일 수 있다.

Mockito가 일련의 일치하는 연산자를 포함돼 있다는 점을 언급하지 않는다면 안 된다. 새 비디오 항목을 생성하는 기능을 테스트하는 다음 테스트 케이스를 참조하자.

```
@Test
void creatingANewVideoShouldReturnTheSameData() {
  // given
  given(repository.saveAndFlush(any(VideoEntity.class))) //
    .willReturn(new VideoEntity("alice", "name", "des"));

  // when
  VideoEntity newVideo = service.create(new NewVideo("name", "des"), "alice");
```

```
    // then
    assertThat(newVideo.getName()).isEqualTo("name");
    assertThat(newVideo.getDescription()).isEqualTo("des");
    assertThat(newVideo.getUsername()).isEqualTo("alice");
}
```

주목해야 할 주요 부분은 다음과 같다.

- given(): 이 테스트 메서드는 Mockito의 when() 연산자와 동의어인 Mockito의 BDDMockito. given 연산자를 사용한다.

- any(VideoEntity.class): 리포지터리의 saveAndFlush() 연산이 호출될 때 일치하는 Mockito의 연산자다.

- 테스트 메서드의 중간에는 VideoService.create() 호출이 표시된다.

- 테스트 메서드는 결과에 대해 어설션하면서 마무리된다.

Mockito의 BDDMockito 클래스에는 어설션 대신 사용할 수 있는 then() 연산자도 있다. 이것은 우리가 데이터를 테스트하는지 행위를 테스트하는지에 따라 달라진다.

데이터 테스트와 행위 테스트 비교

주어진 테스트 케이스는 일반적으로 테스트 데이터에 대해 검증하거나 올바른 메서드가 호출됐는지 확인하는 것으로 구성된다. 지금까지는 **스텁**(stub)이라고 알려진 when(something).thenReturn(value)을 사용했다. 특정 함수 호출에 대해 반환할 미리 준비된 테스트 데이터 집합을 구성하고 있다. 그리고 나중에 이러한 값을 어설트할 수 있다. 대안으로 다음 테스트 케이스에서 살펴볼 Mockito의 verify() 연산자를 사용할 수 있다. 이 연산자는 데이터로 확인하는 대신 모의(mock) 객체에서 어떤 메서드가 호출됐는지 확인한다. 한 가지 전략만 고집할 필요는 없다. 테스트 중인 코드의 경우 스텁을 통해 의도를 파악하는 것이 더 쉬운 경우도 있다. 때로는 모킹을 통해 동작을 캡처하는 것이 더 명확할 수도 있다. 어느 쪽이든 Mockito를 사용하면 쉽게 테스트할 수 있다.

BDDMockito는 좋은 대안을 제공하지만, 모든 곳에서 동일한 연산자를 사용하는 것이 더 쉽다. 스터빙stubbing을 할지 모킹을 할지 여부는 테스트 케이스에 따라 다르다.

서비스의 delete 작업을 검증하는 다음 최종 테스트 케이스를 확인해보자.

```
@Test
void deletingAVideoShouldWork() {
  // given
  VideoEntity entity = new VideoEntity("alice", "name", "desc");
  entity.setId(1L);
  when(repository.findById(1L)).thenReturn(Optional.of(entity));

  // when
  service.delete(1L);

  // then
  verify(repository).findById(1L);
  verify(repository).delete(entity);
}
```

이 테스트 방법에는 이전 테스트 방법과 몇 가지 주요 차이점이 있다.

- when(): Mockito의 given() 연산자는 동의어에 불과하므로 모든 곳에서 동일한 when() 연산자를 사용하는 것이 더 쉽다.

- 이 테스트는 VideoService의 delete() 연산을 호출한다.

- Verify(): 서비스의 동작이 더 복잡하기 때문에 미리 준비된 데이터는 작동하지 않는다. 대신 서비스 내부에서 호출되는 메서드를 확인하는 것으로 전환해야 한다.

Mockito에 관한 책은 이미 여러 권이 출간돼 있다. 내 친구인 켄 커즌^{Ken Kousen}이 최근 『Mockito Made Clear』(Pragmatic Bookshelf, 2023)(https://springbootlearning.com/mockito-book)를 썼는데, 더 자세히 알아보려면 이 책을 추천한다.

우리는 이 툴킷이 제공하는 정교함의 표면을 겉핥기한 것에 불과하다. 테스트 시나리오를 통해 VideoService API의 상당 부분을 파악했다는 것만으로도 충분하다.

하지만 여기서 한 가지 중요한 점은 이러한 테스트 케이스가 단위 테스트라는 점이다. 그리고 여기에는 특정한 한계가 존재한다. 자신감을 키우기 위해 다음 절에서는 인메모리^{in-memory} 데이터베이스를 사용해 테스트 범위를 확장할 것이다.

임베디드 데이터베이스로 데이터 리포지터리 테스트

실제 데이터베이스를 대상으로 테스트하는 것은 시간과 리소스 측면에서 항상 비용이 많이 든다. 전통적으로 애플리케이션을 실행하고, 수기로 작성된 스크립트를 가져와 애플리케이션의 여러 페이지를 클릭하며 작동하는지 확인해야 했기 때문이다.

이러한 테스트 문서를 작성하고, 변경 사항이 적용될 때마다 업데이트하고, 전용 테스트 실험실에서 애플리케이션을 대상으로 실행하는 일만 하는 테스트 엔지니어로 구성된 팀이 있는 회사도 있다.

이런 방식으로 새로운 기능을 테스트하기 위해 일주일을 기다린다고 상상해보자.

자동화된 테스트는 개발자에게 새로운 힘을 실어줬다. 개발자는 목표한 시나리오를 설명하는 테스트 사례를 캡처할 수 있다. 그러나 사람들이 SQL을 사용할 수 있으면서도 로컬 및 인메모리에서 실행되는 개발 데이터베이스를 시작할 때까지 개발자는 여전히 실제 데이터베이스와 대화해야 하는 문제에 직면했다. 실제 데이터베이스와 대화하지 않으면 테스트는 실제가 아니기 때문이다.

> **모든 데이터베이스는 메모리에서 실행되지 않는다?**
>
> 프로덕션급 데이터베이스 시스템은 메모리에서 실행된다. 서버는 데이터베이스 서버를 지원하기 위해 엄청난 양의 메모리와 디스크 공간으로 사양이 정해진다. 하지만 여기서 말하는 것은 그것이 아니다. 애플리케이션과 관련된 **인메모리 데이터베이스**는 애플리케이션과 동일한 메모리 공간에서 실행되는 데이터베이스를 의미한다.

몇 가지 선택지가 있다. 이 절에서는 **HSQLDB**^{HyperSQL DataBase}를 사용할 것이다. 스프링 이니셜라이저(https://start.spring.io)에서 이를 선택하고 다음 메이븐 좌표를 사용해 빌드 프로젝트에 추가할 수 있다.

```
<dependency>
    <groupId>org.hsqldb</groupId>
    <artifactId>hsqldb</artifactId>
    <scope>runtime</scope>
</dependency>
```

이 종속성은 런타임runtime 종속성이라는 한 가지 중요한 측면을 갖고 있다. 즉 코드의 어떤 것도 이에 대해 컴파일할 필요가 없다. 애플리케이션이 실행될 때만 필요하다.

이제 3장에서 빌드한 VideoRepository에 대해 테스트하려면 관련 패키지의 src/test/java 아래에 VideoRepositoryHsqlTest 클래스를 생성한다.

```java
@DataJpaTest
public class VideoRepositoryHsqlTest {

  @Autowired VideoRepository repository;

  @BeforeEach
  void setUp() {
    repository.saveAll( //
      List.of( //
        new VideoEntity( //
          "alice", //
          "Need HELP with your SPRING BOOT 3 App?", //
          "SPRING BOOT 3 will only speed things up."),
        new VideoEntity("alice", //
          "Don't do THIS to your own CODE!", //
          "As a pro developer, never ever EVER do this to your code."),
        new VideoEntity("bob", //
          "SECRETS to fix BROKEN CODE!", //
          "Discover ways to not only debug your code")));
  }
}
```

이 테스트 클래스는 다음과 같이 설명할 수 있다.

- @DataJpaTest: 이것은 스프링 부트의 테스트 어노테이션이며, 엔티티 클래스 정의와 스프링 데이터 JPA 리포지터리를 대상으로 모든 자동화된 스캔을 수행하기 원한다는 것을 나타낸다.

- @Autowired VideoRepository: 테스트할 VideoRepository 객체의 인스턴스를 자동으로 삽입한다.

- @BeforeEach: 이 메서드가 각 테스트 메서드 전에 실행되도록 하는 JUnit 5의 어노테이션이다.

- repository.saveAll(): VideoRepository를 사용해 테스트 데이터 배치를 저장한다.

이 설정이 완료되면 다양한 리포지터리 메서드를 실행하기 위한 테스트 방법 초안을 작성할 수 있다. 여기서 중요한 점은 스프링 데이터 JPA가 작동하는지 여부를 확인하는 데 초점을 맞추고 있지 않다는 점이다. 이는 우리의 범위를 벗어난 작업인 프레임워크를 검증한다는 것을 의미한다고 할 수 있다.

하지만 사용자 지정 파인더를 사용하든, 예제별 쿼리를 사용하든, 또는 우리가 활용하고자하는 다른 전략이 무엇이든 간에 올바른 쿼리를 작성했는지 확인해야 한다.

이제 첫 번째 테스트를 작성해보자.

```
@Test
void findAllShouldProduceAllVideos() {
  List<VideoEntity> videos = repository.findAll();
  assertThat(videos).hasSize(3);
}
```

이 테스트 방법은 다음을 수행한다.

- findAll() 메서드를 실행한다.

- AssertJ를 사용해 결과의 크기를 확인한다. 어설션에 대해 이 절의 뒷부분에서 좀 더 자세히 살펴볼 것이다.

다음 코드 내용을 읽은 후 이 테스트 방법을 확장해 데이터를 종합적으로 검증하는 것은 여러분의 몫이다.

검색 기능 중 하나는 하나의 비디오에 대해 대소문자를 구분하지 않는 검사를 수행하는 것이다. 이를 위한 테스트를 다음과 같이 작성한다.

```
@Test
void findByNameShouldRetrieveOneEntry() {
  List<VideoEntity> videos = repository //
    .findByNameContainsIgnoreCase("SpRinG bOOt 3");
```

```
    assertThat(videos).hasSize(1);
    assertThat(videos).extracting(VideoEntity::getName) //
      .containsExactlyInAnyOrder( //
        "Need HELP with your SPRING BOOT 3 App?");
  }
```

이 테스트 방법은 더 광범위하며 다음과 같이 설명할 수 있다.

- 테스트 메서드의 이름만 봐도 어떤 기능을 하는지 짐작할 수 있다.

- 이 메서드는 findByNameContainsIgnoreCase()를 사용하고 뒤섞인 하위 문자열을 연결한다.

- AssertJ를 사용해 결과의 크기를 1로 확인한다.

- AssertJ의 extracting() 연산자와 **자바 8** 메서드 참조를 사용해 각 항목의 이름 필드를 추출할 수 있다.

- 이 어설션의 마지막 부분은 containsExactlyInAnyOrder()다. 순서는 중요하지 않지만 특정 내용이 중요한 경우 이 연산자는 결과를 확인하는 데 완벽한 연산자다.

VideoEntity 객체에 대해 어설션을 사용하지 않는 이유가 궁금할 수 있다. 결국 **자바 17** 레코드를 사용하면 인스턴스를 인스턴스화하는 것이 매우 간단해진다.

테스트 케이스, 특히 실제 데이터베이스와 통신하는 테스트 케이스에서 이 문제를 피해야 하는 이유는 id 필드가 setUp() 메서드의 saveAll() 연산에 의해 채워지기 때문이다. setUp() 메서드와 주어진 테스트 메서드 사이에서 이 문제를 동적으로 처리하는 방법을 브레인스토밍할 수는 있지만, 기본 키를 확인하는 작업은 중요하지 않다.

대신 애플리케이션의 관점에서 검증하는 데 집중하자. 이 상황에서는 대소문자가 혼합된 부분 입력이 올바른 비디오를 생성하는지 확인하고 name 필드가 청구서에 완벽하게 맞는지 확인하고자 한다.

작성할 수 있는 또 다른 테스트는 name 또는 description으로 검색이 작동하는지 확인하는 것이다. 따라서 다음 테스트 방법을 추가한다.

```
@Test
void findByNameOrDescriptionShouldFindTwo() {
  List<VideoEntity> videos = repository //
    .findByNameContainsOrDescriptionContainsAllIgnoreCase("CoDe", "YOUR CODE");
  assertThat(videos).hasSize(2);
  assertThat(videos) //
    .extracting(VideoEntity::getDescription) //
    .contains("As a pro developer, never ever EVER do this to your code.", //
      "Discover ways to not only debug your code");
}
```

이 테스트 방법은 다음과 같이 설명할 수 있다.

- 여기서는 리포지터리의 findByNameContainsOrDescriptionContainsAllIgnoreCase()를 실행하고 있다. 입력은 실제로 부분 문자열이며, 대소문자는 setUp() 메서드에 저장된 것과 다르게 변경된다.

- 다시 말하지만, 결과의 크기를 어설션하는 것은 우리가 올바른 길을 가고 있는지 확인하기 위한 쉬운 테스트다.

- 이번에는 extracting() 연산자를 사용해 설명 필드를 가져온다.

- 순서에 신경 쓰지 않고 추출 연산자에 몇 개의 설명이 포함돼 있는지 확인하기만 하면 된다. ORDER BY 절이 없으면 데이터베이스는 저장된 순서와 동일한 순서로 결과를 반환할 의무가 없다는 점을 기억하는 것이 중요하다.

한 가지 짚고 넘어가야 할 점은 이 테스트 클래스에서는 **필드 주입**을 사용해 VideoRepository를 자동 와이어링했다는 것이다. 최신 스프링 애플리케이션에서는 일반적으로 **생성자 주입**을 사용하는 것이 좋다. 이에 대해서는 2장, '생성자 호출을 통한 의존성 주입' 절에서 자세히 살펴봤다.

필드 주입은 일반적으로 null 포인터 예외로 이어질 수 있는 위험이 있다고 간주되지만, 테스트 클래스의 경우 괜찮다. 테스트 클래스를 생성하고 소멸하는 라이프사이클은 우리나 스프링 프레임워크가 아닌 JUnit에서 처리하기 때문이다.

아직 테스트하지 않은 리포지터리 메서드가 하나 더 있는데, 바로 delete() 작업이다. 5장의 뒷부분에서 스프링 보안 테스트로 보안 정책을 테스트하는 방법을 살펴볼 때 이에 대해 다룰 것이다.

그동안 우리 앞에 남아 있는 중요한 문제, 즉 대상 데이터베이스가 임베디드가 아니라면 어떻게 해야 할까?

프로덕션 환경에서 PostgreSQL, MySQL, MariaDB, 오라클 또는 기타 관계형 데이터베이스와 같은 보다 주류적인 데이터베이스를 사용하려면 임베디드, 코로케이션co-location 프로세스로 사용할 수 없다는 사실을 고려해야 한다.

테스트 케이스를 작성하기 위한 기반으로 HSQL을 계속 사용할 수 있다. 그리고 JPA를 표준으로 사용하더라도 프로덕션 환경에 도달했을 때 SQL 작업이 제대로 작동하지 않을 위험이 여전히 존재한다.

SQL이 표준이기는 하지만 사양에 포함되지 않은 부분이 있다. 그리고 모든 데이터베이스 엔진은 자사 솔루션으로 이러한 격차를 메울 뿐만 아니라 사양을 벗어난 기능을 제공한다.

따라서 예를 들어, PostgreSQL에 대한 테스트 케이스를 작성해야 하지만 지금까지 살펴본 내용을 사용할 수 없다. 그래서 다음 절로 이어진다.

⁘ 애플리케이션에 테스트컨테이너 추가

우리는 모킹을 통해 실제 서비스를 가짜 서비스로 대체할 수 있다는 것을 봤다. 하지만 실제 데이터베이스와 통신해야 하는 실제 서비스를 검증해야 하는 경우에는 어떻게 될까?

각 데이터베이스 엔진마다 SQL 구현에 약간의 차이가 있기 때문에 프로덕션에서 사용하려는 버전과 동일한 버전으로 데이터베이스 작업을 테스트해야 한다.

2013년 **도커**가 등장하고 컨테이너 안에 다양한 도구와 애플리케이션을 넣는 기술이 부상하면서 원하는 데이터베이스에 맞는 컨테이너를 찾을 수 있게 됐다.

오픈 소스가 더욱 발전하면서 우리가 찾을 수 있는 거의 모든 데이터베이스에는 컨테이너화된 버전이 존재한다.

덕분에 로컬 워크스테이션에서 인스턴스를 기동spin-up할 수 있게 됐지만, 테스트를 실행할 때마다 로컬 데이터베이스를 수동으로 실행하는 작업은 여간 번거로운 일이 아니다.

여기서 **테스트컨테이너**가 등장한다. 2015년에 처음 출시된 테스트컨테이너는 데이터베이스 컨테이너를 시작하고, 일련의 테스트 케이스를 호출한 다음, 컨테이너를 종료하는 메커니즘을 제공한다. 이 모든 과정은 수동으로 작업할 필요가 없다.

스프링 부트 애플리케이션에 테스트컨테이너를 추가하려면 스프링 이니셜라이저(https:// start.spring.io)를 방문하기만 하면 된다. 거기에서 **테스트컨테이너**와 **PostgreSQL 드라이버**를 선택할 수 있다.

pom.xml 빌드 파일에 추가할 변경 사항은 여기에 나와 있다.

```
<testcontainers.version>1.17.6</testcontainers.version>
```

testcontainers.version은 사용할 테스트컨테이너의 버전을 지정한다. 이 프로퍼티 설정은 이미 존재하는 java.version 프로퍼티를 찾을 수 있는 동일한 위치인 <properties/> 요소 안에 배치해야 한다.

이 설정이 완료되면 다음 종속성 요소도 추가해야 한다.

```
<dependency>
        <groupId>org.postgresql</groupId>
        <artifactId>postgresql</artifactId>
        <scope>runtime</scope>
</dependency>
<dependency>
        <groupId>org.testcontainers</groupId>
        <artifactId>postgresql</artifactId>
        <scope>test</scope>
</dependency>
<dependency>
        <groupId>org.testcontainers</groupId>
        <artifactId>junit-jupiter</artifactId>
        <scope>test</scope>
</dependency>
```

이러한 추가 종속성은 다음과 같이 설명할 수 있다.

- `org.postgresql:postgresql`: 스프링 부트에서 관리하는 타사 라이브러리. 이 드라이버는 PostgreSQL 데이터베이스에 연결하기 위한 드라이버이므로 런타임 범위만 지정하면 된다. 코드 베이스에는 이 라이브러리에 대해 컴파일해야 하는 것이 없다.
- `org.testcontainers:postgresql`: PostgreSQL 컨테이너에 대한 최고 수준의 지원을 제공하는 테스트컨테이너 라이브러리. PostgreSQL 컨테이너는 이 절에서 더 다룰 예정이다.
- `org.testcontainers:junit-jupiter`: JUnit 5와 긴밀하게 통합되는 테스트컨테이너 라이브러리, 즉 JUnit Jupiter를 말한다.

테스트컨테이너에는 다양한 모듈이 포함되며, 모두 깃허브 리포지터리에서 관리된다는 점을 이해하는 것이 중요하다. 이를 위해 모든 버전이 포함된 중앙 아티팩트인 메이븐 **BOM**을 릴리스한다.

`testcontainers.version` 프로퍼티는 여기에 표시된 것처럼 `<dependencies/>` 아래의 별도 섹션에 있는 pom.xml 파일에 추가되는 테스트컨테이너 BOM의 버전을 지정한다.

```
<dependencyManagement>
    <dependencies>
        <dependency>
            <groupId>org.testcontainers</groupId>
            <artifactId>testcontainers-bom</artifactId>
            <version>${testcontainers.version}</version>
            <type>pom</type>
            <scope>import</scope>
        </dependency>
    </dependencies>
</dependencyManagement>
```

이 BOM 항목은 다음과 같이 설명할 수 있다.

- `org.testcontainers:testcontainers-bom`: 이 테스트컨테이너 BOM에는 지원되는 각 모듈에 대한 모든 주요 정보가 포함돼 있다. 여기에 버전을 지정하면 다른 모든 테스트컨테이너 종속 요소는 버전 설정을 건너뛸 수 있다.

- `pom`: 이 아티팩트에 코드가 없고 메이븐 빌드 정보만 있음을 나타내는 의존성 유형이다.

- `import`: 이 범위는 이 종속성이 해당 BOM에 포함된 내용으로 효과적으로 대체될 것임을 나타낸다. 선언된 버전 스택을 추가하는 지름길이다.

이 모든 설정을 마치면 다음 절에서 몇 가지 테스트 케이스를 작성할 수 있다.

⁞▷ 테스트컨테이너를 사용한 데이터 리포지터리 테스트

테스트컨테이너를 사용하기 위한 첫 번째 단계는 테스트 케이스를 구성하는 것이다. Postgres 데이터베이스와 통신하려면 이렇게 하자.

```
@Testcontainers
@DataJpaTest
@AutoConfigureTestDatabase(replace = Replace.NONE)
public class VideoRepositoryTestcontainersTest {

  @Autowired VideoRepository repository;

  @Container //
  static final PostgreSQLContainer<?> database = //
    new PostgreSQLContainer<>("postgres:9.6.12") //
      .withUsername("postgres");
}
```

테스트 케이스에 대한 이 프레임워크는 다음과 같이 설명할 수 있다.

- `@Testcontainers`: JUnit 5 테스트 케이스의 라이프사이클에 연결되는 테스트컨테이너 junit-jupiter 모듈의 어노테이션이다.

- **@DataJpaTest**: 이전 절에서 사용한 스프링 부트 테스트의 어노테이션으로, 모든 엔티티 클래스와 스프링 데이터 JPA 리포지터리를 검사해야 함을 나타낸다.

- **@AutoConfigureTestDatabase**: 이 스프링 부트 테스트 어노테이션은 클래스 경로에 임베디드 데이터베이스가 있을 때 일반적으로 하는 것처럼 DataSource 빈을 교체하는 대신 교체하지 않도록 스프링 부트에 지시한다. 이것이 필요한 이유에 대해서는 곧 자세히 설명할 것이다.

- **@Autowired VideoRepository**: 애플리케이션의 스프링 데이터 리포지터리를 삽입한다. 이것이 우리가 테스트하는 것이기 때문에 모의가 아닌 실제가 필요하다.

- **@Container**: 테스트컨테이너의 어노테이션으로, JUnit 라이프사이클을 통해 제어할 컨테이너로 플래그를 지정한다.

- **PostgreSQLContainer**: 도커를 통해 Postgres 인스턴스를 생성한다. 생성자 문자열은 원하는 정확한 이미지의 도커 허브^{Hub} 좌표를 지정한다. 이렇게 하면 각각 다른 버전의 Postgres에 초점을 맞춘 여러 테스트 클래스를 쉽게 만들 수 있다.

이 모든 설정을 통해 Postgres의 실제 인스턴스를 기동하고 테스트 클래스에서 활용할 수 있다. 추가된 어노테이션은 도커의 시작 및 중지 동작과 테스트 시나리오의 시작 및 중지 동작을 통합한다.

그러나 아직 완벽하지 않다.

자동 설정 마법을 사용하는 스프링 부트는 실제 데이터 소스 빈을 생성하거나 임베디드 빈을 생성한다. 테스트 클래스 경로에서 H2 또는 HSQL을 발견하면 임베디드 데이터베이스를 사용하는 쪽으로 피벗한다. 그렇지 않으면 어떤 JDBC 드라이버가 보이는지에 따라 몇 가지 기본 자동 설정을 가진다.

두 상황 모두 우리가 원하는 것은 아니다. 우리는 H2와 HSQL을 사용하지 않고 대신 Postgres를 사용하길 원한다. 그러나 이것은 독립형 Postgres가 아니라 도커 기반 Postgres 이기 때문에 호스트 이름과 포트가 문제가 될 것이다.

걱정하지 말자. `ApplicationContextInitializer`가 구해줄 것이다. `ApplicationContext`
`Initializer`는 다음과 같이 애플리케이션의 시작 수명 주기에 대한 액세스 권한을 부여하
는 스프링 프레임워크 클래스다.

```
static class DataSourceInitializer //
  implements ApplicationContextInitializer
    <ConfigurableApplicationContext> {
  @Override
  public void initialize(ConfigurableApplicationContext applicationContext) {
    TestPropertySourceUtils.
      addInlinedPropertiesToEnvironment(applicationContext,
      "spring.datasource.url=" + database.getJdbcUrl(),
      "spring.datasource.username="+database.getUsername(),
      "spring.datasource.password="+database.getPassword(),
      "spring.jpa.hibernate.ddl-auto=create-drop");
  }
}
```

이 코드는 다음과 같이 설명할 수 있다.

- `ApplicationContextInitializer<ConfigurableApplicationContext>`: 이 클래스는 애플리
  케이션 콘텍스트에 대한 핸들handle을 제공한다.

- `initialize()`: 이 메서드는 애플리케이션 콘텍스트가 생성되는 동안 스프링이 호출하는
  콜백이다.

- `TestPropertySourceUtils.addInlinedPropertiesToEnvironment`: 스프링 테스트의 이 정적
  메서드를 사용하면 애플리케이션 콘텍스트에 프로퍼티 설정을 추가할 수 있다. 여기에
  제공된 프로퍼티는 이전 절에서 생성한 `PostgreSQLContainer` 인스턴스에서 가져온 것
  이다. 테스트컨테이너에서 이미 시작한 컨테이너를 활용해 JDBC `URL`, `username`, `password`
  를 활용할 수 있다.

- `spring.jpa.hibernate.ddl-auto=create-drop`: 임베디드 데이터베이스와 대화할 때 스프
  링 부트는 데이터베이스 스키마가 처음부터 생성되는 JPA의 `create-drop` 정책으로 항목
  을 자동 구성한다. 실제 연결을 사용해 PostgreSQL 데이터베이스와 통신하기 때문에

스프링 부트의 임베디드 동작이 발생하지 않는 none으로 전환된다. 대신 스프링 부트는 스키마 및 데이터와 관련해 데이터베이스를 변경하지 않으려고 시도한다. 이 환경은 테스트 환경이므로 이를 재정의하고 다시 create-drop으로 전환해야 한다.

테스트컨테이너로 관리되는 데이터베이스를 스프링 부트의 자동 설정된 DataSource에 연결해 이 프로퍼티 집합을 적용하려면, 테스트 클래스에 다음 내용을 추가하기만 하면 된다.

```
@ContextConfiguration(initializers = DataSourceInitializer.class)
public class VideoRepositoryTestcontainersTest {
    …
}
```

@ContextConfiguration 어노테이션은 애플리케이션 콘텍스트에 DataSourceInitializer 클래스를 추가한다. 그리고 ApplicationContextInitializer를 등록하기 때문에 테스트컨테이너가 Postgres 컨테이너를 시작한 후 스프링 데이터 JPA 자동 설정이 적용되기 전에 정확히 적절한 순간에 호출된다.

이제 실제 테스트를 작성하는 것만 남았다.

각 테스트 방법은 깨끗한 데이터베이스로 시작하므로 여기에 표시된 것처럼 일부 콘텐츠를 미리 로드해야 한다.

```
@BeforeEach
void setUp() {
  repository.saveAll( //
    List.of( //
      new VideoEntity( //
        "alice", //
        "Need HELP with your SPRING BOOT 3 App?", //
        "SPRING BOOT 3 will only speed things up."),
      new VideoEntity("alice", //
        "Don't do THIS to your own CODE!", //
        "As a pro developer, never ever EVER do this to your code."),
      new VideoEntity("bob", //
        "SECRETS to fix BROKEN CODE!", //
        "Discover ways to not only debug your code")));
}
```

이 방법은 다음과 같이 설명할 수 있다.

- @BeforeEach: 각 테스트 메서드 전에 이 코드를 실행하는 JUnit 어노테이션이다.

- repository.saveAll(): 데이터베이스에 VideoEntity 오브젝트의 전체 목록을 저장한다.

- List.of(): 목록을 빠르고 쉽게 조합하는 자바 17 연산자다.

- 각 VideoEntity 인스턴스에는 user, name, description이 있다.

다른 데이터 세트를 테스트해야 한다면 어떻게 해야 할까? 다른 데이터 기반 시나리오를 테스트해야 할까? 이런 경우에는 다른 테스트 클래스를 작성하자. 서로 다른 테스트 클래스 간에 테스트컨테이너를 쉽게 사용할 수 있다. JUnit과 긴밀하게 통합돼 있으므로 한 테스트 클래스에서 정적 인스턴스를 떠돌아다니며 이 테스트 클래스를 망칠 필요가 없다.

이제 이 모든 설정이 완료됐으므로 다음과 같이 테스트를 작성할 수 있다.

```
@Test
void findAllShouldProduceAllVideos() {
  List<VideoEntity> videos = repository.findAll();
  assertThat(videos).hasSize(3);
}
```

이 테스트 메서드는 findAll() 메서드가 데이터베이스에 저장된 3개의 엔티티를 모두 반환하는지 확인한다. findAll() 메서드가 스프링 데이터 JPA에서 제공된다는 점을 고려하면 이 테스트는 우리 코드가 아닌 스프링 데이터 JPA를 테스트하는 것과 비슷하다. 하지만 때로는 모든 것을 올바르게 설정했는지 간단히 확인하기 위해 이러한 유형의 테스트가 필요하다.

이를 **스모크 테스트**smoke test라고도 하며, 모든 것이 정상적으로 작동하는지 확인하는 테스트 케이스다.

보다 심층적인 테스트 케이스에는 다음과 같이 검색 기능을 지원하는 사용자 지정 파인더가 작동하는지 확인하는 것이 포함된다.

```
@Test
void findByName() {
  List<VideoEntity> videos = repository.
    findByNameContainsIgnoreCase("SPRING BOOT 3");
  assertThat(videos).hasSize(1);
}
```

이 테스트 메서드에는 동일한 어노테이션과 AssertJ 어노테이션이 있지만, 데이터베이스에 저장된 데이터를 사용하는 동일한 findByNameContainsIgnoreCase에 중점을 둔다.

마무리로, 여기에 표시된 것처럼 테스트 케이스를 통해 매우 긴 사용자 지정 파인더를 확인해 보자.

```
@Test
void findByNameOrDescription() {
  List<VideoEntity> videos = repository. //
    findByNameContainsOrDescriptionContainsAllIgnoreCase("CODE", "your code");
  assertThat(videos).hasSize(2);
}
```

메서드 이름이 너무 길어서 이 책의 서식을 망치고 있다. 이것은 이 시나리오가 **예제별 쿼리**를 원하고 있다는 신호일 수 있다. 이제 3장으로 돌아가서 이 쿼리를 대체하는 것을 고려해 보자.

이 모든 것이 준비되면 테스트 스위트를 실행하고 데이터 리포지터리가 데이터베이스와 올바르게 상호 작용하는지 확인할 수 있다. 리포지터리가 제대로 작동하고 있다는 것을 알 수 있을 뿐만 아니라 테스트 메서드는 시스템이 올바른 작업을 수행하고 있는지 확인하기 위한 것이다.

이러한 테스트는 다양한 필드에 대한 대소문자를 구분 없는 쿼리 설계가 앞서 언급한 서비스 계층을 지원함을 검증한다.

이 절에서는 데이터베이스에 연결되는 리포지터리에 초점을 맞췄지만, 이 전략은 RabbitMQ, 아파치 카프카^{Apache Kafka}, 레디스, Hazelcast 등 다른 많은 곳에서도 사용할 수 있다. 도커 허브 이미지를 찾을 수 있다면 테스트컨테이너를 통해 코드에 연결할 수 있다. 때로는 바로 사용할 수 있는 어노테이션이 있고, 다른 경우에는 방금 한 것처럼 컨테이너를 직접 생성해야 할 수도 있다.

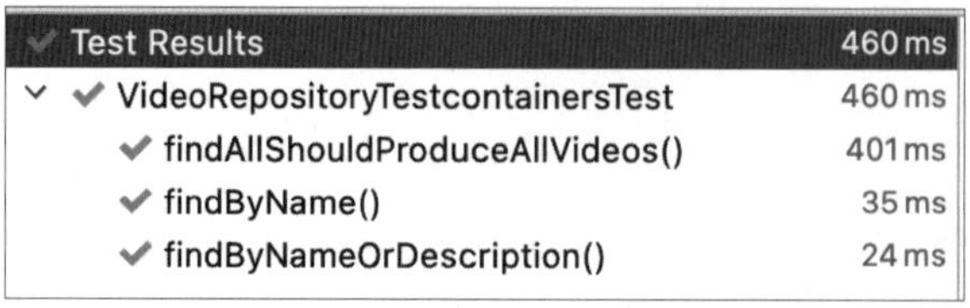

✓ Test Results	460 ms
∨ ✓ VideoRepositoryTestcontainersTest	460 ms
✔ findAllShouldProduceAllVideos()	401 ms
✔ findByName()	35 ms
✔ findByNameOrDescription()	24 ms

그림 5.5 테스트컨테이너 기반 테스트

웹 컨트롤러, 서비스 레이어, 리포지터리 레이어를 확인했으니 이제 보안 정책을 확인하는 일만 남았다.

⠿ 스프링 시큐리티 테스트로 보안 정책 테스트

뭔가 떠오르는 것이 있을 것이다. 5장의 앞부분에서 HomeControllerTest 클래스를 작성할 때 보안 관련 내용을 확인하지 않았던가?

5장의 앞부분에서는 스프링 시큐리티 테스트의 @WithMockUser 어노테이션을 사용했다. 하지만 @WebMvcTest 어노테이션이 있는 테스트 클래스에는 기본적으로 스프링 시큐리티 정책이 적용된다.

필요한 모든 시큐리티 경로를 다루지는 않았다. 그리고 시큐리티에는 종종 다뤄야 할 경로가 많이 존재한다. 더 파고들면 이것이 정확히 무엇을 의미하는지 알게 될 것이다.

우선, 아래에 표시된 것처럼 새로운 테스트 클래스가 필요하다.

```java
@WebMvcTest (controllers = HomeController.class)
public class SecurityBasedTest {

  @Autowired MockMvc mvc;

  @MockBean VideoService videoService;
}
```

이제 익숙해졌기를 바란다.

- **@WebMvcTest**: 이 스프링 테스트 어노테이션은 HomeController에 초점을 맞춘 웹 기반 테스트 클래스임을 나타낸다. 스프링 시큐리티 정책이 적용된다는 것을 이해하는 것이 중요하다.

- **@Autowired MockMvc**: 테스트 케이스를 생성할 수 있도록 스프링 MockMVC 인스턴스를 자동으로 주입한다.

- **@MockBean VideoService**: HomeController의 콜라보레이터^{collaborator}를 Mockito 모의 객체로 대체한다.

이 설정이 완료되면 홈페이지에 대한 액세스를 확인하는 것부터 시작할 수 있다. 이러한 맥락에서 SecurityConfig를 검사하는 것이 합리적이다.

```
http.authorizeHttpRequests() //
    .requestMatchers("/login").permitAll() //
    .requestMatchers("/", "/search").authenticated() //
    .requestMatchers(HttpMethod.GET, "/api/**").authenticated() //
    .requestMatchers(HttpMethod.POST, "/delete/**", "/new-video").authenticated() //
    .anyRequest().denyAll() //
    .and() //
    .formLogin() //
    .and() //
    .httpBasic();
```

이 보안 규칙 목록의 맨 위에는 굵은 글씨로 표시된 규칙이 하나 있다. 이 규칙은 인증된 액세스가 필요한 경우에만 액세스할 수 있음을 나타낸다.

인증되지 않은 사용자가 액세스가 거부되는지 확인하려면 다음 테스트 케이스를 작성한다.

```
@Test
void unauthUserShouldNotAccessHomePage() throws Exception {
  mvc //
    .perform(get("/")) //
    .andExpect(status().isUnauthorized());
}
```

이 테스트 방법에는 몇 가지 주요 측면이 있다.

- 이 서블릿에는 @WithMockUser 어노테이션이 없다. 이는 서블릿 콘텍스트에 인증 자격 증명이 저장되지 않았음을 의미하며, 따라서 권한 없는 사용자를 시뮬레이션할 수 있다.

- mvc.perform(get("/")): MockMVC를 사용해 GET / 호출을 수행한다.

- status().isUnauthorized(): 결과가 HTTP 401 Unauthorized 오류 코드임을 검증한다.

또한, 테스트의 메서드 이름 unauthUserShouldNotAccessHomePage에 주목하자. 이는 기대치를 매우 명확하게 나타낸다. 이렇게 하면 문제가 발생하더라도 테스트의 요점이 무엇인지 정확히 알 수 있다. 이것이 상황을 더 빨리 해결할 수 있는 길을 열어줄 것이다.

> **미인증 사용자를 위한 status().isUnauthorized()**
>
> 보안에서는 사용자가 누구인지 증명하는 것을 **인증**(authentication)이라고 한다. 사용자가 수행할 수 있는 작업을 **권한 부여**(authorization)라고 한다. 그러나 인증되지 않은 사용자의 HTTP 상태 코드는 **401 Unauthorized**다. 인증됐지만 권한이 없는 항목에 액세스하려고 시도하는 경우 HTTP 상태 코드는 **403 Forbidden**이다. 다소 기묘한 용어의 조합이지만 알아둬야 할 사항이다.

방금 보안 정책을 테스트할 때 중요한 요구 사항인 잘못된 경로 테스트 케이스를 작성했다. 여기에 표시된 것처럼 좋은 경로 테스트 케이스도 작성해야 한다.

```
@Test
@WithMockUser(username = "alice", roles = "USER")
void authUserShouldAccessHomePage() throws Exception {
  mvc //
    .perform(get("/")) //
    .andExpect(status().isOk());
}
```

이 테스트 방법은 다음을 제외하고는 매우 유사하다.

- @WithMockUser: 이 어노테이션은 사용자 이름이 alice이고 권한이 ROLE_USER인 인증 토큰을 MockMVC 서블릿 콘텍스트에 삽입한다.

- 이전 테스트 메서드와 동일한 get("/") 호출을 수행하지만 다른 결과를 예상한다. status().isOk()를 사용하면 HTTP 200 Ok 결과 코드를 확인할 수 있다.

이제 홈페이지가 제대로 잠겨 있는지 확인하기 위한 테스트 체계를 완성했다. 하지만 인증되지 않은 사용자와 ROLE_USER 사용자만이 우리 시스템에 있는 유일한 사용자는 아니다. ROLE_ADMIN을 가진 관리자도 있다. 각 역할에 대해 보안 정책이 제대로 구성됐는지 확인하기 위해 별도의 테스트를 수행해야 한다.

다음 코드는 앞의 코드와 거의 동일하다.

```
@Test
@WithMockUser(username = "alice", roles = "ADMIN")
void adminShouldAccessHomePage() throws Exception {
  mvc //
    .perform(get("/")) //
    .andExpect(status().isOk());
}
```

유일한 차이점은 @WithMockUser에는 서블릿 콘텍스트에 alice와 ROLE_ADMIN이 저장돼 있다는 점이다.

이 세 가지 테스트로 홈페이지에 대한 액세스를 적절히 검증해야 한다.

HomeController가 새로운 비디오 객체를 추가할 수 있는 기능도 제공한다는 점을 고려하면 여기에 표시된 것처럼 제대로 처리되는지 확인하기 위한 몇 가지 테스트 메서드도 작성해야 한다.

```
@Test
void newVideoFromUnauthUserShouldFail() throws Exception {
  mvc.perform( //
    post("/new-video") //
      .param("name", "new video") //
      .param("description", "new desc") //
      .with(csrf())) //
      .andExpect(status().isUnauthorized());
}
```

이 테스트 방법은 다음과 같이 설명할 수 있다.

- 메서드 이름에 권한이 없는 사용자가 새 비디오를 만들지 않았는지 확인하는 메서드라는 점이 명확하게 설명돼 있다. 다시 말하지만, 이 메서드에는 `@WithMockUser` 어노테이션이 없다.

- `mvc.perform(post("/new-video"))`: MockMVC를 사용해 `POST /new-video` 액션을 수행한다. `param("key", "value")` 인수를 사용하면 일반적으로 HTML 폼을 통해 입력하는 필드를 제공할 수 있다.

- `with(csrf())`: CSRF 보호가 활성화돼 있다. 이 추가 설정을 통해 CSRF 값을 연결해 합법적인 접근 시도를 시뮬레이션할 수 있다.

- `status().isUnauthorized()`: HTTP 401 Unauthorized 응답을 받았는지 확인한다.

유효한 CSRF 토큰을 포함해 예상되는 모든 값을 제공하면 예상대로 실패한다.

> **CSRF**
>
> 4장에서 스프링 시큐리티가 양식 및 기타 작업에서 CSRF 토큰 검사를 자동으로 활성화해 CSRF 공격을 방지한다는 사실을 알게 됐다. HTML 페이지에 렌더링된 CSRF 토큰이 없는 테스트 케이스의 경우에도 이 값을 제시해야 CSRF를 차단하지 않는다.

이제 사용자에게 새 비디오를 만들 수 있는 권한이 있는 테스트를 작성해보자.

```
@Test
@WithMockUser(username = "alice", roles = "USER")
void newVideoFromUserShouldWork() throws Exception {
  mvc.perform( //
    post("/new-video") //
      .param("name", "new video") //
      .param("description", "new desc") //
      .with(csrf()) //
      .andExpect(status().is3xxRedirection()) //
      .andExpect(redirectedUrl("/"));
}
```

이 코드는 다음과 같이 요약할 수 있다.

- @WithMockUser: 이 사용자는 ROLE_USER를 가진다.

- 동일한 값과 CSRF 토큰으로 동일한 POST /new-video를 수행하지만 다른 응답 코드 집합을 얻는다.

- status().is3xxRedirection(): 300 시리즈 HTTP 응답 신호에 뭔가가 있는지 확인한다. 이렇게 하면 나중에 누군가 소프트 리디렉션에서 하드 리디렉션으로 전환하는 경우 테스트 케이스가 덜 깨질 수 있다.

- redirectedUrl("/"): 리디렉션된 경로가 /인지 확인한다.

이 테스트 방법은 이전 테스트 방법과 동일하다. 유일한 차이점은 설정(alice/ROLE_USER)과 결과(/로 리디렉션)다.

바로 이 점이 보안에 초점을 맞춘 테스트 방법으로 만드는 이유다. 여기서 중요한 점은 동일한 엔드포인트에 다른 자격 증명을 사용하거나 전혀 사용하지 않고 액세스해도 적절한 결과가 나오는지 확인하는 것이다.

MockMVC와 스프링 시큐리티 테스트 덕분에 스프링 MVC 메커니즘을 실행하고 이에 대한 어설션을 쉽게 수행할 수 있다. 또한, 스프링 부트 테스트 덕분에 애플리케이션의 실제 부분을 매우 쉽게 활성화할 수 있어 신뢰도를 높일 수 있다.

⠿ 요약

5장에서는 테스트 케이스를 작성하는 여러 가지 방법을 살펴봤다. 간단한 테스트, 중간 수준의 테스트, 복잡한 테스트를 살펴봤다. 이 모든 방법은 애플리케이션의 다양한 측면을 테스트할 수 있는 방법을 제공한다.

그리고 각 방법에는 여러 가지 장단점이 있다. 추가 실행 시간을 기꺼이 감수한다면 실제 데이터베이스 엔진을 사용할 수 있다. 또한, 권한이 없는 사용자와 권한이 있는 사용자 모두에게 보안 정책이 제대로 적용되고 있는지 확인할 수 있다.

5장이 애플리케이션에 테스트를 완전히 도입하고 싶은 욕구를 자극하는 계기가 됐기를 바란다.

6장에서는 애플리케이션의 설정을 매개 변수화하고, 구성 및 재정의하는 방법에 대해 알아볼 것이다.

3부

스프링 부트
애플리케이션 릴리스

애플리케이션을 구축하는 것은 전투의 절반일 뿐이다. 애플리케이션을 프로덕션 환경에 배포하는 것이 중요하다. 클라우드를 비롯한 다양한 환경에 맞게 애플리케이션을 설정하는 방법을 배우게 될 것이다. 또한, 애플리케이션을 패키징해 고객에게 제공하는 다양한 방법도 알아볼 수 있다. 마지막으로, 네이티브 이미지로 성능을 높이는 방법을 배울 것이다.

3부는 다음 장으로 구성돼 있다.

- **6장**, 스프링 부트 애플리케이션 설정
- **7장**, 스프링 부트 애플리케이션 릴리스
- **8장**, 스프링 부트로 네이티브 전환

06

스프링 부트
애플리케이션 설정

5장에서는 웹 컨트롤러, 리포지토리, 도메인 객체 등 애플리케이션의 다양한 측면을 테스트하는 방법을 배웠다. 또한, 보안 경로 테스트와 테스트컨테이너를 사용해 프로덕션을 에뮬레이션하는 방법도 살펴봤다.

6장에서는 애플리케이션 개발의 중요한 부분인 애플리케이션을 설정하는 방법에 대해 알아볼 것이다. 언뜻 보기에는 몇 가지 프로퍼티를 설정하는 것처럼 보일 수 있지만, 여기에는 더 깊은 개념이 존재한다.

코드는 실제 세계와의 연결이 필요하다. 여기서 말하는 연결이란 데이터베이스, 메시지 브로커message broker, 인증 시스템, 외부 서비스 등 애플리케이션이 연결되는 모든 것을 의미한다. 애플리케이션이 특정 데이터베이스 또는 메시지 브로커를 가리키는 데 필요한 세부 정보는 이러한 프로퍼티 설정에 포함돼 있다.

애플리케이션 설정을 스프링 부트의 일급 객체first-class citizen[1]로 만들면 애플리케이션 배포가 유연해진다.

---

[1]   다른 객체들에 일반적으로 적용 가능한 연산을 모두 지원하는 객체다. – 옮긴이

6장의 요점은 애플리케이션 설정이 단순한 것이 아니라 애플리케이션이 우리의 요구 사항을 더 잘 충족하도록 하는 도구가 된다는 것을 밝히는 것이다. 이렇게 하면 애플리케이션의 요구 사항을 충족하는 데 모든 시간을 할애할 수 있다.

6장에서는 다음과 같은 주제를 다룬다.

- 사용자 지정 프로퍼티 생성

- 프로파일 기반 프로퍼티 파일 생성

- YAML 전환

- 환경 변수로 프로퍼티 설정

- 프로퍼티 오버라이드 순서

> **6장의 코드 위치**
>
> 6장의 코드는 깃허브 저장소(https://github.com/PacktPublishing/Learning-Spring-Boot-3.0/tree/main/ch6)에서 확인할 수 있다.

사용자 지정 프로퍼티 생성

이미 이 책의 몇 군데에서 애플리케이션 프로퍼티를 다뤘다. 4장에서 `application.properties` 파일에 `spring.mustache.servlet.expose-request-attributes=true`를 설정한 것을 기억할 것이다.

프로퍼티 파일을 사용해 애플리케이션을 설정하는 것은 매우 편리하다. 스프링 부트는 사용할 수 있는 많은 사용자 지정 프로퍼티를 제공하지만 직접 만들 수도 있다.

몇 가지 사용자 지정 프로퍼티를 만드는 것부터 시작하자. 이를 위해 다음과 같이 새로운 `AppConfig` 클래스를 생성한다.

```
@ConfigurationProperties("app.config")
public record AppConfig(String header, String intro, List<UserAccount> users) {
}
```

이 Java 17 레코드는 다음과 같이 설명할 수 있다.

- **@ConfigurationProperties**: 이 레코드를 프로퍼티 설정의 소스로 플래그를 지정하는 스프링 부트 어노테이션이다. `app.config` 값은 해당 프로퍼티의 접두사다.

- **AppConfig**: 타입 안전성^{type-safe}을 갖춘 설정 프로퍼티의 번들 이름이다. 어떤 이름을 지정하든 상관없다. 필드 자체는 프로퍼티의 이름으로, 곧 자세히 설명할 것이다.

이 작은 레코드는 기본적으로 `app.config.header`, `app.config.intro`, `app.config.users`라는 세 가지 프로퍼티를 선언한다. `application.properties`에 다음을 추가해 바로 채울 수 있다.

```
app.config.header=Greetings Learning Spring Boot 3.0 fans!
app.config.intro=In this chapter, we are learning how to make a web app using
Spring Boot 3.0
app.config.users[0].username=alice
app.config.users[0].password=password
app.config.users[0].authorities[0]=ROLE_USER
app.config.users[1].username=bob
app.config.users[1].password=password
app.config.users[1].authorities[0]=ROLE_USER
app.config.users[2].username=admin
app.config.users[2].password=password
app.config.users[2].authorities[0]=ROLE_ADMIN
```

이 프로퍼티 배치는 다음과 같이 설명할 수 있다.

- **app.config.header**: 템플릿의 맨 윗부분에 삽입할 문자열 값

- **app.config.intro**: 템플릿에 삽입할 문자열 인사말

- **app.config.users**: 각 속성이 별도의 줄로 나뉘어 있는 UserAccount 항목의 리스트. 대괄호 표기법은 자바 리스트를 채우는 데 사용된다.

이러한 프로퍼티 설정은 멋지지만 아직 액세스할 수 없다. 조금 더 추가해 활성화해야 한다. 사실 스프링 구성 요소에 있는 한 스프링 부트의 구성 요소 스캔에 의해 인식될 것이라는 점을 알고 있는 한 어디에 있든 상관 없다.

하나 이상 가질 수 있는 프로퍼티 집합은 애플리케이션 전체에 적용되므로 애플리케이션의 진입점entrypoint에 적용하는 것은 어떨까?

```
@SpringBootApplication
@EnableConfigurationProperties(AppConfig.class)
public class Chapter6Application {
  public static void main(String[] args) {
    SpringApplication.run(Chapter6Application.class, args);
  }
}
```

이 코드는 5장의 코드와 매우 유사하지만 한 가지 변경 사항이 있다.

- @EnableConfigurationProperties (AppConfig.class): 이 어노테이션은 애플리케이션 설정을 활성화해 모든 스프링 빈에 주입할 수 있도록 한다.

나머지 코드는 5장에서 살펴본 것과 동일하다.

팁

> 사용자 지정 프로퍼티를 활성화하기 가장 좋은 위치는 어디일까? 사실 어디든 상관없다. 스프링 부트에 의해 선택되는 일부 스프링 빈에서 활성화되기만 하면 애플리케이션 콘텍스트에 추가된다. 그러나 이 특정 프로퍼티 집합이 특정 스프링 빈에만 해당하는 경우 해당 빈 정의에 주석을 추가해 해당 빈이 설정 가능한 프로퍼티의 보완을 제공한다는 점을 강조하는 것이 좋다. 프로퍼티가 둘 이상의 빈에서 사용되는 경우 방금 수행한 작업을 고려하자.

@EnableConfigurationProperties 덕분에 AppConfig 유형의 스프링 빈이 애플리케이션 콘텍스트에 자동으로 등록돼 application.properties 내부에 적용된 값에 바인딩된다.

HomeController에서 이를 활용하려면 클래스 상단에서 다음과 같이 변경하기만 하면 된다.

```
@Controller
public class HomeController {

  private final VideoService videoService;
  private final AppConfig appConfig;

  public HomeController(VideoService videoService, AppConfig appConfig) {
      this.videoService = videoService;
      this.appConfig = appConfig;
  }
    …rest of the class…
```

HomeController에 한 가지 변경 사항이 존재한다. AppConfig 유형의 필드가 VideoService 아래에 선언되고 생성자 호출에서 초기화된다.

이렇게 하면 다음과 같이 HomeController의 아래쪽에서 인덱스 템플릿을 렌더링할 때 제공된 값을 사용할 수 있다.

```
@GetMapping
public String index(Model model, //
  Authentication authentication) {
  model.addAttribute("videos", videoService.getVideos());
  model.addAttribute("authentication", authentication);
  model.addAttribute("header", appConfig.header());
  model.addAttribute("intro", appConfig.intro());
  return "index";
}
```

이러한 변경 사항은 다음과 같이 설명할 수 있다.

- 모델의 "header" 프로퍼티는 appConfig.header()로 채워진다.

- 모델의 "intro" 프로퍼티는 appConfig.intro()로 채워진다.

이렇게 하면 application.properties에 입력한 문자열 값을 가져와 index.mustache를 렌더링하도록 라우팅한다.

루프loop를 완료하려면 템플릿을 다음과 같이 변경해야 한다.

```
<h1>{{header}}</h1>
<p>{{intro}}</p>
```

머스테치의 이중 중괄호curly 구문을 사용해 {{header}} 및 {{intro}} 프로퍼티를 가져오기만 하면 된다. 이전에는 하드 코딩해야 했던 것이 이제 템플릿 변수가 됐다.

깔끔하긴 하지만 템플릿에서 몇 가지 고정 값을 매개 변수화하는 것이 그렇게 큰 문제가 될 수도 있고 아닐 수도 있다. 스프링 부트 설정 프로퍼티의 강력한 기능을 직접 체험하기 위해 users 필드를 살펴보자.

이 필드는 아직 사용할 준비가 되지 않았다. 왜 그럴까?

자바 프로퍼티 필드는 기본적으로 키-밸류key-value 문자열 쌍으로 구성된다는 점을 이해하는 것이 중요하다. 값은 큰따옴표로 묶여 있지는 않지만 사실상 그렇게 취급된다.

스프링에는 몇 가지 편리한 변환기가 내장돼 있지만, AppConfig 사용자 프로퍼티의 UserAccount 유형 내부의 중앙에는 List<GrantedAuthority>가 위치한다. 문자열을 GrantedAuthority로 변환하는 것은 명확하지 않으며 변환기를 작성하고 등록해야 한다.

사용자 계정을 처리하는 코드는 보안에 중점을 두고 있기 때문에 이 사용자 지정 변환기를 이미 존재하는 SecurityConfig 내에 등록하는 것이 좋다.

```
@Bean
@ConfigurationPropertiesBinding
Converter<String, GrantedAuthority> converter() {
  return new Converter<String, GrantedAuthority>() {
    @Override
    public GrantedAuthority convert(String source) {
      return new SimpleGrantedAuthority(source);
    }
  };
}
```

이 코드는 다음과 같이 설명할 수 있다.

- **@Bean**: 이 변환기는 애플리케이션 콘텍스트에 등록해야 제대로 선택된다.

- **@ConfigurationPropertiesBinding**: 애플리케이션 프로퍼티 변환은 애플리케이션 수명 주기 초기에 발생하기 때문에 스프링 부트는 이 어노테이션이 적용된 변환기만 적용한다. 다른 종속성을 가져오지 않도록 한다.

- **Convert()**: 핵심은 SimpleGrantedAuthority를 사용해 문자열을 GrantedAuthority로 변환하는 하나의 작은 메서드다.

스프링 변환기는 매우 편리하다. 그러나 IDE에서 이 코드를 약간 단순화하도록 권장할 수 있다. 이 코드를 **자바 람다 표현식**으로 변환하거나(return source -> new SimpleGrantedAuthority(source)), **메서드 참조**(return SimpleGrantedAuthority::new)로 잘라내라고 제안할 수도 있다.

하지만 이 방법은 작동하지 않는다. 일부 도움 없이는 불가능하다.

그 이유는 자바에는 **유형 삭제**^{type erasure} 기능이 있기 때문이다. 런타임에 자바는 제네릭 정보를 삭제하므로 스프링이 적절한 변환기를 찾아서 적용하는 것이 불가능하다. 따라서 현재 상태를 유지하거나 다음과 같이 다른 전략을 채택해야 한다.

```
interface GrantedAuthorityCnv extends Converter<String, GrantedAuthority> {}
@Bean
@ConfigurationPropertiesBinding
GrantedAuthorityCnv converter() {
  return SimpleGrantedAuthority::new;
}
```

이 유형 삭제 솔루션은 다음과 같이 설명할 수 있다.

- GrantedAuthorityCnv: 일반 매개 변수를 적용하는 사용자 지정 인터페이스로 스프링의 Converter 인터페이스를 확장함으로써 스프링이 찾아서 사용할 수 있는 이러한 매개 변수의 복사본을 고정한다.

- Converter<String, GrantedAuthority> 대신 이 새로운 인터페이스를 사용하면 슬림화된 메서드 참조로 전환할 수 있다.

코드의 양은 거의 동일해보일 수 있다. 동일한 정보를 조합하는 방식만 다를 뿐이다. 빈 정의 내에서 완전히 확장된 Converter<String, GrantedAuthority>와 간소화된 별도의 인터페이스 중 어느 것을 더 쉽게 파악할 수 있는지는 개인적인 선호도에 따라 달라질 수 있다.

어느 쪽이든 이제 애플리케이션의 다양한 측면이 프로퍼티 중심으로 재구성됐음을 알고 애플리케이션을 실행할 수 있다.

모든 것이 준비됐으므로 다음 절에서 프로퍼티 기반 애플리케이션을 통해 다양한 환경에 맞게 사용자 지정할 수 있는 방법을 살펴볼 수 있다.

ꓤ 프로파일 기반 프로퍼티 파일 생성

이전 절에서는 애플리케이션의 특정 측면을 프로퍼티 파일로 추출하는 기능을 구현했다. 다음 큰 단계는 이 기능을 어디까지 활용할 수 있는지 인식하는 것이다.

애플리케이션을 새로운 환경으로 옮기면서 "이 상황에 맞게 프로퍼티를 변경할 수 있을까?"와 같은 상황에 불가피하게 부딪히게 된다.

예를 들어, 애플리케이션을 출시하기 전에 테스트 베드에 설치해 점검을 받아야 하는 경우 어떻게 해야 할까? 데이터베이스가 다르다. 테스트 팀에서 다른 테스트 계정 세트를 원할 수도 있다. 그리고 다른 외부 서비스인 메시지 브로커^{message broker}, 인증 시스템 등도 다를 수 있다.

따라서 "다른 프로퍼티 집합을 가질 수 있는가?"라는 질문이 생긴다. 스프링 부트는 가능하다.

이를 확인하려면 다른 프로퍼티 파일을 생성한다. 이름을 application-test.properties라고 지정하고 다음과 같이 로드한다.

```
app.config.header=Greetings Test Team!
app.config.intro=If you run into issues while testing, let me know!
app.config.users[0].username=test1
app.config.users[0].password=password
```

```
app.config.users[0].authorities[0]=ROLE_NOTHING
app.config.users[1].username=test2
app.config.users[1].password=password
app.config.users[1].authorities[0]=ROLE_USER
app.config.users[2].username=test3
app.config.users[2].password=password
app.config.users[2].authorities[0]=ROLE_ADMIN
```

이러한 대체 프로퍼티 세트는 다음과 같이 설명할 수 있다.

- `application-test.properties`: 프로퍼티 파일의 기본 이름에 `-test`를 추가하면 스프링 테스트 프로파일을 사용해 활성화할 수 있다.

- 웹 코드는 대상에 맞게 조정된다.

- 테스트 팀에는 모든 시나리오를 수행하고자 하는 사용자 집합이 있을 것이다.

애플리케이션을 실행하려면 스프링 test 프로파일을 활성화하기만 하면 된다. 이를 전환하는 방법에는 여러 가지가 있다.

- JVM에 `-Dspring.profiles.active=test`를 추가한다.

- 유닉스^{Unix} 환경에서는 `export SPRING_PROFILES_ACTIVE=test`를 사용한다.

- 일부 IDE는 이를 직접 지원하기도 한다. 그림 6.1의 스크린샷은 인텔리제이 IDEA 커뮤니티 에디션이 아닌 얼티밋 에디션에서 확인할 수 있다.

그림 6.1의 하단에서 활성 프로파일을 찾아 test를 입력한 위치를 확인한다.

> **인텔리제이 IDEA 얼티밋 에디션 확인**
>
> 젯브레인스(JetBrains)은 인텔리제이 IDEA 얼티밋 에디션에 대해 30일 무료 체험판을 제공한다. 특정 오픈 소스 프로젝트에서 작업하는 경우 옵션도 있다. 개인적으로 이 IDE는 경력 내내 사용해온 가장 좋아하는 IDE다. 자바 코드부터 스프링 데이터 @Query 주석의 SQL 문자열, 프로퍼티 파일, 스프링 부트 파워업(powerup)에 이르기까지 모든 종류의 항목에 대한 놀라운 통찰력을 제공한다. 그 외의 옵션을 웹 사이트(https://springbootlearning.com/intellij-idea-try-it)에서 확인해보자.

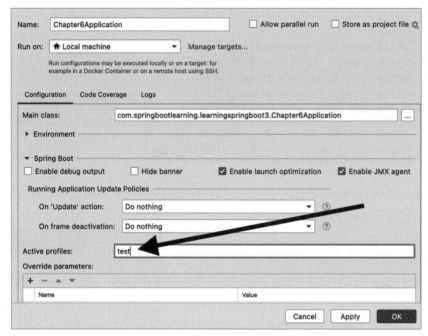

그림 6.1 인텔리제이의 실행 대화 상자

스프링 프로파일을 활성화하면 스프링 부트가 설정에 `application-test.properties`를 추가한다.

팁

> 프로파일은 추가적인 기능이다. 테스트 프로파일을 활성화하면 application-test.properties가 설정에 추가된다. application.properties를 대체하지는 않는다. 그러나 지정된 프로퍼티가 두 프로파일 모두에서 발견되면 마지막으로 적용된 프로파일이 우선한다. application.properties가 기본 프로파일로 간주되므로 application-test.properties가 나중에 적용된다. 따라서 header, intro, users 프로퍼티가 재정의된다. 쉼표로 구분해 둘 이상의 프로파일을 적용할 수도 있다.

A) 서버를 간소화한 개발 연구실, B) 별도의 서버 세트가 있는 풀사이즈 테스트 베드, C) 풀사이즈 서버가 있는 프로덕션 환경이 있다고 상상해보자. 다음 사항을 고려할 수 있다.

- 프로덕션을 기본 설정으로 하고 `application.properties`에 프로덕션 서버를 가리키는 연결 URL을 입력한다. 또한, 테스트 서버에 대한 연결 URL이 포함된 `application-`

test.properties 파일에 대응하는 test 프로파일을 캡처한다. 마지막으로, 개별 개발자가 서버의 개발 연구실에 대한 연결 URL이 포함된 application-dev.properties 파일을 사용해 dev 프로파일을 사용하도록 한다.

- 또 다른 전략은 프로덕션과 개발을 뒤바꾸는 것이다. 사용자 지정 프로파일이 활성화되지 않은 상태에서 누구나 애플리케이션을 기본적으로 실행하면 dev 모드에서 실행된다. 프로덕션에서 실행하려면 production 프로파일을 활성화하고 application-production.properties를 적용한다. test 프로파일은 이전 예제와 동일하게 유지한다.

지금까지 다양한 환경과 실제 물리적 환경에 대해 이야기했다. 물론 다양한 랙rack 구성의 전통적인 서버 환경에 대해 논의할 수도 있다. 하지만 가상화된 서버에 대해 이야기할 수도 있다. 어느 쪽이든 환경별 설정 파일을 사용해 다른 설정 중에서 연결 URL을 조정하는 것은 유용하다.

하지만 이것이 유일한 선택지는 아니다.

애플리케이션을 클라우드에 배포하는 경우에는 어떻게 해야 할까? 서로 다른 클라우드에 배포할 경우는? 이 절의 앞부분에서 설명한 것처럼 전통적인 하드웨어 구성으로 시작했지만 경영진이 AWS, Azure 또는 VMware Tanzu로 마이그레이션하기로 결정했다면 어떻게 해야 할까?

코드에 들어가서 변경을 시작할 필요가 없다. 대신 새 프로퍼티 파일에서 작업하고 클라우드 기반 서비스와 통신할 수 있는 연결 세부 정보를 입력하기만 하면 된다.

YAML 전환

스프링 방식 중 하나는 옵션이다. 개발자는 상황에 따라 다양한 요구 사항을 갖고 있으며, 스프링은 작업을 효과적으로 수행할 수 있는 다양한 방법을 제공하려고 노력한다.

때로는 필요한 프로퍼티 설정의 수가 폭발적으로 늘어날 수 있다. 프로퍼티 파일의 키/밸류 패러다임을 사용하면 관리가 어려워질 수 있다. 이전 절에서는 리스트와 복잡한 값이 있었기 때문에 인덱스 값을 지정해야 하는 번거로움이 있었다.

YAML은 동일한 설정을 보다 간결하게 표현할 수 있는 방법이다. 예시를 하나 들어보자. 다음과 같이 src/main/resources 폴더에 application-alternate.yaml 파일을 생성한다.

```
app:
  config:
    header: Greetings from YAML-based settings!
    intro: Check out this page hosted from YAML
    users:
      -
        username: yaml1
        password: password
        authorities:
          - ROLE_USER
      -
        username: yaml2
        password: password
        authorities:
          - ROLE_USER
      -
        username: yaml3
        password: password
        authorities:
          - ROLE_ADMIN
```

이러한 YAML 기반 설정은 다음과 같이 설명할 수 있다.

- YAML의 중첩된 특성은 중복 항목을 방지하고 각 프로퍼티의 위치를 명확하게 한다.

- users 아래의 하이픈hyphen은 배열 항목을 나타낸다.

- AppConfig의 users 필드는 복잡한 유형 List<UserAccount>이기 때문에 각 항목의 각 필드가 별도의 줄에 나열된다.

- 권한 자체도 리스트이므로 하이픈을 사용한다.

4장에서는 구글을 활용해 사용자 인증 절에 YAML을 사용해 스프링 보안 OAuth2 설정을 하는 방법을 직접 살펴봤다.

YAML은 항목 중복을 피하기 때문에 간결하고 깔끔하다. 그 외에도 중첩된 특성으로 인해 가독성이 조금 더 높다.

대부분의 최신 IDE에서 제공하는 추가 기능은 application.properties 파일과 application.yaml 파일 모두에 대한 코드 완성 지원이다.

그림 6.2의 스크린샷을 확인하자.

그림 6.2 프로퍼티 설정을 위한 인텔리제이의 코드 완성 기능

그림 6.2에서는 사용 가능한 프로퍼티가 표준 키/밸류 표기법으로 표시되지만, 필요한 경우 YAML 형식으로 자동으로 적용된다.

스프링 부트에서는 사용자 지정 유형이 가능하고, 유형 안전성을 갖춘 설정 프로퍼티 클래스를 사용하도록 권장한다. 앞서 표시된 것과 같은 코드 완성 팝업에 설정이 표시되도록 지원하려면 pom.xml 파일에 다음 종속성을 추가하기만 하면 된다.

```
<dependency>
        <groupId>org.springframework.boot</groupId>
        <artifactId>spring-boot-configuration-processor</artifactId>
        <optional>true</optional>
</dependency>
```

하지만 이것이 프로퍼티 설정을 제공하는 유일한 방법은 아니다. 다음 절에서는 환경 변수를 사용해 프로퍼티 설정을 재정의하는 방법에 대해 알아볼 것이다.

⠿ 환경 변수로 프로퍼티 설정

명령줄에서 바로 설정할 수 있는 방법이 없다면 설정 가능한 애플리케이션은 완성되지 않는다. 애플리케이션에 아무리 많은 고민과 설계를 기울여도 항상 문제가 발생하기 때문에 이 기능은 매우 중요하다.

번들로 제공되는 애플리케이션에 갇혀서 그 안에 들어 있는 다양한 프로퍼티 파일을 재정의할 방법이 없다면 정말 난감할 것이다.

> **하지 말아야 할 것**
>
> JAR 파일의 압축을 풀고 일부 프로퍼티 파일을 편집한 다음 다시 번들링(bundling)해야 하는 상황이 발생할 수도 있다. 그렇게 하지 말자. 20년 전에는 괜찮았을지 모르지만 오늘날에는 더 이상 통하지 않는 해킹 방법이다. 오늘날과 같이 파이프라인이 통제되고 안전한 릴리스 프로세스가 적용되는 시대에는 수동으로 JAR 파일을 가져와서 수정하는 것은 너무 위험하다. 스프링 팀의 실제 경험 덕분에 그렇게 할 필요가 없다.

환경 변수를 사용해 모든 프로퍼티를 쉽게 재정의할 수 있다. 6장의 앞부분에서 인텔리제이 IDEA의 실행 대화 상자를 사용해 프로파일을 활성화한 방법을 기억할 것이다. 다음과 같이 명령줄에서 바로 동일한 작업을 수행할 수 있다.

```
$ SPRING_PROFILES_ACTIVE=alternative ./mvnw spring-boot:run
```

이 명령은 다음과 같이 설명할 수 있다.

- `SPRING_PROFILES_ACTIVE`: 맥^{Mac}/리눅스^{Linux} 기반 시스템에서 프로퍼티를 참조하는 다른 방법이다. 일반적으로 닷(.)은 잘 작동하지 않으므로 밑줄이 있는 대문자 토큰이 작동한다.

- `alternative`: 실행 중인 프로파일이다. 실제로 콘솔 출력에서 **The following 1 profile is active: "alternative"**를 확인할 수 있다. **"alternative"**는 해당 프로파일이 활성화된 상태로 실행 중이라는 증거다.

- `./mvnw`: 메이븐 래퍼^{wrapper}를 사용해 실행한다. 이것은 시스템에 메이븐을 설치하지 않고도 편리하게 사용할 수 있는 방법이다. CI 시스템에 정말 편리하게 적용할 수 있다.

- `spring-boot:run`: spring-boot-maven-plugin의 run 목표를 활성화하는 메이븐 명령이다.

또한, 환경 변수를 이런 식으로 사용하면 현재 명령에만 적용된다는 점을 이해하는 것이 중요하다. 현재 셸이 실행되는 동안 환경 변수를 영구적으로 유지하려면 변수를 내보내야 한다. 여기서는 다루지 않는다.

여러 프로파일을 활성화하는 것도 쉽다. 표시된 것처럼 쉼표로 프로파일 이름을 구분하기만 하면 된다.

```
$ SPRING_PROFILES_ACTIVE=test,alternate ./mvnw spring-boot:run
```

test 프로파일과 alternate 프로파일이 모두 활성화됐다는 점을 제외하면 단일 프로파일을 활성화하는 것과 거의 동일하다.

test 프로파일과 alternate 프로파일 모두 서로 다른 사용자 집합을 정의한 것을 고려하면 어떤 프로파일이 활성화돼 있는지 궁금할 수 있다. 프로퍼티 파일은 왼쪽에서 오른쪽으로 적용된다.

alternate 프로파일은 마지막에 적용되므로 중복된 프로퍼티를 재정의하면서 새 프로퍼티 위에 겹쳐진다. 따라서 YAML 기반 계정이 최종적으로 설정된다.

이것이 프로퍼티 재정의 및 옵션에 관한 유일한 규칙은 아니다. 다음 절에서 프로퍼티를 조정하는 데 필요한 모든 옵션을 살펴보자.

⠿ 프로퍼티 오버라이드 순서

1장에서 프로퍼티 설정 순서에 대한 요약을 살펴봤다.

옵션 목록을 다시 살펴보자.

- 스프링 부트의 `SpringApplication.setDefaultProperties()` 메서드에서 제공하는 기본 프로퍼티

- `@PropertySource`에 주석이 달린 `@Configuration` 클래스

- `application.properties` 파일과 같은 설정 데이터

- `RandomValuePropertySource`는 `random.*`일 때만 프로퍼티를 가진다.

- OS 환경 변수

- 자바 시스템 프로퍼티(`System.getProperties()`)

- `java:comp/env`의 JNDI 프로퍼티

- `ServletContext` 초기화 매개 변수

- `ServletConfig` 초기화 매개 변수

- `SPRING_APPLICATION_JSON`의 프로퍼티(환경 변수 또는 시스템 프로퍼티에 포함된 인라인 JSON)

- 명령줄 인수

- 테스트의 `properties` 속성. 이 속성은 `@SpringBootTest` 어노테이션과 5장 후반부에서 다룬 슬라이스 기반 테스트에서도 사용할 수 있다.

- 테스트에 @TestPropertySource 어노테이션을 추가

- 개발자 도구 전역 설정 프로퍼티(스프링 부트 개발자 도구가 활성화된 경우 $HOME/.config/ spring-boot 디렉터리)

이 목록은 우선순위가 가장 낮은 것부터 가장 높은 것까지 순서대로 나열돼 있다. application.properties 파일은 매우 낮기 때문에 프로퍼티의 기준선을 설정하는 좋은 방법이지만 테스트 또는 배포 시 여러 가지 방법으로 재정의할 수 있다. 목록 아래에는 해당 기준을 재정의할 수 있는 모든 방법이 나와 있다.

그 외에도 설정 파일은 다음 순서로 고려된다.

- JAR 파일 내에 패키징된 애플리케이션 프로퍼티

- JAR 파일 내부의 프로파일별 애플리케이션 프로퍼티

- JAR 파일 외부의 애플리케이션 프로파일

- JAR 파일 외부의 프로파일별 애플리케이션 프로퍼티

애플리케이션 프로퍼티 파일을 실행 가능한 JAR 파일 옆에 배치해 재정의 역할을 하도록 할 수 있다. 앞서 JAR을 열어 프로퍼티를 변경하지 말라는 경고가 기억날 것이다.

그럴 필요가 없다. 새 프로퍼티 파일을 생성하고 변경 사항을 적용하기만 하면 된다.

주의

> 명령줄에서 실시간으로 프로퍼티를 조정하는 데는 여전히 약간의 위험이 존재한다. 그럴 때마다 버전 관리 시스템에서 이러한 변경 사항을 다른 프로파일로 캡처하는 것을 고려하자. 열심히 해결책을 찾았는데 변경 사항이 반영되지 않은 패치로 덮어 쓰이는 것보다 더 나쁜 일은 없다.

소프트웨어 엔지니어링에는 프로퍼티 설정의 힘을 통해 코드와 설정을 분리하는 이 아이디어를 둘러싼 기본 개념이 존재한다. 이는 **12요소 앱**Twelve-Factor App으로 알려져 있으며, 2011년에 현재 세일즈포스Salesforce가 소유하고 있는 클라우드 공급업체 헤로쿠Heroku에서 고안한 개념이다. 구체적으로, 설정은 웹 사이트(https://12factor.net/)에 나열된 세 번째 요소다.

이 개념은 환경마다 다를 수 있는 모든 것을 외부화한다는 것이다. 이렇게 유연하게 설계하면 애플리케이션의 수명이 연장된다. 프로퍼티 설정의 예는 다소 인위적일 수 있지만 특정 코드를 외부화하는 것의 가치를 알 수 있기 바란다.

그리고 프로파일별 프로퍼티를 함께 가져올 수 있는 스프링 부트의 기능을 사용하면 이 기능을 코드에 적용하기가 훨씬 쉬워진다.

12요소 앱의 모든 요소가 오늘날에도 관련이 있거나 차세대 애플리케이션에 적용할 수 있는지는 논란의 여지가 있다. 하지만 사이트에 나열된 많은 요소는 시스템을 구축하는 빌딩 블록block처럼 애플리케이션을 더 쉽게 배포, 연결 및 쌓기 쉽게 만드는 데 도움이 되는 것은 분명하다. 따라서 여유 시간에 한번 읽어보기를 바란다.

⁝⊱ 요약

6장에서는 웹 레이어에 표시되는 콘텐츠부터 시스템 인증이 허용된 사용자 목록에 이르기까지 시스템의 일부를 외부화하는 방법을 배웠다. 유형 안전 설정 클래스를 생성하고 프로퍼티 파일에서 부트스트랩한 다음 애플리케이션의 일부에 주입하는 방법을 살펴봤다. 프로파일 기반 프로퍼티를 사용하는 방법과 기존 자바 프로퍼티 파일 사용 또는 YAML 사용 중 하나를 선택하는 방법도 살펴봤다. 그런 다음 명령줄에서 프로퍼티 설정을 재정의하는 많은 방법을 살펴보고 프로퍼티를 재정의하는 더 많은 방법의 포괄적인 목록을 확인했다.

예제가 현실적이지 않을 수도 있지만 개념은 존재한다. 환경마다 다를 수 있는 프로퍼티를 외부화하는 것은 중요한 기능이며, 스프링 부트는 이 패턴을 쉽게 사용할 수 있게 해준다.

7장에서는 마침내 애플리케이션을 실제로 배포할 것이다. 그리고 작업을 수행하는 데 도움이 될 뿐만 아니라 2일차에 애플리케이션을 관리하는 데 도움이 되는 스프링 부트의 기능을 알아볼 것이다.

07

스프링 부트
애플리케이션 릴리스

6장에서는 스프링 부트를 사용해 애플리케이션을 구성할 수 있는 다양한 방법에 대해 알아봤다. 이를 통해 여러 환경에서 애플리케이션을 실행할 수 있게 돼 더욱 유연해졌다.

애플리케이션이 있어야 할 가장 중요한 곳은 프로덕션 환경이다. 반면에 프로덕션 환경은 우리가 의도한 대로 작동하지 않는다. 프로덕션은 무서운 곳이 될 수 있다. 스프링 팀은 오랜 경험을 바탕으로 애플리케이션을 조립하고, 스테이징staging하고, 배포한 후 궁극적으로 관리하는 프로세스를 간소화하기 위해 스프링 부트에 많은 기능을 구축해놨다.

6장에서 다룬 도구를 기반으로 스프링 부트가 무서웠던 환경을 어떻게 성공적인 환경으로 바꿀 수 있는지 살펴볼 것이다.

7장에서는 다음과 같은 주제를 다룬다.

- uber JAR 생성
- 도커 컨테이너 베이킹baking
- 애플리케이션을 도커 허브에 릴리스
- 프로덕션 환경 조정

⁝⁝ uber JAR 생성

익숙하게 들릴 수도 있고 그렇지 않을 수도 있지만, 옛날 옛적에는 개발자들은 코드를 컴파일^{compile}하고, 스크립트를 실행해 바이너리^{binary} 비트를 ZIP 파일로 조합한 다음, 이를 애플리케이션으로 드래그^{drag}해 CD를 굽거나 테이프 드라이브나 대용량 하드 드라이브와 같은 오래된 장치에 파일을 저장하는 과정이 있었다.

그런 다음 특수한 출입 통제가 이뤄지는 금고실이나 도시 반대편에 있는 완전히 다른 시설 등의 다른 장소로 해당 아티팩트를 옮겼다.

솔직히 말하자면 포스트 테크노^{post-techno} 공상과학 영화에서나 나올 법한 이야기처럼 들린다.

하지만 실질적으로, 건물 한쪽에는 수십 명의 개발자가 있고 다른 한쪽에는 대상 서버실이 있는 큐비클 농장^{cubicle farm}[1]에 대해 이야기하든, 전 세계에 흩어져 있는 5명의 직원이 아마존의 클라우드 기반 솔루션에 배포하는 스타트업에 대해 이야기하든 운영의 세계는 항상 개발의 세계와 분리돼 있다.

어느 쪽이든 고객이 애플리케이션에 액세스하기 위해 애플리케이션이 있어야 하는 장소와 개발하는 장소는 서로 다른 두 곳이다.

그리고 가장 중요한 것은 코드를 IDE에서 서버로 이동해 전 세계의 웹 요청을 처리하는 데 걸리는 모든 단계를 최소화하는 것이다.

---

1   속어로 쓰이는 단어로 직원들이 칸막이에서 일하는 사무실을 말한다. – 옮긴이

그렇기 때문에 2014년 초부터 스프링 부트 팀은 **uber JAR**을 구성하는 참신한 아이디어를 개발했다.

다음 메이븐 명령만 있으면 된다.

```
% ./mvnw clean package
```

이 메이븐 명령은 두 부분으로 구성돼 있다.

- clean: 해당 대상 폴더와 생성된 다른 모든 출력을 삭제한다. 생성된 모든 출력이 최신 상태인지 확인하기 위해 항상 uber JAR을 빌드하기 전에 이 옵션을 포함하는 것이 좋다.

- package: 메이븐 패키지 단계를 호출해 확인, 컴파일, 테스트 단계가 적절한 순서로 호출되도록 한다.

> **윈도우에서 mvnw사용**
>
> mvnw 스크립트는 맥 또는 리눅스 컴퓨터에서만 작동한다. 윈도우(Window)를 사용하는 경우 비슷한 셸 환경이 있거나 ./mvnw.cmd를 대신 사용할 수 있다. 어느 쪽이든 start.spring.io를 사용해 프로젝트를 빌드할 때 두 가지를 모두 사용할 수 있다.

앞의 여러 장에서 살펴본 것처럼 **스프링 이니셜라이저**(https://start.spring.io)를 사용할 때 pom.xml 파일에 포함된 항목 중 하나는 다음과 같이 spring-boot-maven-plugin이다.

```
<plugin>
        <groupId>org.springframework.boot</groupId>
        <artifactId>spring-boot-maven-plugin</artifactId>
</plugin>
```

이 플러그인은 메이븐의 패키지 단계에 연결해 몇 가지 추가 단계를 수행한다.

1. 표준 메이븐 패키징 절차에 의해 원래 생성된 JAR 파일을 추출한다. 이 경우 target/ch7-0.0.1-SNAPSHOT.jar이다.

2. 그런 다음 원본 JAR의 이름을 변경해 따로 보관한다. 이 경우 `target/ch7-0.0.1-SNAPSHOT.jar.original`이다.

3. 그리고 원래 이름으로 새 JAR 파일을 만든다.

4. 새 JAR 파일에는 내부에서 JAR 파일을 읽을 수 있는 글루glue 코드인 스프링 부트 로더 코더loader coder를 추가해 실행 가능한 JAR 파일이 될 수 있도록 한다.

5. 이 코더는 `BOOT-INF`라는 하위 폴더에 있는 새 JAR 파일에 애플리케이션 코드를 추가한다.

6. 애플리케이션의 모든 서드파티 종속성 JAR을 `BOOT-INF/lib`라는 하위 폴더에 있는 이 JAR 파일에 추가한다.

7. 마지막으로, 애플리케이션의 레이어에 대한 메타데이터를 `BOOT-INF` 아래의 이 JAR 파일에 `classpath.idx` 및 `layers.idx`로 추가한다. 자세한 내용은 다음 절에서 설명한다.

JVM만 있으면 다음과 같이 애플리케이션을 시작할 수 있다.

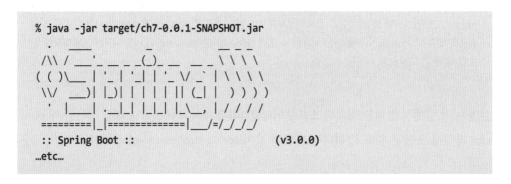

이렇게 간단한 명령으로 애플리케이션은 개발자 중심의 IDE 내에서 실행되는 애플리케이션에서 적절한 **자바 개발 키트**JDK, Java Development Kit가 설치된 모든 컴퓨터에서 실행되는 애플리케이션으로 탈바꿈됐다.

이 과정이 믿기지 않을 정도로 간단하기 때문에 인상적이지 않을 수도 있다. 그럼 정확히 어떤 일이 일어났는지 다시 살펴보자.

- 아파치 톰캣 서블릿 컨테이너를 어디에서나 다운로드하고 설치할 필요가 없다. 우리는 임베디드 아파치 톰캣을 사용하고 있다. 즉 이 작은 JAR 파일에 자체적으로 실행할 수 있는 수단이 포함돼 있음을 의미한다.

- 애플리케이션 서버를 설치하고, WAR 파일을 만들고, 서드파티 종속성을 포함한 어셈블리 파일을 사용해 EAR 파일로 결합한 다음, 전체를 끔찍한 UI에 업로드하는 레거시 절차를 거칠 필요가 없다.

- 이 모든 것을 선호하는 클라우드 제공업체에 푸시^{push}하고 시스템에 10,000개의 복사본을 실행하도록 명령할 수 있다.

메이븐이 실행 가능한 애플리케이션을 출력하고 이를 자바에만 의존하게 하는 것은 배포 측면에서 대단한 일이다.

> **뉴스 속보**
>
> 예전(1997년)에는 여러 부서장에게 실제 직접 걸어 다니면서 종이에 서명을 받는 방식으로 릴리스를 하는 것이 일반적이었다. 그 종이를 손에 들고 컴파일된 바이너리가 담긴 CD를 굽곤 했다. 그 후, 17페이지에 달하는 절차를 수행해 기본적으로 바이너리를 구성하고 이를 실험실이나 고객의 현장으로 가져가 소프트웨어를 설치했다. 이 과정은 보통 며칠이 걸렸다. 이렇게 릴리스에 필요한 기술적 장벽을 제거한 것은 획기적인 일이다.

한 가지 짚고 넘어가야 할 점은 uber JAR은 스프링 부트팀에서 개발한 것이 아니라는 점이다. 메이븐 셰이드^{Maven Shade} 플러그인은 2007년부터 사용돼 왔다. 이 플러그인의 역할은 모든 것을 하나의 JAR 파일로 묶는 동일한 단계를 수행하지만 그 방식은 다르다.

이 플러그인은 애플리케이션 코드든 서드파티 종속성이든 들어오는 모든 JAR 파일의 압축을 해제한다. 압축이 풀린 모든 파일은 일종의 새 JAR 파일에 섞여 있다. 이 새 파일을 셰이딩된^{shaded2} JAR이라고 한다.

2 　자바 애플리케이션의 빌드 과정에서 특정 라이브러리의 클래스나 패키지를 재배치하거나 이름을 변경(리네이밍)하는 기법을 말한다. − 옮긴이

다른 도구와 플러그인에서도 같은 작업을 수행하지만 이런 식으로 혼합하는 것은 근본적으로 잘못된 방식이다.

일부 애플리케이션은 제대로 작동하려면 JAR 안에 있어야 한다. 또한, 클래스가 아닌 파일이 올바른 위치에 있지 않을 위험도 있다. JAR 파일에서 타사 클래스를 사용하는 애플리케이션은 일부 비정상적인 동작을 보일 수 있다. 그리고 일부 라이브러리의 라이선스를 위반할 가능성도 있다.

라이브러리 메인테이너maintainer에게 릴리스된 JAR 파일을 릴리스된 방식 범위를 벗어나 사용할 때 버그 보고를 처리해줄 수 있는지 문의하면 기대했던 지원을 받지 못할 수도 있다.

스프링 부트를 사용하면 타사 JAR 파일이 항상 있는 것처럼 코드를 실행할 수 있다. 셰이딩이 필요하지 않다.

하지만 한 가지 아쉬운 점은 앞서 JDK가 설치된 곳이면 어디에서나 애플리케이션을 실행할 수 있다고 언급한 부분이다.

대상 컴퓨터에 JDK가 설치돼 있지 않다면 어떻게 해야 할까?

다음 절을 확인해보자.

⠿ 도커 컨테이너 베이킹

기술 세계를 휩쓸고 있는 가장 빠른 기술 중 하나는 **도커**다. 들어본 적이 없다고 가정하고 설명하면, 도커는 가상 머신과 비슷하지만 더 경량이다.

도커는 선적 컨테이너container의 패러다임에 기반을 두고 있다. 전 세계 대부분의 물품을 배와 기차로 운송하는 역할을 하는 선적 컨테이너는 공통된 형태를 갖고 있다. 즉 전 세계에서 취급하는 컨테이너의 크기와 구조가 모두 동일하다는 것을 알면 제품을 배송할 방법을 계획할 수 있다.

도커는 완전한 가상 환경이 아닌 부분적인 가상 환경을 제공하는 툴킷인 리눅스의

libcontainer 라이브러리를 기반으로 구축됐다. 이를 통해 컨테이너의 프로세스, 메모리, 네트워크 스택을 호스트 서버로부터 격리할 수 있다.

기본적으로 모든 대상 머신에 도커 엔진을 설치한다. 거기에서 필요에 따라 컨테이너를 자유롭게 설치해 필요한 작업을 수행할 수 있다.

전체 가상 머신을 만드는 데 시간을 낭비하는 대신 컨테이너를 즉석에서 기동하기만 하면 된다. 애플리케이션 지향적인 도커의 특성으로 인해 훨씬 더 민첩한 선택이 될 수 있다.

그리고 스프링 부트에는 도커 지원이 기본으로 제공된다.

도커는 실험적인가?

도커는 2013년부터 사용돼 왔다. 2017년에 '스프링 부트 2.0 세컨드 에디션'를 썼을 때는 당시에는 매우 실험적인 단계였다. 그래서 언급하지 않았다. 데모나 기타 일회성 작업에 가끔씩 사용하는 사람들이 있었지만, 프로덕션 시스템에는 널리 사용되지 않았다. 하지만 오늘날에는 모든 곳에서 도커가 사용되고 있다. 모든 클라우드 기반 제공업체는 도커 컨테이너를 지원한다. 가장 널리 사용되는 대부분의 CI 시스템에서는 컨테이너 기반 작업을 실행할 수 있다. 도커 컨테이너의 시스템 오케스트레이션(orchestration) 패러다임을 중심으로 구축된 수많은 회사가 있다. 도커 기반 테스트 플랫폼인 테스트컨테이너 중심으로 구축된 회사인 Atomic Jar가 있다. 개발자와 시스템 관리자에게 로컬 머신과 고객 대면 서버 모두에 도커를 설치하도록 요청하는 것은 더 이상 어려운 일이 아니다.

컴퓨터에 도커(https://www.docker.com/)를 설치했다고 가정하면 다음 명령으로 충분하다.

```
% ./mvnw spring-boot:build-image
```

이번에는 메이븐의 빌드 및 배포 수명 주기의 특정 단계에 연결하는 대신 스프링 부트 메이븐 플러그인이 사용자 지정 작업을 실행해 컨테이너를 베이킹한다.

컨테이너를 베이킹한다는 것은 컨테이너를 실행하는 데 필요한 모든 부품을 조립한다는 의미의 도커 표현이다. 베이킹은 이 컨테이너의 이미지를 한 번만 생성하면 되고, 이후 필요한 만큼의 인스턴스를 실행하는 데 필요한 만큼 재사용할 수 있다는 것을 의미한다.

스프링 부트는 빌드 이미지 프로세스를 수행할 때 먼저 메이븐의 패키지 단계를 실행한다. 여기에는 단위 테스트의 표준 보완을 실행하는 것이 포함된다. 그런 다음 이전 절에서 설명한 uber JAR을 어셈블한다.

실행 가능한 uber JAR을 들고 있는 스프링 부트는 다음 단계로 넘어갈 수 있다. 바로 **Paketo 빌드팩**을 활용해 올바른 유형의 컨테이너를 하나로 묶을 수 있다.

'올바른' 유형의 컨테이너 빌드

'올바른' 컨테이너란 무엇을 의미할까?

도커에는 레이어^{layer}와 관련된 캐싱 솔루션이 내장돼 있다. 컨테이너를 빌드하는 특정 단계에서 이전 컨테이너 어셈블리^{assembly} 프로세스에서 변경 사항이 없는 경우 도커 엔진의 캐싱 레이어를 사용한다.

그러나 일부 내용이 변경된 경우 캐시된 레이어를 무효화하고 새 레이어를 생성한다.

캐시된 레이어에는 컨테이너가 빌드되는 우분투^{Ubuntu} 기반 컨테이너에서 확장한 이미지부터 사용자 지정 코드와 함께 컨테이너에 추가시키기 위해 다운로드한 우분투 패키지까지 모든 것이 포함될 수 있다.

절대로 하고 싶지 않은 일 중에 하나는 사용자 지정 애플리케이션의 코드와 애플리케이션에서 사용하는 서드파티 종속성을 혼합하는 것이다. 예를 들어, 스프링 프레임워크 6.0.0의 GA 릴리스를 사용하는 경우 캐싱하는 것이 유용할 수 있다. 그렇게 하면 계속 다운로드할 필요가 없기 때문이다.

하지만 사용자 지정 코드가 동일한 레이어에 섞여 있고 단일 자바 파일이 변경되면 전체 레이어가 무효화돼 모든 코드를 다시 다운로드해야 한다.

따라서 스프링 부트, 스프링 프레임워크, 머스테치, 기타 라이브러리 등을 하나의 레이어에 넣고 사용자 지정 코드는 별도의 레이어에 넣는 것이 좋은 설계 선택이다.

과거에는 이 작업을 수행하려면 몇 가지 수동 단계가 필요했다. 하지만 스프링 부트 팀은 이 계층적 접근 방식을 기본 구성으로 만들었다. ./mvnw spring-boot:build-image를 실행하는 다음 실행 예시를 확인하자.

```
[INFO] --- spring-boot-maven-plugin:3.0.0:build-image (default-cli) @ ch7 ---
[INFO] Building image 'docker.io/library/ch7:0.0.1-SNAPSHOT'
[INFO]
[INFO]    > Pulled builder image 'paketobuildpacks/builder@sha256:9fb2c87caff8
67c9a49f04bf2ceb24c87bde504f3fed88227e9ab5d9 a572060c'
[INFO]    > Pulling run image 'docker.io/paketobuildpacks/run:base-cnb' 100%
[INFO]    > Pulled run image 'paketobuildpacks/run@sha256:fed727f0622994807560
102d6a2d37116ed2e03dddef5445119eb0172 12bbfd7'
[INFO]    > Executing lifecycle version v0.14.2
[INFO]    > Using build cache volume 'pack-cache-564d5464b59a.build'
…
[INFO] Successfully built image 'docker.io/library/ch7:0.0.1-SNAPSHOT'
```

콘솔 전체 출력에서 이 작은 부분은 다음 내용을 알려준다.

- 도커를 사용해 docker.io/library/ch7:0.0.1-SNAPSHOT이라는 이미지를 빌드한다. 여기에는 모듈의 이름과 버전이 포함되며, 둘 다 pom.xml 파일에서 찾을 수 있다.

- 이 모듈은 paketobuildpacks/builder 및 paketobuildpacks/run 컨테이너를 가져와서 표시된 것처럼 도커 허브의 Paketo 빌드팩을 사용한다.

- 성공적으로 조립된 컨테이너가 완성된다.

Paketo 빌드팩

Paketo 빌드팩(https://paketo.io/)은 애플리케이션 소스 코드를 컨테이너 이미지로 변환하는 데 중점을 둔 프로젝트다. 스프링 부트는 컨테이너화를 직접 수행하는 대신 Paketo에 위임한다. 기본적으로 모든 기초 작업을 수행하는 컨테이너를 다운로드해 컨테이너를 베이킹하는 프로세스를 간소화한다.

이미지 빌드에 대한 조금 더 자세한 내용

스프링 부트 메이븐 플러그인의 빌드 이미지 작업의 전체 출력 내용은 솔직히 책 한 권에 담기에는 너무 길고 넓다. 하지만 웹 페이지(https://springbootlearning.com/build-image-output)에서 전체 출력을 자유롭게 확인할 수 있다.

이 단계에서는 컨테이너가 완전히 어셈블됐다. 이제 도커를 사용해 다음과 같이 컨테이너를 실행할 수 있다.

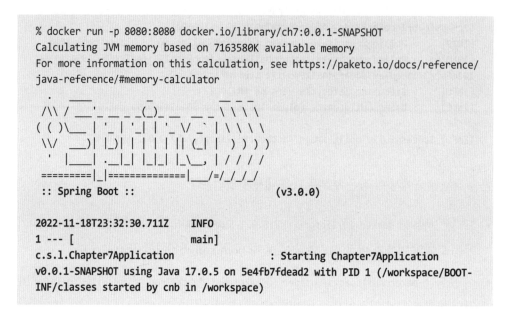

```
% docker run -p 8080:8080 docker.io/library/ch7:0.0.1-SNAPSHOT
Calculating JVM memory based on 7163580K available memory
For more information on this calculation, see https://paketo.io/docs/reference/
java-reference/#memory-calculator

  .   ___          _            _ _
 /\\ / ___'_ __ _ _(_)_ __  __ _ \ \ \ \
( ( )\___ | '_ | '_| | '_ \/ _` | \ \ \ \
 \\/  ___)| |_)| | | | | || (_| |  ) ) ) )
  '  |____| .__|_| |_|_| |_\__, | / / / /
 =========|_|==============|___/=/_/_/_/
 :: Spring Boot ::                      (v3.0.0)

2022-11-18T23:32:30.711Z    INFO
1 --- [                      main]
c.s.l.Chapter7Application                    : Starting Chapter7Application
v0.0.1-SNAPSHOT using Java 17.0.5 on 5e4fb7fdead2 with PID 1 (/workspace/BOOT-
INF/classes started by cnb in /workspace)
```

콘솔 출력의 이 부분은 다음과 같이 설명할 수 있다.

- docker run: 도커 컨테이너를 실행하는 명령

- -p 8080:8080: 컨테이너의 내부 포트 번호 8080을 컨테이너 외부의 포트 8080에 매핑하는 인수

- docker.io/library/ch7:0.0.1-SNAPSHOT: 컨테이너 이미지의 이름

나머지 출력은 실행 중인 컨테이너에 대한 도커의 출력이다. 이제 컨테이너가 실행 중이다. 실제로 다른 셸에서 다음과 같이 실행 중인 컨테이너를 볼 수 있다.

```
% docker ps
CONTAINER ID    IMAGE               COMMAND             CREATED
STATUS          PORTS               NAMES
5e4fb7fdead2    ch7:0.0.1-SNAPSHOT  "/cnb/process/web"  5 minutes ago
Up 5 minutes    0.0.0.0:8080->8080/tcp    angry_cray
```

docker ps는 실행 중인 모든 도커 프로세스를 표시하는 명령이다. 책으로 출력 내용을 표시하기에는 약간 비좁지만 이 한 라인 출력에는 다음과 같은 내용이 표시된다.

- 5e4fb7fdead2: 컨테이너의 해시hash ID

- ch7:0.0.1-SNAPSHOT: 컨테이너 이미지의 이름(docker.io 접두사 제외)

- /cnb/process/web: Paketo 빌드팩이 스프링 부트 애플리케이션을 실행하는 데 사용하는 명령

- "5 minutes ago" 및 "Up 5 minutes": 컨테이너가 시작된 시점과 가동된 시간

- 0.0.0.0:8080->8080/tcp: 내부에서 외부로의 네트워크 매핑

- angry_cray: 도커가 이 컨테이너의 인스턴스에 부여한 사람 읽기 쉬운(human-friendly) 이름이다. 해시 코드 또는 이것으로 인스턴스를 참조할 수 있다.

다음처럼 도커를 종료할 수 있다.

```
% docker stop angry_cray
angry_cray
% docker ps
CONTAINER ID     IMAGE     COMMAND     CREATED     STATUS     PORTS     NAMES
```

그러면 전체 컨테이너가 종료된다. 명령을 실행한 콘솔에서 이를 확인할 수 있다.

중요

> 이 예제에서 도커 컨테이너를 기동하는 경우 도커는 사람에게 친숙한 임의의 이름인 angry_cray를 선택했다. 기동하는 모든 컨테이너는 고유하고 사람이 읽기 쉬운 다른 이름을 갖게 된다. 이러한 세부 정보, 컨테이너의 해시값을 사용하거나 도커 데스크톱 애플리케이션에서 간단히 선택하고 클릭해 머신의 컨테이너를 제어할 수 있다.

이제 가장 중요한 단계인 컨테이너 릴리스를 확인할 수 있다.

⁘ 애플리케이션을 도커 허브에 릴리스

컨테이너를 빌드하는 것은 별개의 문제다. 컨테이너를 프로덕션 환경에 배포하는 것은 매우 중요하다. 스프링 애드버킷인 조쉬 롱은 "프로덕션은 지구상에서 가장 행복한 곳이다!"라고 말하는 것을 좋아한다.

컨테이너를 선호하는 클라우드 제공업체로 푸시할 수 있다. 거의 모든 클라우드 제공업체가 도커를 지원한다. 하지만 컨테이너를 도커 허브에도 푸시할 수도 있다.

> **도커 허브 액세스**
>
> 도커 허브는 여러 플랜을 제공한다. 무료 계정을 만들 수도 있다. 회사나 대학교에서 액세스 권한을 부여할 수도 있다. 웹 페이지(https://docker.com/pricing)에서 자신에게 가장 적합한 요금제를 선택하고 계정을 만들자. 계정을 만들고나서 이 절의 나머지 부분을 확인하길 바란다.

콘솔에서 도커 허브 계정으로 바로 로그인할 수 있다.

```
% docker login -u <your_id>
Password: *********
```

이 모든 작업이 완료됐다고 가정하면 이제 다음 명령을 실행해 컨테이너를 도커 허브로 푸시할 수 있다.

```
% docker tag ch7:0.0.1-SNAPSHOT    <user_id>/learning-spring-boot-3rd-edition-
ch7:0.0.1-SNAPSHOT
% docker push <your_id>/learning-spring-boot-3rd-edition-ch7:0.0.1-SNAPSHOT
```

이러한 푸시 단계는 다음과 같은 간결한 명령어에 포함돼 있다. 첫 번째는 여기에 표시된 것처럼 로컬 컨테이너에 태그를 지정하는 것이다.

- docker tag <image> <tag>: 로컬 태그가 0.0.1-SNAPSHOT인 ch7의 로컬 컨테이너 이름에 도커 허브 사용자 ID의 접두사를 붙여 태그를 지정한다. 모든 컨테이너 이미지가 도커 허브 ID와 일치해야 하므로 이 작업이 매우 중요하다.

- 태그가 지정된 컨테이너의 이름도 learning-spring-boot-3rd-edition-ch7이다.

- 태그가 지정된 컨테이너 자체에는 0.0.1-SNAPSHOT라는 태그가 있다.

이는 다소 혼란스러울 수 있다. 도커 허브 컨테이너에는 세 가지 특징이 있다.

- 컨테이너 이름

- 컨테이너 태그

- 컨테이너 네임스페이스^{namespace}

이들은 namespace/name:tag로 함께 사용된다. 이 명명 규칙이 컨테이너의 로컬 이름과 일치할 필요는 없다. 그냥 재사용해도 되지만, 공개될 것이므로 다른 이름을 선택하는 것이 좋다.

태그 지정은 기본적으로 로컬 컨테이너에 공개 이름을 부여하는 방법이다. 다른 도커 리포지터리도 있지만, 현재로서는 도커 허브를 컨테이너 리포지터리로 사용하고 있다. 그리고 도커 허브 정책을 준수하려면 해당 네임스페이스가 도커 허브 계정 ID와 일치해야 한다.

> **latest 태그**
>
> 도커 허브 전체에서 볼 수 있는 일반적인 규칙은 latest라는 태그 이름을 사용하는 것이다. 즉 이러한 태그가 있는 컨테이너를 받으면 최신 릴리스를 얻을 수 있다는 뜻이다. 적어도 가장 안정적인 최신 릴리스를 의미하기도 한다. 하지만 이것은 단지 관례일 뿐이라는 점을 이해하는 것이 중요하다. 태그는 동적이며 이동할 수 있다. 따라서 0.0.1-SNAPSHOT도 최신과 마찬가지로 애플리케이션의 스냅샷 버전을 업데이트할 때마다 푸시하는 동적 태그가 될 수 있다. 여러 릴리스를 관리하는 소프트웨어 퍼블리셔가 도커 허브를 채택함에 따라 가져오는 버전을 나타내는 여러 태그를 관리하게 됐다. 어떤 컨테이너의 태그를 채택하기 전에 해당 컨테이너의 태그 전략을 확인해 정확히 무엇을 가져오는지 이해할 수 있도록 하자.

컨테이너에 태그가 지정되면 다음 명령을 사용해 도커 허브로 푸시할 수 있다.

- docker push <tagged image>: 공개 태그가 지정된 이미지 이름을 사용해 컨테이너를 도커 허브로 푸시한다.

마지막 요점을 다시 설명하면, 공개 이름을 사용해 컨테이너를 도커 허브에 푸시한다. 이 경우 `gturnquist848/learning-spring-boot-3rd-edition-ch7:0.0.1-SNAPSHOT`를 사용해야 한다.

컨테이너를 푸시하면 그림 7.1과 같이 도커 허브에서 컨테이너를 볼 수 있다.

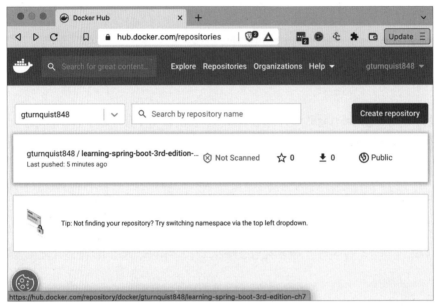

그림 7.1 도커 허브에 푸시된 도커 컨테이너

도커 허브에서 도커 컨테이너 위치

그림 7.1의 스크린샷은 내 도커 허브 리포지터리에서 가져온 것이다. 푸시하는 모든 컨테이너는 자신의 리포지터리에 있어야 한다. 태그를 지정하고 푸시할 때 자신의 도커 허브 ID를 사용하는 것이 중요하다.

도커, 도커 허브, 컨테이너의 세계에 대해 훨씬 더 깊이 들어갈 수 있지만, 솔직히 이 주제만 다루는 책들도 존재한다.

스프링 부트의 핵심은 완성된 애플리케이션을 컨테이너에 담아 사용자에게 배포하는 것을 매우 간단하게 만드는 것인데, 사용자 지정 코드를 작성하지 않고도 이를 수행했다.

이 컨테이너를 다른 쪽에서 가져와서 프로덕션 환경에서 조정을 시작하면 어떨까? 다음 절을 확인해보자.

프로덕션 환경 조정

애플리케이션은 출시 후 조정과 수정이 필요할 때까지는 실제로 프로덕션에 들어간 것이 아니다.

이것이 바로 운영의 본질이다. 그리고 스프링 팀의 다양한 구성원들은 프로덕션 세계에 익숙하지 않다.

uber JAR이나 컨테이너를 넘겨받은 후 조정하고 조정할 수 있는 것은 여러 가지가 있다. 7장의 코드로 빌드된 uber JAR이 있다고 가정하면 다음과 같은 내용을 쉽게 입력할 수 있다.

```
% java -jar target/ch7-0.0.1-SNAPSHOT.jar
```

이렇게 하면 표준 서블릿 포트 8080을 포함한 모든 기본 설정으로 애플리케이션이 실행된다.

하지만 방금 설치한 다른 스프링 부트 웹 애플리케이션 옆에서 실행해야 한다면 어떻게 될까? 다른 포트에서 수신 대기해야 한다는 뜻이다. 더 이상 이야기할 필요가 없다. 다음과 같이 약간 다른 명령을 실행하기만 하면 된다.

```
% SERVER_PORT=9000 java -jar target/ch7-0.0.1-SNAPSHOT.jar
…
2022-11-20T15:36:55.748-05:00    INFO 90544 --- [                    main]
o.s.b.w.embedded.tomcat.TomcatWebServer    : Tomcat started on port(s): 9000
(http) with context path ''
```

콘솔 출력의 맨 아래에서 이제 아파치 톰캣이 대신 포트 9000에서 수신 대기 중임을 알 수 있다.

좋긴 하지만 매번 추가 매개 변수를 입력해야 하는 것은 약간 번거로운 일이다.

사용자 지정 구성 설정을 제공하는 더 좋은 방법은 로컬 폴더에 추가 application. properties 파일을 만드는 것이다.

먼저 다음과 같이 새 application.properties 파일을 만든다.

```
server.port=9000
```

이 속성 재정의 파일에는 하나의 속성이 포함돼 있다. 값이 9000인 스프링 부트의 server. port 설정이다.

이제 처음에 했던 것처럼 uber JAR을 실행할 수 있다.

```
% java -jar target/ch7-0.0.1-SNAPSHOT.jar
…
2022-11-20T15:41:09.239-05:00    INFO 91085 --- [                    main]
o.s.b.w.embedded.tomcat.TomcatWebServer   : Tomcat started on port(s): 9000
(http) with context path ''
```

이번에는 스프링 부트가 시작될 때 로컬 폴더에서 application.properties 파일을 찾는다. 그런 다음 모든 설정을 JAR 파일 내부의 설정에 오버라이드로 적용한다.

포트 9000에서 실행되는 웹 애플리케이션이 생겼다.

하지만 그것이 전부가 아니다. 재정의해야 하는 모든 프로퍼티를 사용할 수 있다. 여러 개의 재정의 파일을 가질 수 있다.

어떤 예가 있을까? 끊임없이 진화하는 요구 사항의 세계에서 관리자가 나타나 인스턴스를 하나도 아닌 3개나 실행해야 한다고 말하는 것을 상상하는 것은 어렵지 않다.

스프링 부트 스케일링

이제 시스템 관리자가 방금 설정한 로드 밸런서와 일치하도록 포트 9000, 9001, 9002에서 애플리케이션을 호스팅해야 한다.

더 확장해 각 인스턴스에 대한 전술적인 이름을 생각해보자. instance1, instance2, instance3과 같이 매우 독자적인 이름을 지어보자.

먼저 로컬 application.properties 파일의 이름을 application-instance1.properties로 변경한다.

그런 다음 파일의 복사본을 만들고 새 파일의 이름을 application-instance2.properties로 지정한다. server.port에 9001이 할당되도록 파일을 편집한다.

그런 다음 이번에는 application-instance3.properties로 또 다른 복사본을 만든다. 이번에는 server.port의 값을 9002로 설정한다.

이제 스프링 부트의 프로파일 지원^{profile support}을 사용해 3개의 인스턴스를 실행할 수 있다. 다음과 같이 instance1을 실행하는 것으로 시작할 것이다.

```
% SPRING_PROFILES_ACTIVE=instance1 java -jar target/ch7-0.0.1-SNAPSHOT.jar
…
2022-11-20T15:52:30.195-05:00    INFO 94504 --- [                    main]
o.s.b.w.embedded.tomcat.TomcatWebServer    : Tomcat started on port(s): 9000
(http) with context path ''
```

이제 instance1이 포트 9000에서 실행되고 있음을 알 수 있다.

다른 콘솔 탭을 열고 다음과 같이 instance2를 실행한다.

```
% SPRING_PROFILES_ACTIVE=instance2 java -jar target/ch7-0.0.1-SNAPSHOT.jar
…
2022-11-20T15:53:36.403-05:00    INFO 94734 --- [                    main]
o.s.b.w.embedded.tomcat.TomcatWebServer    : Tomcat started on port(s): 9001
(http) with context path ''
```

이 콘솔 출력에서 instance2가 포트 9001에서 실행 중인 것을 확인할 수 있다.

여기서 멈추지 말자. 세 번째 콘솔 탭을 열고 다음과 같이 instance3을 실행해보자.

```
% SPRING_PROFILES_ACTIVE=instance3 java -jar target/ch7-0.0.1-SNAPSHOT.jar
…
```

```
2022-11-20T15:55:53.062-05:00      INFO 96783 --- [                    main]
o.s.b.w.embedded.tomcat.TomcatWebServer    : Tomcat started on port(s): 9002
(http) with context path ''
```

이제 서로 다른 포트에서 실행되는 애플리케이션의 인스턴스 3개가 생겼다. 첫 번째 콘솔의 출력에서 다음과 같은 내용을 볼 수 있다.

```
2022-11-20T15:52:28.076-05:00      INFO 94504 --- [                    main]
c.s.l.Chapter7Application                          : The following 1
profile is active: "instance1"
```

이 라인은 스프링 부트가 instance1 프로파일이 active 상태임을 감지했음을 보여준다.

다른 두 콘솔 출력에도 비슷한 항목이 있다. 여기서는 확인하지는 않을 것이다. 간단히 말해서, 프로파일은 단순한 단일 애플리케이션으로 시작한 것을 여러 인스턴스로 실행하는 강력한 방법이다.

하지만 아직 끝나지 않았다. 이 애플리케이션의 기본 구성이 인메모리 HSQL 데이터베이스로 돼 있었기 때문이다. 즉 3개의 인스턴스가 공통 데이터베이스를 공유하지 않는다는 뜻이다.

코드가 이미 테스트컨테이너를 사용해 PostgreSQL에 대해 통합 테스트를 거쳤다는 점을 고려하면, 그러한 데이터베이스의 프로덕션 인스턴스를 가리킬 수 있도록 설정을 조정할 수 있다.

먼저 해당 데이터베이스를 기동해야 한다. 그리고 테스트컨테이너는 도커를 사용해 그 방법을 보여줬다. 독립 실행형 인스턴스를 실행하려면 다음을 시도해보자.

```
% docker run -d -p 5432:5432 --name my-postgres -e
POSTGRES_PASSWORD=mysecretpassword postgres:9.6.12
```

이 명령은 다음과 같은 특성을 가진 PostgreSQL 복사본을 기동한다.

- -d: 인스턴스가 백그라운드 데몬 프로세스로 실행된다.

- -p 5432:5432: 표준 5432 포트를 동일한 포트로 퍼블릭으로 내보낸다.

- --name my-postgres: 컨테이너가 임의의 이름 대신 고정된 이름으로 실행된다. 이렇게 하면 여러 복사본을 동시에 실행할 수 없다.

- -e POSTGRES_PASSWORD=mysecretpassword: 컨테이너가 기재된 내용에 따라 암호를 구성하는 환경 변수를 사용해 실행된다.

- postgres:9.6.12: 테스트컨테이너 기반 통합 테스트에서 발견한 것과 동일한 컨테이너 좌표다.

이를 실행하고 나면 다음과 같은 추가 속성을 사용해 application-instance1.properties를 업데이트할 수 있다.

```
# JDBC DataSource 설정
spring.datasource.url=jdbc:postgresql://localhost:5432/postgres
spring.datasource.username=postgres
spring.datasource.password=mysecretpassword
# JPA 설정
spring.jpa.hibernate.ddl-auto=update
spring.jpa.hibernate.show-sql=true
spring.jpa.properties.hibernate.dialect = org.hibernate.dialect.PostgreSQLDialect
```

JDBC 속성은 다음과 같이 요약할 수 있다.

- spring.datasource.url: 컨테이너 기반 인스턴스에 도달하기 위한 JDBC 연결 URL 이다.

- spring.datasource.username: 컨테이너가 실행되는 기본 postgres 사용자 이름이 포함된다.

- spring.datasource.password: 이 절의 앞부분에서 선택한 비밀번호가 포함된다.

이들은 스프링 부트가 JDBC DataSource 빈을 어셈블하는 데 필요한 모든 속성이다.

JPA 속성은 다음과 같이 설명할 수 있다.

- `spring.jpa.hibernate.ddl-auto`: 필요한 경우 스키마를 업데이트하지만 아무것도 삭제하지 않는 스프링 데이터 JPA 설정이다.

- `spring.jpa.hibernate.show-sql`: 생성되는 SQL 문을 출력하는 스프링 데이터 JPA의 기능을 켠다.

- `spring.jpa.properties.hibernate.dialect`: PostgreSQL 기반 데이터베이스와 대화하고 있다는 신호를 보내는 하이버네이트^{Hibernate} 속성이다.

이러한 모든 설정을 통해 몇 분 전에 가동한 PostgreSQL 데이터베이스 컨테이너와 통신할 수 있도록 JDBC 및 JPA를 조정한다.

프로덕션 데이터 경고

처리해야 할 한 가지는 세 인스턴스 모두 동일한 사전 로드된 데이터를 생성하지 않도록 하는 것이다. 3장과 4장에서는 일부 비디오 항목과 함께 사용자 로그인 데이터를 미리 로드할 수 있는 몇 가지 코드를 애플리케이션에 추가했다. 사실 이 작업은 외부 도구를 사용하는 것이 가장 좋다. 스키마 설정과 데이터 로드는 DBA가 처리하도록 해야 한다. 시작 및 중지되고 여러 인스턴스를 실행하는 애플리케이션은 영구 데이터 관리 정책을 적용할 수 있는 수단이 아니다. 따라서 이러한 빈은 주석을 달거나 최소한 설정과 같은 다른 프로파일로만 실행되도록 플래그를 지정해야 한다. 7장의 시작 부분에 표시된 것처럼 제공된 최종 코드를 살펴보면 코드에서 이러한 제한 사항과 함께 application-setup.properties 파일을 확인할 수 있다. 여기서는 표시하지 않지만 애플리케이션이 이 데이터를 미리 로드하도록 하려면 프로파일 setup과 함께 실행하자. 이 작업은 데이터베이스를 시작한 후에 한 번만 수행한다.

여기서부터 한계란 없다. 이렇게 하고 싶지는 않지만 수십 개의 복사본을 실행할 수도 있다. 바로 이 지점에서 여러 애플리케이션을 오케스트레이션하기 위한 무언가를 사용하는 것이 중요해진다.

쿠버네티스^{Kubernetes}와 **스피네이커**^{Spinnaker}를 비롯한 몇 가지 옵션이 있다. 쿠버네티스는 도커 컨테이너 오케스트레이터다. 이를 통해 컨테이너와 로드 밸런서를 전체적으로 관리할 수 있다. 자세한 내용은 웹 사이트(https://springbootlearning.com/kubernetes)를 참조하자.

스피네이커는 지속적 배포 파이프라인이다. 이 기능을 사용하면 커밋을 깃허브 리포지터리로 가져와서 uber JAR로 패키징하고, 도커 컨테이너 이미지를 베이킹한 다음, 프로덕션에서 롤링rolling 업그레이드를 통해 관리할 수 있다. 좀 더 자세한 내용은 웹 사이트(https://springbootlearning.com/spinnaker)를 참조하자.

물론 VMware 탄주Tanzu도 있다. 탄주는 단순한 도커 오케스트레이터가 아닌 완전한 패키지다. 다른 것들과 함께 쿠버네티스를 견고하게 지원한다. 웹 사이트(https://springbootlearning.com/tanzu)를 참조하자.

이 모든 도구는 각각 장단점이 있는 강력한 도구다. 그리고 프로덕션 환경에서 스프링 부트 애플리케이션을 관리할 수 있는 포괄적인 방법을 제공한다.

⁙ 요약

7장에서는 어디서나 실행할 수 있는 uber JAR 생성, 자바 없이 로컬에서 실행할 수 있는 도커 컨테이너 이미지 베이킹, 클라이언트가 사용할 수 있는 도커 허브로 도커 컨테이너 푸시, 번들로 제공된 것과는 다른 영구 데이터베이스를 가리키는 uber JAR의 여러 인스턴스 실행 등 몇 가지 핵심 기술을 배웠다.

이것으로 7장을 마친다. 8장에서는 GraalVM과 네이티브 애플리케이션이라는 것을 통해 스프링 부트 애플리케이션의 속도를 거의 워프warp 속도에 가깝게 높일 수 있는 방법에 대해 자세히 알아볼 것이다.

08

스프링 부트로
네이티브 전환

7장에서는 코드 모음에서 클라우드를 포함한 모든 프로덕션 환경에 사용할 수 있는 실행 파일로 애플리케이션을 전환하는 여러 가지 방법을 배웠다. 또한, 필요에 따라 확장할 수 있도록 애플리케이션을 조정하는 방법도 배웠다.

7장에서 다룬 도구를 기반으로, 스프링 부트 애플리케이션을 자바 11 버전까지 끌어올릴 수 있는 최첨단 플랫폼을 통해 네이티브 애플리케이션으로 전환해 실질적으로 미래에 대비할 준비가 돼 있는지 살펴볼 것이다.

8장에서는 다음과 같은 주제를 다룬다.

- GraalVM이 중요한 이유

- GraalVM에 맞게 애플리케이션 갱신

- GraalVM으로 기본 스프링 부트 애플리케이션 실행

- GraalVM으로 도커 컨테이너 베이킹하기

8장의 초점은 스프링 부트 애플리케이션을 작성하는 것이 아니라 더 빠르고 효율적인 형식으로 컴파일하는 것이다. 따라서 새로운 코드를 작성할 필요가 없다. 앞의 깃허브 링크를 확인하면 8장의 코드가 7장의 코드를 복사한 것임을 알 수 있다. 하지만 빌드 파일은 조금 다르며 다음 절에서 소개할 것이다.

⠿ GraalVM이 중요한 이유

수년 동안 자바는 많은 비판을 받아왔다. 초창기부터 가장 큰 단점 중 하나는 성능이었다. 어느 정도는 사실이지만, 자바는 원시 성능 수준에서 다른 플랫폼과 경쟁할 수 있는 전술을 채택함으로써 비약적인 발전을 이뤘다.

그럼에도 사람들은 시작 시간 등 사소해보일 수 있는 문제로 인해 자바에 대한 비판을 계속 해왔다. 실제로 자체 가상 머신 내에서 실행되는 자바 애플리케이션은 Go나 C++ 바이너리만큼 빠르지 않다. 하지만 웹 애플리케이션은 가동 시간이 긴 경우가 많기 때문에 오랫동안 이 문제는 이슈가 되지 않았다.

그러나 프로덕션의 새로운 영역에서 이러한 약점이 노출됐다. 10,000개의 인스턴스가 한꺼번에 실행되고 하루에 여러 번 교체되는 지속적 배포continuous deployment 시스템으로 인해 30초 단위의 비용이 클라우드 요금에 추가되기 시작했다.

프로덕션 시스템 분야에서 새로운 플레이어는 실행 가능한 함수다. 이제 단일 함수를 AWS 람다와 같은 플랫폼에서 전체 애플리케이션으로 배포하는 것이 가능해졌다. 그리고 그 결과를 배포된 다른 함수로 바로 전달할 수 있다.

이러한 시나리오에서 함수가 필요에 따라 즉시 가동되는 경우, 시작 시간과 같은 요소는 사람들이 사용하는 기술을 크게 좌우한다.

그래서 등장한 것이 바로 **GraalVM**이다.

오라클의 GraalVM은 기본적으로 거의 모든 프로그래밍 언어를 지원하는 새로운 가상 머신이다. 자바 JAR 파일을 JVM에서 실행하지 말고, GraalVM에서 실행해보자.

GraalVM은 자바, 자바스크립트^{JavaScript}, 파이썬^{Python}, 루비^{Ruby}, R, C, C++를 대상으로 하는 고성능 런타임이다. 수천 개의 시스템 인스턴스를 실행하는 경우 애플리케이션의 전체 성능이 큰 차이를 만들 수 있다.

자바의 복잡성을 줄이기 위해 끊임없이 노력하는 스프링 팀이 여러분을 돕고자 한다. 2019년부터 실험적인 프로젝트인 스프링 네이티브^{Native}가 탄생했다. 그 이후로 스프링 포트폴리오의 거의 모든 부분이 조정돼 모든 스프링 부트 애플리케이션에 GraalVM의 강력한 성능을 제공하기 위한 노력을 지원하고 있다.

이 모든 것이 최종 사용자의 번거로움을 최소화한다.

따라서 8장의 나머지 부분에서는 이전 장들에서 배운 애플리케이션을 가져와서 GraalVM의 엄격한 기준에 맞게 조정하는 방법을 살펴볼 것이다.

⁂ GraalVM에 맞게 애플리케이션 갱신

네이티브 애플리케이션을 구축하는 방법에는 항상 새로운 애플리케이션을 만들거나 기존 애플리케이션을 가져와서 업데이트하는 두 가지 방법이 있다. 스프링 부트 3.0과 네이티브 애플리케이션 지원 채택 덕분에 기존 애플리케이션을 업데이트해 JVM 대신 GraalVM을 사용하는 것이 매우 쉬워졌다.

자바 가상 머신 코드

자바 코드는 초창기부터 항상 **바이트코드**(bytecode)로 컴파일돼 JVM에서 실행되도록 설계됐다. 그 결과 '한 번 작성하면 어디서나 실행된다'는 일반적인 표현이 생겼다. 컴파일된 모든 자바 바이트코드는 파일의 모든 측면이 자바 사양에 의해 캡처되기 때문에 어떤 컴퓨터에서 실행되든 호환되는 모든 JVM에서 실행할 수 있다. 이는 애플리케이션이 배포될 모든 머신 아키텍처에 대해 개별적으로 컴파일해야 했던 이전 시대에서 비해 큰 변화였다. 당시에는 혁신적이었으며, JIT(Just-In-Time) 컴파일러 속도 향상, 동적으로 애플리케이션을 더 슬림하고 간결하게 만드는 등 컴파일 후에 다른 개선 사항도 가능하게 했다.

GraalVM용으로 애플리케이션을 컴파일하는 것은 일부 보존된 유연성을 포기하고 더 빠르고 메모리 효율적인 코드를 얻는 것을 의미한다.

그렇다면 왜 모든 애플리케이션을 GraalVM용으로 컴파일하지 않느냐는 의문이 생길 수 있다.

GraalVM에는 장단점이 있기 때문이다.

GraalVM이 수행하는 몇 가지 작업을 수행하려면 몇 가지 핵심 기능을 포기해야 한다.

- 리플렉션reflection[1]에 대한 제한적 지원

- 동적 프록시에 대한 제한적 지원

- 외부 리소스의 특별한 처리

왜냐하면 GraalVM은 코드에 대한 고급 분석을 수행하기 때문이다. 접근성reachability이라는 개념을 사용해 기본적으로 애플리케이션을 시작한 다음 GraalVM이 볼 수 있는 코드를 분석한다. 가시성이 없는 코드는 최종 네이티브 이미지에서 단순히 제거된다.

네이티브 애플리케이션에서는 여전히 리플렉션이 가능하다. 하지만 모든 것을 직접 볼 수 있는 것은 아니기 때문에 놓치는 것이 없도록 추가 구성이 필요할 수 있다.

프록시도 비슷한 문제가 있다. 지원하려는 프록시는 네이티브 이미지를 빌드할 때 생성해야 한다.

즉 리플렉션 전술을 통한 코드 접근, 데이터 역직렬화, 프록시 사용이 이전보다 더 까다롭고 예전처럼 간단하지 않다. 제대로 캡처하지 않으면 애플리케이션의 특정 부분이 제거될 위험이 있다.

이것이 바로 모든 스프링 포트폴리오 프로젝트가 GraalVM이 필요한 모든 요소를 찾을 수 있도록 필요한 힌트를 제공하기 위해 신중하게 작업해온 이유 중 하나다.

---

1 리플렉션(reflection)은 런타임(runtime) 동안 프로그램의 구조에 접근하고 수정할 수 있는 기능을 의미한다. – 옮긴이

또한, 스프링 프레임워크가 애플리케이션 콘텍스트를 관리하기 위해 리플렉션 전술의 사용
을 줄인 이유이기도 하다. 그리고 애플리케이션의 실제 프록시 수를 줄이기 위해 스프링 부
트가 빈 정의가 포함된 구성 클래스를 프록시하지 않는 일반적인 접근 방식을 채택한 이유
이기도 하다.

지난 2년 동안 스프링 팀은 불필요한 리플렉션 호출을 제거하고 프록시의 필요성을 줄이면
서 스프링 포트폴리오의 다양한 측면을 조정하고 조정하기 위해 GraalVM 팀과 끊임없이
협력해왔다. 그뿐만 아니라 스프링 코드와 더 잘 작동하도록 GraalVM에 많은 개선이 이뤄
졌다.

GraalVM을 선택하고 실행하기 위해 우리가 가장 좋아하는 친구인 **스프링 이니셜라이저**
(https://start.spring.io)로 돌아가자.

이제 새로운 좌표 집합으로 시작한다.

- **Project**: Maven

- **Group**: com.springbootlearning.learningspringboot3

- **Artifact**: ch8

- **Name**: Chapter 8

- **Description**: Going Native with Spring Boot

- **Package name**: com.springbootlearning.learningspringboot3

- **Packaging**: Jar

- Java: 17

- Dependencies:

  - Spring Web

  - Mustache

  - H2 Database

  - Spring Data JPA

  - Spring Security

  - GraalVM Native Support

여기에서 **EXPLORE**를 클릭한다. 빌드 파일을 보여주는 팝업이 나타나면 스프링 부트 네이티브 애플리케이션을 빌드하는 데 필요한 항목을 확인할 수 있다.

발견된 스프링 부트 스타터에는 다음이 포함된다.

- spring-boot-starter-data-jpa

- spring-boot-starter-web

- spring-boot-starter-mustache

- spring-boot-starter-security

- h2

- spring-boot-starter-test

기본적으로 하이버네이트와 프록시된 엔티티를 포함하는 스프링 데이터 JPA를 사용하고 있기 때문에 다음 추가 플러그인이 존재한다.

```
<plugin>
    <groupId>org.hibernate.orm.tooling</groupId>
    <artifactId>hibernate-enhance-maven-plugin</artifactId>
```

```
        <version>${hibernate.version}</version>
        <executions>
            <execution>
                <id>enhance</id>
                <goals>
                    <goal>enhance</goal>
                </goals>
                <configuration>
                    <enableLazyInitialization>true</enableLazyInitialization>
                    <enableDirtyTracking>true</enableDirtyTracking>
                    <enableAssociationManagement>true</enableAssociationManagement>
                </configuration>
            </execution>
        </executions>
    </plugin>
```

이는 하이버네이트의 프록시가 GraalVM에서 제대로 작동하는 데 중요하다고 판단한 몇 가지 설정을 추가하는 데 도움이 된다.

빌드 파일 상단에서 확인할 수 있는 spring-boot-starter-parent에서 제공하는 또 다른 기능은 native 메이븐 프로파일이다. 이 프로파일을 활성화하면 spring-boot-maven-plugin에 대한 설정이 변경된다. GraalVM의 native-maven-plugin뿐만 아니라 **AOT**^{Ahead-Of-Time} 컴파일 도구 세트를 포함한 다른 도구도 온라인으로 제공된다.

다음 절에서 이 모든 것을 활용해 초고속으로 네이티브 애플리케이션을 빌드하는 방법을 살펴볼 것이다.

GraalVM과 스프링 부트

우리는 코드 개발의 새로운 영역에 진입하고 있다. 스프링 부트 애플리케이션을 빌드하는 것뿐만 아니라 GraalVM과 같은 대체 도구를 사용해 애플리케이션을 빌드하는 것에 대해서도 이야기하고 있다. 스프링 부트의 GraalVM 네이티브 이미지 지원에 대한 내용을 웹 사이트(https://springbootlearning.com/graalvm)에서 읽어보기 바란다.

⁙ GraalVM으로 기본 스프링 부트 애플리케이션 실행

스프링 부트용 애플리케이션을 빌드할 때 일반적인 규칙은 `./mvnw clean package`를 실행하는 것이다. 이렇게 하면 이전 요소가 정리되고 새로운 uber JAR이 생성되며, 이는 이미 7장에서 살펴본 내용이다.

스프링 부트 3.0으로 메이븐 기반 프로젝트를 빌드하려면 자바 17이 설치돼 있어야 한다. 하지만 네이티브 이미지를 빌드하려면 과정을 변경해야 한다.

이전 절에서 언급한 네이티브 메이븐 프로파일과 함께 제공되는 `native-maven-plugin`을 사용하려면 다른 JVM을 설치해야 한다. 네이티브 이미지를 빌드하는 데 필요한 추가 도구가 있다. 머신에서 다른 JVM을 관리하는 가장 쉬운 방법은 **sdkman**(https://sdkman.io)을 사용하는 것이다.

> **sdkman?**
>
> sdkman은 여러 JDK를 설치하고 쉽게 전환할 수 있는 오픈 소스 도구다. sdk install java 17.0.3-tem을 실행한 다음 sdk use java 17.0.3-tem을 실행하는 것은 이클립스(Eclipse) 재단의 Temurin Java 17.0.3 릴리스를 다운로드, 설치, 전환하는 것만큼이나 간단하다. 이클립스 재단은 현재 자카르타 EE의 유지 관리자다. 예를 들어, M1 맥 또는 구형 인텔 맥을 사용하는 경우 sdkman은 올바른 버전의 JDK를 설치할 수 있다. 그리고 이번 경우에는 머신에서 네이티브 이미지를 빌드하는 데 필요한 모든 도구가 포함된 GraalVM의 자체 JDK를 설치할 수 있다.

GraalVM에서 네이티브 애플리케이션을 빌드하려면 다음 명령을 입력해 GraalVM 도구가 포함된 자바 17 버전을 설치해야 한다.

```
% sdk install java 22.3.r17-grl
```

설치가 완료되면 다음을 입력해 전환할 수 있다.

```
% sdk use java 22.3.r17-grl
```

해당 버전의 자바에 어떤 기능이 있는지 살펴볼 수도 있다.

```
% java -version
openjdk version "17.0.5" 2022-10-18
OpenJDK Runtime Environment GraalVM CE 22.3.0 (build 17.0.5+8-jvmci-22.3-b08)
OpenJDK 64-Bit Server VM GraalVM CE 22.3.0 (build 17.0.5+8-jvmci-22.3-b08,
mixed mode, sharing)
```

위 버전은 자바 17이라고도 알려진 **OpenJDK** 버전 17이지만 **GraalVM 커뮤니티 에디션**^{CE,}
Community Edition 버전 22.3.0이 포함돼 있다. 기본적으로 자바 17의 모든 비트는 GraalVM
22.3과 함께 섞여 있다.

> **OpenJDK?**
>
> **OpenJDK**는 모든 자바 배포판의 소스다. 자바의 발명자인 썬 마이크로시스템즈(SUN Microsystems)와
> 이후 오라클이 처음에 자바의 공식 릴리스를 만들었다. 그러나 자바 7 이후 모든 릴리스는 OpenJDK로
> 시작된다. 모든 벤더는 OpenJDK를 기본으로 해 필요에 따라 자유롭게 추가 기능을 적용할 수 있다. 그러
> 나 자바의 모든 배포판은 자바 집행 위원회에서 발표한 **기술 호환성 키트**(TCK, Technology Compatibility
> Kit)를 통과해야 커피 컵 로고를 획득할 수 있다. 공급업체마다 지원 기간과 유지 보수 또는 소스로 가져갈
> 패치의 수준이 다르다. 특정 벤더의 배포판은 TCK 인증을 받지 않은 경우도 있으므로 JDK를 선택하기
> 전에 모든 세부 정보를 읽어보길 바란다.

GraalVM CE의 자바 17을 활성화하면 마침내 애플리케이션을 네이티브로 빌드할 수
있다. 이를 위해 다음 명령을 실행해야 한다.

```
% ./mvnw -Pnative clean native:compile
```

> **윈도우에서 네이티브 이미지 빌드**
>
> 리눅스는 네이티브 이미지를 구축하기에 가장 간단한 플랫폼일 것이다. 맥도 M1 칩셋에서 약간의 차이가
> 있지만 강력한 지원을 제공한다. 하지만 윈도우에서 네이티브 이미지를 빌드하려면 스프링 부트 참조 문
> 서(https://springbootlearning.com/graalvm-windows)의 윈도우 절을 확인해야 한다. 여기에는 윈도
> 우에서 네이티브 이미지를 빌드하기 위해 컴퓨터에 설치해야 하는 항목에 대한 자세한 내용이 나와 있다.
> 또한 윈도우에서 메이븐으로 빌드할 때 mvnw.cmd를 사용하는 것을 잊지 말자.

이 명령은 네이티브 프로파일이 켜진 상태에서 애플리케이션을 컴파일한다. 이 명령은 이전 절에서 언급한 native-maven-plugin을 활용한다. 이 프로세스는 표준 구성을 사용해 빌드하는 것보다 시간이 조금 더 걸릴 수 있다. 그리고 많은 주의 사항이 존재한다.

이 프로세스에는 코드를 완전히 스캔하고 AOT 컴파일이라고 알려진 작업을 수행하는 과정이 포함된다. 기본적으로 바이트코드 형식으로 남겨됐다가 JVM이 시작될 때 로컬 머신 코드로 변환하는 대신 미리 변환하는 방식이다.

이를 위해서는 프록시 사용 및 리플렉션과 같은 특정 기능을 축소해야 한다. 스프링이 자체적으로 GraalVM에 대응하기 위해 지원하는 기능 중 하나는 프록시 사용을 줄이고 필요하지 않은 경우 리플렉션을 사용하지 않도록 하는 것이다. 이러한 기능을 여전히 사용할 수 있는 방법이 있지만 기본 실행 파일의 크기가 커지고 일부 이점이 제거될 수 있다. 또한, AOT 도구는 리플렉션 호출과 프록시 사용의 반대편에 있는 모든 것을 볼 수 없으므로 추가 메타데이터를 등록해야 한다.

출력의 일부는 여기에서 볼 수 있다.

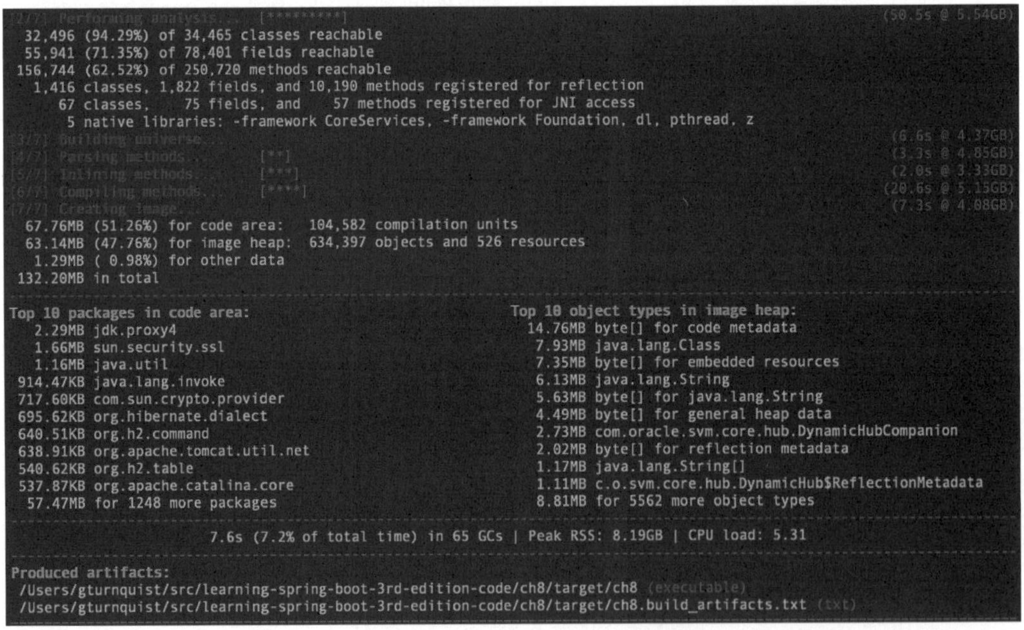

그림 8.1 mvnw -Pnative clean native:compile 출력

결과 아티팩트는 uber JAR 파일도 아니고 실행 가능한 JAR 파일도 아니다. 대신 빌드된 플랫폼의 실행 파일이다.

중요

초기부터 자바의 가장 인기 있는 기능 중 하나는 한 번만 작성하면 어디서나 실행할 수 있는 특성이다. 이는 일반적으로 플랫폼에 독립적인 **바이트코드**로 컴파일되고 머신마다 다를 수 있는 가상 머신인 **JVM** 내부에서 실행되기 때문에 가능하다. GraalVM은 이 모든 것을 우회한다. 최종 실행 파일은 어디에서나 실행되는 특성을 갖지 않는다. 프로젝트의 기본 디렉터리에 target/ch8 파일을 입력하면 최종 애플리케이션을 검사할 수 있다. 내 컴퓨터에서는 Mach-O 64-bit executable arm64로 읽힌다.

네이티브 애플리케이션을 실행하려면 다음과 같이 하면 된다.

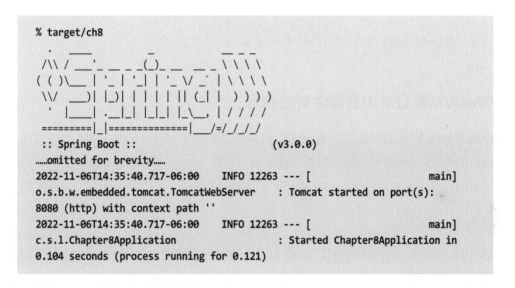

```
% target/ch8
  .   ___          _            __ _ _
 /\\ / ___'_ __ _ _(_)_ __  __ _ \ \ \ \
( ( )\___ | '_ | '_| | '_ \/ _` | \ \ \ \
 \\/  ___)| |_)| | | | | || (_| |  ) ) ) )
  '  |____| .__|_| |_|_| |_\__, | / / / /
 =========|_|==============|___/=/_/_/_/
 :: Spring Boot ::                       (v3.0.0)
……omitted for brevity……
2022-11-06T14:35:40.717-06:00    INFO 12263 --- [                    main]
o.s.b.w.embedded.tomcat.TomcatWebServer    : Tomcat started on port(s):
8080 (http) with context path ''
2022-11-06T14:35:40.717-06:00    INFO 12263 --- [                    main]
c.s.l.Chapter8Application                  : Started Chapter8Application in
0.104 seconds (process running for 0.121)
```

마지막 줄에서 애플리케이션이 0.104초 만에 시작됐음을 알 수 있다. 자바 애플리케이션의 경우에 이는 매우 빠른 속도다.

그림 8.2와 같은 팝업이 표시될 수 있다.

그림 8.2 네트워크 연결 허용 권한을 요청하는 네이티브 애플리케이션

정말 많은 노력이 필요했다. 그렇다면 왜 이렇게까지 해야 할까?

GraalVM을 다시 사용해야 하는 이유

GraalVM과 함께 작동하도록 애플리케이션을 구성하는 데 약간의 추가 노력이 필요했다. 애플리케이션 자체를 빌드하는 데도 시간이 더 걸렸다. 게다가 자바의 특징인 '한 번만 작성하고 어디서나 실행 가능한' 놀라운 유연성을 포기해야 했다.

그 이유는 무엇일까?

클라우드에서 이 애플리케이션을 1,000개의 인스턴스로 실행한다고 상상해보자. 애플리케이션을 시작하는 데 20초가 걸린다면 어떨까? 인스턴스 1,000개 실행 시간은 20,000초 또는 5.6시간으로 환산된다.

이는 5.6시간의 비용이 청구되는 클라우드 사용 시간을 말한다.

변경 사항을 롤아웃할 때마다 청구 시간이 5.6시간씩 추가되면 비용은 점점 늘어나기 시작할 것이다. 지속적 배포를 수용하고 모든 수정 사항에 대한 커밋commit을 진행한다면 청구서를 감당하지 못할 수도 있다. 운영 관점에서는 문제가 없을지 몰라도 청구 관점에서는 분명 그럴 수 있다.

대신 방금처럼 0.1초 만에 애플리케이션이 실행된다면 인스턴스 1,000개는 17분 미만의 클라우드 시간만 소요될 것이다. 엄청난 비용 절감 효과다.

또한, 애플리케이션이 보다 효율적인 메모리 구성으로 실행된다. 지속적 배포 시스템이 대상 환경과 동일한 운영체제에서 애플리케이션을 빌드하는 한, '한 번만 작성하고 어디서나 실행 가능한' 부분은 문제가 되지 않는다.

로컬 빌드 머신에 대상 환경이 없다면 어떻게 해야 할까? 윈도우 또는 맥에서 작업하고 있지만 클라우드가 리눅스 기반 도커 컨테이너를 사용해 운영된다면 어떨까?

다행히도 다음 절에서 이에 대한 해결책을 다룬다.

⁙ GraalVM으로 도커 컨테이너 베이킹

8장의 앞부분에서는 GraalVM의 OpenJDK 배포를 설치하고 로컬에서 네이티브 애플리케이션을 빌드했다. 하지만 이것이 유일한 방법은 아니며 항상 이상적인 방법도 아니다.

예를 들어, 리눅스 기반 클라우드 구성에서 애플리케이션을 실행하려는 경우 맥북 프로 또는 윈도우 컴퓨터에서 로컬로 애플리케이션을 빌드하는 것은 적합하지 않다.

7장에서는 `./mvnw spring-boot:build-image`를 사용하고 Paketo 빌드팩이 애플리케이션을 도커 컨테이너에 어셈블하도록 하는 방법을 배웠다. 비슷한 방법을 사용해 도커 컨테이너 내에서 네이티브 애플리케이션을 빌드할 수 있다.

다음 명령을 실행하기만 하면 된다.

```
% ./mvnw -Pnative spring-boot:build-image
```

이것은 5장의 `spring-boot:build-image` 명령과 `native` 메이븐 프로파일을 결합한다.

이 프로세스는 네이티브 애플리케이션을 로컬에서 빌드하는 것보다 시간이 더 오래 걸릴 수 있지만, 완료되면 네이티브 애플리케이션이 포함된 완전히 베이크된 도커 컨테이너를 갖게 된다는 이점이 있다.

7장에서 설명한 대로 이제 로컬 머신에서 실행하거나, 클라우드 제공업체에 푸시하거나, 도커 허브에 애플리케이션을 릴리스할 수 있는 여러 가지 옵션이 있다.

주의

> 이 글을 쓰는 시점에서 M1 맥은 이 옵션을 지원하지 않는다. ./mvnw –Pnative spring–boot:build–image를 호출하면 프로세스가 시작되지만 특정 단계에서는 단순히 중단되고 더 이상 진행되지 않는다. 프로세스를 중지하려면 도커 데스크톱(Docker Desktop)으로 이동해 이 작업을 수행하는 데 사용 중인 Paketo 빌드팩을 종료해야 한다. 다른 빌드팩 구성을 플러그인할 수 있는 spring–boot–maven–plugin에 대한 재정의가 존재한다. spring–boot–starter–parent를 네이티브로 사용하는 경우 IDE 내부에서 해당 pom.xml 파일을 살펴보고 해당 기본 프로파일을 찾으면 빌더를 사용해 해당 플러그인을 구성하는 방법을 확인할 수 있다.

이 모든 작업을 수행한 후에도 여전히 남아 있는 혼란이 있을 수 있다.

스프링 부트 3.0과 스프링 부트 2.7 및 스프링 네이티브 비교

스프링 네이티브에 대해 들어봤을 것이다. 이에 대한 블로그 글도 많이 있다. 심지어 내 채널에서도 스프링 네이티브 사용에 대해 설명하는 동영상을 찾을 수 있다. 눈치챘겠지만 지금까지 스프링 네이티브에 대해 언급한 적이 없었다.

스프링 네이티브는 스프링 부트 2.7을 위해 만들어진 실험적인 브리지 프로젝트^{bridge project}였다. 스프링 네이티브에 있는 비트는 스프링 부트 3.0 및 스프링 프레임워크 6에서 일급 객체로 만들어졌다. 네이티브 모드로 컴파일하기 위해 프로젝트에 추가해야 하는 것은 없다.

start.spring.io에서 GraalVM 네이티브 지원을 추가하기는 했지만, 이는 spring-boot-maven-plugin에 대한 추가 지원을 제공하기 위한 것이었다. 이를 통해 hibernate-enhance-maven-plugin을 도입해 GraalVM에서 제대로 작동하는 데 필요한 모든 메타데이터를 빌드할 수 있었다.

그러나 네이티브 애플리케이션을 작동시키는 데 사용되는 모든 AOT 처리 및 메타데이터 관리는 최신 버전의 스프링 포트폴리오에 있다.

GraalVM 및 기타 라이브러리

스프링 포트폴리오는 GraalVM을 지원하도록 맞춰지고 있다. 대부분의 프로젝트가 이를 지원한다. 하지만 그렇다고 해서 모든 서드파티 라이브러리가 지원되는 것은 아니다. 스프링 부트의 참조 문서에 명시된 바와 같이 "GraalVM 네이티브 이미지는 진화하는 기술이며 모든 라이브러리가 지원을 제공하지는 않는다"라고 명시돼 있다.

스프링 팀은 모든 모듈이 궁극적으로 네이티브 이미지를 지원할 수 있도록 하기 위해 부단히 노력하고 있을 뿐만 아니라 GraalVM 팀과 직접 협력해 GraalVM 자체가 제대로 작동하도록 하고 있다.

네이티브 이미지 개선에 관한 향후 포스팅을 spring.io/blog에서 계속 지켜보자.

⠿ 요약

8장에서는 GraalVM을 사용해 네이티브 이미지를 빌드하는 방법을 배웠다. 이것은 표준 JVM을 사용해 빌드할 때보다 더 빠르고 효율적인 애플리케이션 버전이다. 또한, Paketo 빌드팩을 사용해 네이티브 이미지를 도커 컨테이너에 베이크하는 방법도 배웠다.

9장에서는 반응형reactive 프로그래밍의 세계에 발을 들여놓음으로써 스프링 부트 애플리케이션을 더욱 효율적으로 만드는 방법을 알아볼 것이다.

4부

스프링 부트
애플리케이션 확장

때로는 기존 서버에서 더 많은 성능을 끌어내야 할 때가 있다. 단순히 서버를 더 구입하면 좋겠지만 다른 방법이 있다. 반응형 프로그래밍을 통해 스프링 부트 애플리케이션을 훨씬 더 효율적으로 만드는 방법을 배워볼 것이다.

4부는 다음 장으로 구성돼 있다.

- **9장**, 반응형 웹 컨트롤러 작성
- **10장**, 반응형 데이터 작업

09

반응형 웹 컨트롤러 작성

이전 8개의 장에서는 스프링 부트 애플리케이션을 빌드하는 데 필요한 모든 주요 구성 요소를 모아봤다. 이를 도커 컨테이너에 번들링하고 표준 JVM 대신 GraalVM에서 네이티브 모드로 실행되도록 조정하기도 했다.

하지만 이런 모든 작업을 수행한 후에도 애플리케이션이 여전히 많은 유휴 시간으로 인해 어려움을 겪고 있다면 어떨까? 애플리케이션이 현재 요구 사항을 충족하기 위해 엄청난 수의 인스턴스를 호스팅해야 하기 때문에 클라우드 요금이 폭등하고 있다면 어떨까?

다시 말해, 스프링 부트를 포기하지 않고도 전체에서 훨씬 더 많은 효율성을 끌어낼 수 있는 다른 방법이 있을까?

스프링 부트와 반응형 프로그래밍에 온 것을 환영한다.

9장에서는 다음과 같은 주제를 다룰 것이다.

- 반응형 프로그래밍이 무엇이며 왜 우리가 관심을 가져야 하는지 알아보기
- 반응형 스프링 부트 애플리케이션 생성

- 반응형 GET 메서드로 데이터 서비스

- 반응형 POST 메서드로 들어오는 데이터 소비

- 반응형 템플릿 서비스

- 반응형 하이퍼미디어 생성

> **9장의 코드 위치**
>
> 9장의 코드는 깃허브 저장소(https://github.com/PacktPublishing/Learning-Spring-Boot-3.0/tree/main/ch9)에서 확인할 수 있다.

반응형이란 무엇이며 관심을 가져야 할 이유

말 그대로 수십 년 동안 애플리케이션을 확장하는 데 도움이 되는 다양한 구조가 등장했다. 여기에는 스레드 풀^{thread pool}, 동기화된 코드 블록, 더 많은 코드 사본을 안전하게 실행하는 데 도움이 되는 콘텍스트 전환 메커니즘이 포함돼 있었다.

그리고 일반적으로 모두 실패했다.

오해하지 말자. 사람들은 어느 정도 강력한 시스템을 운영하고 있다. 하지만 멀티스레드 구조에 대한 기대는 컸지만, 구현은 까다롭고 솔직히 제대로 구현하기가 어려웠으며 그 결과도 빈약했다.

사람들은 여전히 필요한 서비스의 인스턴스를 10,000개씩이나 실행하게 되고, Azure나 AWS에서 애플리케이션을 호스팅할 경우 매달 막대한 비용이 청구될 수 있다.

하지만 다른 방법이 있다면 어떨까? 다수의 스레드와 스위칭이라는 개념이 허울뿐이라면 어떨까?

반응형

증거는 다음과 같다. 스레드가 하나뿐인 환경인 브라우저의 **반응형** 자바스크립트 툴킷은 놀라운 성능을 보여줬다. 단일 스레드 환경은 제대로만 접근하면 강력한 확장성과 성능을 발휘할 수 있다.

우리는 반응형이라는 용어를 계속 사용하고 있다. 무슨 의미일까?

다음과 같은 맥락으로 반응형 스트림Reactive Stream에 대해 이야기하고 있다. 다음은 공식 문서에서 발췌한 내용이다.

> "반응형 스트림은 논블로킹non-blocking 백 프레셔back pressure가 없는 비동기 스트림 처리를 위한 표준을 제공하는 이니셔티브initiative다. 여기에는 네트워크 프로토콜뿐만 아니라 런타임 환경(JVM 및 자바스크립트)을 대상으로 한 노력도 포함된다."
>
> – 반응형 스트림 공식 사이트(https://www.reactive-streams.org/)

관찰된 주요 특징은 빠른 데이터 스트림이 스트림의 대상을 오버런overrun하지 않도록 해야 한다는 것이다. 반응형 스트림은 백프레셔라는 개념을 도입해 이 문제를 해결한다.

백프레셔는 기존의 게시-구독publish-subscribe 패러다임을 풀pull 기반 시스템으로 대체한다. 다운스트림downstream 컨슈머consumer는 게시자publisher에게 다시 연락해 처리할 준비가 된 유닛을 1개, 10개 또는 얼마든지 요청할 수 있는 권한을 갖는다. 반응형 스트림의 통신 메커니즘을 **시그널**signal이라고 한다.

백프레셔 시그널은 표준에 포함돼 있어 여러 개의 반응형 스트림 구성 요소를 연결하면 전체 애플리케이션에 백프레셔가 발생한다.

레이어 7 네트워크 프로토콜인 **RSocket**도 있다. 이 프로토콜은 **TCP** 또는 **WebSockets/Aeron** 위에서 실행되며 언어에 구애받지 않는다는 점에서 **HTTP**와 유사하지만, 백프레셔가 내장돼 있다. 반응형 스트림 구성 요소는 적절한 제어를 통해 네트워크를 통해 순전히 반응형 방식으로 통신할 수 있다.

백프레셔가 허용하는 것은 무엇인가?

전통적인 시스템에서는 한계점을 찾아야 하는 경우가 드문 일이 아니다. 시스템 어딘가에 특정 구성 요소에 과부하가 걸리는 지점이 있다. 이 문제가 해결되면 문제는 다음 지점으로 넘어가기 마련인데, 보통 주요 문제가 해결될 때까지는 그 지점이 어디인지 명확하게 알 수 없다.

반응형 스트림 세부 정보

반응형 스트림은 매우 간단한 사양으로, 인터페이스가 4개밖에 없을 정도로 간단하다. 게시자, 구독자, 구독, 프로세서의 네 가지 인터페이스만 갖고 있다.

- **게시자**Publisher: 하나의 결과물이든 무한한 양이든 결과물을 생성하는 구성 요소

- **구독자**Subscriber: 게시자로부터 수신하는 구성 요소

- **구독**Subscription: 구독자가 게시자의 콘텐츠를 소비하기 시작하는 데 필요한 세부 정보를 캡처capture

- **프로세서**Processor: 구독자와 게시자를 모두 구현하는 구성 요소

이것은 솔직히 너무 단순하다. 사양을 구현하고 애플리케이션을 구축하기 위한 더 많은 구조와 지원을 제공하는 툴킷을 찾는 것이 좋다.

반응형 스트림에 대해 이해해야 할 또 다른 핵심 사항은 시그널과 함께 제공된다는 것이다. 데이터가 처리되거나 동작이 수행될 때마다 시그널과 연관된다. 데이터 교환이 없더라도 시그널은 여전히 처리된다. 즉 반응형 프로그래밍에는 근본적으로 void 메서드가 존재하지 않는다. 데이터 결과가 없더라도 시그널을 주고받아야 할 필요성은 여전히 존재하기 때문이다.

이 책의 나머지 부분에서는 **프로젝트 리액터**Project Reactor로 알려진 스프링 팀의 반응형 스트림 구현을 사용할 것이다. 프로젝트 리액터는 스프링 팀에 의해 제작됐지만, 리액터 자체는 스프링에 의존하지 않는다. 리액터는 스프링 프레임워크, 스프링 부트, 나머지 스프링 포트폴리오에서 채택한 핵심 의존성이다. 하지만 자체적으로 하나의 툴킷이다.

즉 반응형 스트림을 직접 사용하는 것이 아니라 프로젝트 리액터의 구현을 사용한다는 뜻이다. 하지만 프로젝트 리액터의 출처와 **RxJava 3**와 같은 다른 사양 구현과 어떻게 통합할 수 있는지 이해하는 것이 좋다.

프로젝트 리액터는 람다 함수와 결합된 자바 8의 함수형 프로그래밍 기능을 기반으로 제작된 툴킷이다.

다음 코드 스니펫을 확인하자.

```
Flux<String> sample = Flux.just("learning", "spring", "boot") //
  .filter(s -> s.contains("spring")) //
  .map(s -> {
    System.out.println(s);
    return s.toUpperCase();
  });
```

이 리액터 코드 조각에는 다음과 같이 몇 가지 주요 측면이 있다.

- Flux: 0개 이상의 데이터 단위로 구성된 리액터의 반응형 데이터 흐름 유형으로, 각각 미래의 어느 시점에 도착한다.

- just(): Flux 요소의 초기 컬렉션을 생성하는 리액터의 방법이다.

- filter(): 자바 8 스트림의 filter() 메서드와 유사하지만, 이전 Flux의 데이터 요소가 술어 절을 만족하는 경우에만 통과를 허용한다. 이 경우 "spring" 문자열이 포함돼 있는지 체크한다.

- map(): 자바 8 스트림의 map() 메서드와 유사하게 각 데이터 요소를 다르게, 심지어 다른 유형으로 변환할 수 있다. 이 시나리오에서는 문자열을 대문자로 변환한다.

이 코드 부분은 플로우flow 또는 반응형 레시피recipe로 설명할 수 있다. 각 줄은 **어셈블리**assembly라는 프로세스에서 명령 객체로 캡처된다. 분명하지 않은 점은 어셈블리가 실행과 같지 않다는 것이다.

반응형 스트림의 경우 **구독**하기 전까지는 아무 일도 일어나지 않는다는 점을 이해하는 것이 중요하다.

onSubscribe는 반응형 스트림에서 가장 중요한 첫 번째 신호다. 이는 다운스트림 구성 요소가 업스트림 이벤트를 소비할 준비가 됐음을 나타낸다.

구독이 설정되면 구독자는 n개의 항목을 요청하는 request(n)을 발행할 수 있다.

그러면 게시자는 구독자의 onNext 시그널을 통해 항목에 대한 게시를 시작할 수 있다. 이 게시자는 초과하지 않는 범위 내에서 최대 n번까지 onNext 메서드를 호출해 자유롭게 게시할 수 있다.

구독자는 구독의 요청 메서드를 계속 호출해 추가 요청을 할 수 있다. 또는 구독자가 구독을 취소할 수 있다.

게시자는 콘텐츠를 계속 전송하거나 onComplete 시그널을 통해 더 이상 콘텐츠가 없음을 알릴 수 있다.

이 모든 것은 매우 간단하지만 약간 번거로울 수 있다. 프레임워크가 이 작업을 처리하도록 하는 것이 좋다. 애플리케이션 개발자는 프레임워크가 모든 반응형 세레모니^{ceremony}를 수행할 수 있도록 더 높은 수준에서 애플리케이션을 작성하는 것이 좋다.

다음 절에서는 **스프링 웹플럭스**와 프로젝트 리액터를 이용해 반응형 웹 컨트롤러를 매우 간단하게 빌드하는 방법을 살펴볼 것이다.

⁞⁞⁞ 반응형 스프링 부트 애플리케이션 생성

반응형 웹 애플리케이션을 작성하려면 완전히 새로운 애플리케이션이 필요하다. 이를 위해 오랜 친구인 스프링 이니셜라이저(https://start.spring.io)를 다시 살펴보자.

다음 설정을 선택할 것이다.

- **Project**: Maven

- **Language**: Java

- **Spring Boot**: 3.0.0

- **Group**: com.springbootlearning.learningspringboot3

- **Artifact**: ch9

- **Name**: Chapter 9

- **Description**: Writing Reactive Web Controllers

- **Package name**: com.springbootlearning.learningspringboot3

- **Packaging**: Jar

- **Java**: 17

이 프로젝트 메타데이터^{metadata}를 선택했으니 이제 의존성 선택을 시작할 수 있다. 이제 지금까지의 장들에서 했던 것처럼 새로운 것을 추가하는 대신 다음과 같은 선택 사항으로 새롭게 시작한다.

- **Spring Reactive Web**(Spring WebFlux)

반응형 웹 애플리케이션을 구축하는 데 필요한 모든 것은 여기까지면 된다. 9장의 뒷부분과 10장에서 새로운 모듈을 추가하기 위해 이 내용을 다시 살펴볼 것이다.

GENERATE를 클릭하고 **ZIP** 파일을 다운로드하면 다음과 같은 핵심 사항이 포함된 멋진 웹 애플리케이션이 pom.xml 빌드 파일에 포함돼 있을 것이다.

- Spring-boot-starter-webflux: 스프링 웹플럭스, **JSON** 직렬화/역직렬화를 위한 잭슨, 반응형 웹 서버로 리액터 네티^{Netty}를 가져오는 스프링 부트의 스타터다.

- spring-boot-starter-test: 모든 프로젝트에 무조건 포함되는 테스트를 위한 스프링 부트의 스타터다.

- reactor-test: 반응형 애플리케이션을 테스트하는 데 도움이 되는 추가 도구가 포함된 프로젝트 리액터의 테스트 모듈로, 모든 반응형 애플리케이션에 자동으로 포함된다.

반응형 프로그래밍의 모든 복잡한 부분을 자세히 설명하지는 않았지만, 한 가지 필요한 것은 블로킹 API에 얽매이지 않는 웹 컨테이너다. 그렇기 때문에 논블로킹 **네티**를 리액터 후크로 감싸는 프로젝트 리액터 라이브러리인 **리액터 네티**가 있다.

그리고 테스트는 매우 중요하다. 그래서 2개의 테스트 모듈도 포함돼 있다. 9장과 10장에서 리액터의 테스트 모듈을 확실히 활용하게 될 것이다.

하지만 이 모든 작업을 수행하기 전에 다음 절에서 설명하는 것처럼 반응형 웹 메서드 작성에 익숙해져야 한다.

반응형 GET 메서드로 데이터 서비스

웹 컨트롤러는 일반적으로 데이터를 제공하거나 HTML을 제공하는 두 가지 중 하나를 수행한다. 반응형 방식을 살펴보기 위해 훨씬 더 간단한 첫 번째 방식을 선택하자.

이전 절에서는 리액터의 Flux 타입의 간단한 사용법을 살펴봤다. Flux는 리액터가 구독자를 구현한 것으로, 다양한 반응형 연산자를 제공한다.

다음과 같은 웹 컨트롤러에서 사용할 수 있다.

```
@RestController
public class ApiController {
  @GetMapping("/api/employees")
  Flux<Employee> employees() {
    return Flux.just( //
      new Employee("alice", "management"), //
      new Employee("bob", "payroll"));
  }
}
```

이 **RESTful** 웹 컨트롤러는 다음과 같이 설명할 수 있다.

- @RestController: 이 컨트롤러가 템플릿이 아닌 데이터를 포함한다는 것을 나타내는 스프링 웹의 어노테이션

- @GetMapping: 이 메서드에 HTTP GET /api/employees 웹 호출을 매핑하는 스프링 웹의 어노테이션

- Flux<Employee>: 반환 유형은 Employee 레코드 Flux

Flux는 고전적인 자바 List와 Future를 결합한 것과 비슷하다. 하지만 실제로는 그렇지 않다.

List는 여러 항목을 포함할 수 있지만, Flux는 모든 항목을 한꺼번에 포함하지 않는다. 그리고 Flux는 고전적인 반복이나 루프를 통해 소비되지 않는다. 대신 map, filter, flatMap 등 다양한 스트림 지향 연산으로 가득 차 있다.

Future와 비슷하다는 것은, Flux가 형성될 때 그 안에 포함된 요소는 일반적으로 아직 존재하지 않고 미래에 도착할 것이라는 점에서만 해당된다. 그러나 자바 8 이전의 Future 유형에는 get 연산만 있다. 이전 단락에서 언급했듯이 Flux에는 풍부한 연산자 집합이 있다.

무엇보다도 Flux는 다음과 같이 여러 Flux 인스턴스를 하나의 인스턴스로 병합하는 다양한 방법을 제공한다.

```
Flux<String> a = Flux.just("alpha", "bravo");
Flux<String> b = Flux.just("charlie", "delta");
a.concatWith(b);
a.mergeWith(b);
```

이 코드는 다음과 같이 설명할 수 있다.

- a와 b: 미리 로드된 2개의 Flux 인스턴스다.

- concatWith: a와 b를 하나의 Flux로 결합하는 연산자로, a의 모든 엘리먼트[element]가 b의 엘리먼트보다 먼저 제거된다.

- mergeWith: a와 b를 하나의 Flux로 결합하는 연산자로, 요소가 들어오는 대로 실시간으로 방출돼 a와 b 사이의 인터리빙[interleaving]을 허용한다.

우리가 처음 정의한 웹 메서드에서 데이터 Flux는 스프링 웹플럭스로 전달되고, 이 메서드는 내용을 직렬화해 JSON 출력으로 제공한다.

구독, 요청, onNext 호출, 마지막으로 onComplete 호출을 포함한 모든 반응형 스트림 시그널 처리는 프레임워크에서 처리된다는 점에 유의해야 한다.

리액티브 프로그래밍에서는 구독할 때까지 아무 일도 일어나지 않는다는 점을 이해하는 것이 중요하다. 웹 호출이 이뤄지지 않고 데이터베이스 연결이 되지 않고 누군가가 구독할 때까지 리소스가 할당되지 않는다. 전체 시스템은 처음부터 지연되도록 설계돼 있다.

하지만 웹 메서드의 경우 프레임워크가 구독을 대신 처리하도록 한다.

이제 반응형으로 데이터를 소비하는 웹 메서드를 만드는 방법을 알아보자.

반응형 POST 메서드로 들어오는 데이터 소비

직원 이력을 제공하는 웹 사이트에는 반드시 새로운 이력을 입력할 수 있는 방법이 있어야 한다. 이전 절에서 시작한 ApiController 클래스에 추가해 이를 수행하는 웹 메서드를 만들어보자.

```
@PostMapping("/api/employees")
Mono<Employee> add(@RequestBody Mono<Employee> newEmployee)
{
    return newEmployee //
      .map(employee -> {
        DATABASE.put(employee.name(), employee);
        return employee;
```

```
    });
}
```

이 스프링 웹플러스 컨트롤러에는 다음과 같은 세부 정보가 있다.

- @PostMapping: HTTP POST /api/employees 웹 호출을 이 메서드에 매핑하는 스프링 웹의 어노테이션이다.
- @RequestBody: 이 어노테이션은 들어오는 HTTP 요청 본문을 Employee 데이터 유형으로 역직렬화하도록 스프링 웹에 지시한다.
- Mono<Employee>: 단일 항목에 대한 Flux에 대한 리액터의 대안이다.
- DATABASE: 임시 데이터 저장소(자바 Map)다.

들어오는 데이터는 리액터 mono 안에 래핑돼 있다. 이는 리액터 Flux에 대응하는 단일 항목이다. 이를 매핑해 그 내용에 액세스할 수 있다. 리액터 Mono는 Flux와 마찬가지로 많은 연산자를 지원한다.

내용을 변형할 수는 있지만, 이 상황에서는 단순히 내용을 데이터베이스에 저장한 다음 변경 없이 반환한다.

---

map과 flatMap

9장의 시작 부분의 초기 코드 일부와 최신 메서드에서 map이 두 번 사용된 것을 봤다. 매핑은 일대일 연산이다. 10개의 항목이 있는 Flux를 매핑한다면 새 Flux에도 10개의 항목이 포함된다. 문자열과 같은 단일 항목을 해당 문자의 목록으로 매핑하면 어떻게 될까? 변환된 유형은 리스트의 리스트가 될 것이다. 이러한 상황에서는 중첩을 축소하고 모든 문자가 포함된 새로운 Flux를 만들고 싶을 것이다. 이것이 바로 평탄화(flattening)이다. flatMap은 한 단계만 다를 뿐 동일한 작업을 수행한다.

프로젝트 리액터로 애플리케이션 확장

그렇다면 프로젝트 리액터는 정확히 어떻게 애플리케이션을 확장할 수 있을까? 지금까지 프로젝트 리액터가 어떻게 함수형 프로그래밍 스타일을 제공하는지 살펴봤다. 하지만 확장성이 어떻게 작용하는지는 명확하지 않을 수 있다.

그 이유는 프로젝트 리액터가 두 가지 핵심 사항을 내부적으로 매끄럽게 처리하기 때문이다. 첫 번째는 이러한 작은 흐름이나 레시피의 각 단계가 직접 수행되지 않는다는 것이다. 대신 맵, 필터 또는 기타 리액터 연산자를 작성할 때마다 무언가를 어셈블한다. 실행은 이 시점에서 이뤄지지 않는다.

이러한 각 연산은 필요한 모든 세부 사항을 포함한 작은 명령 객체를 어셈블한다. 예를 들어, 앞의 코드 블록에서 값을 DATABASE에 저장한 다음 값을 반환하는 구문은 모두 자바 8 **람다** 함수 안에 래핑돼 있다. 컨트롤러 메서드가 호출될 때 이 내부 람다 함수가 동시에 호출될 필요는 없다.

프로젝트 리액터는 작업을 나타내는 이러한 모든 명령 객체를 수집해 내부 작업 대기열에 쌓는다. 그런 다음 내장된 스케줄러Scheduler에 실행을 위임한다. 이를 통해 리액터는 작업을 수행하는 방법을 정확하게 결정할 수 있다. 단일 스레드에서 스레드 풀, 자바 ExecutorService, 정교한 경계형 탄력적 스케줄러에 이르기까지 다양한 스케줄러를 선택할 수 있다.

선택한 스케줄러는 시스템 리소스를 사용할 수 있게 되면 작업 백로그를 통해 작동한다. 리액터 흐름의 모든 단일 단계가 지연되지 않고 논블로킹 방식으로 작동하도록 함으로써 I/O 바운드 지연이 발생할 때마다 현재 스레드가 응답을 기다리지 않는다. 대신, 스케줄러는 이 내부 작업 대기열로 돌아가서 다른 작업을 선택해 수행한다. 이를 **작업 훔치기**work stealing라고 하며, 기존의 대기 시간 문제를 다른 작업을 완료할 수 있는 기회로 전환해 전반적인 처리량을 향상시킬 수 있다.

스프링 데이터 팀 리더인 마크 팔루치Mark Paluch는 "반응형 프로그래밍은 리소스 가용성에 반응하는 것을 기반으로 한다"라고 말한 적이 있다.

앞서 리액터는 두 가지 기능을 수행한다고 언급했다. 두 번째는 200개의 스레드가 있는 거대한 스레드 풀 대신 코어당 하나의 스레드가 있는 풀을 사용하는 스케줄러를 기본으로 사용한다는 것이다.

자바 동시성 프로그래밍 역사 빠르게 훑어보기

자바 동시성 프로그래밍 초창기에는 사람들이 거대한 스레드 풀을 만들곤 했다. 하지만 코어보다 스레드가 많으면 콘텍스트 전환에 많은 비용이 든다는 사실을 알게 됐다.

그 외에도 자바는 중심에 많은 획기적인 API가 내장돼 있다. 초창기부터 동기화된 메서드와 블록, 잠금과 세마포어semaphore와 같은 도구가 제공됐지만 이를 효과적이고 올바르게 사용하는 것은 정말 어렵다.

결국 다음과 같은 상황에 처하기 쉽다. A) 올바르게 수행하지만 처리량이 증가하지 않거나, B) 처리량이 개선됐지만 교착 상태가 발생하거나, C) 교착 상태가 발생하면서 처리량이 개선되지 않는다. 그리고 이러한 전략은 종종 애플리케이션을 직관적이지 않은 방식으로 다시 작성해야 한다.

코어당 하나의 스레드를 지연된 논블로킹 작업 훔치기lazy, non-blocking work stealing와 결합하면 훨씬 더 효율적일 수 있다. 물론 프로젝트 리액터를 사용한 코딩하는 것이 투명한 것은 아니다. 통합해야 할 프로그래밍 스타일이 있지만, 널리 채택된 자바 8 스트림과 같은 프로그래밍 스타일로 크게 기울어져 있기 때문에 초창기 자바 동시 프로그래밍이 그랬던 것처럼 큰 문제는 아니다.

이는 애플리케이션의 모든 부분을 이러한 방식으로 작성해야 하는 이유이기도 하다. 4개의 리액터 스레드만 갖고 있는 4코어 머신을 상상해보자. 이 스레드 중 하나가 블로킹 코드에 부딪혀 강제로 대기해야 한다면 전체 처리량의 25%가 감소할 것이다.

이것이 바로 JDBC, JPA, JMS, 서블릿과 같은 곳에서 발견되는 API를 차단하는 것이 반응형 프로그래밍에서 중대한 문제인 이유다.

이러한 모든 사양은 블로킹 패러다임을 기반으로 구축됐기 때문에 반응형 애플리케이션에는 적합하지 않으며, 10장에서 더 자세히 살펴볼 것이다.

그동안 반응형 템플릿을 구현하는 방법을 알아보자.

⫶⫶ 반응형 템플릿 서비스

지금까지 직렬화된 JSON을 제공하는 반응형 컨트롤러를 구축했다. 하지만 대부분의 웹 사이트는 HTML을 렌더링해야 한다. 그리고 이것은 템플릿으로 이어진다.

우리는 반응형 프로그래밍에 대해 이야기하고 있기 때문에 차단하지 않는 템플릿 엔진을 선택하는 것이 좋다. 그래서 9장에서는 **타임리프**^{Thymeleaf}를 사용할 것이다.

시작하려면 먼저 9장의 시작 부분에서 빌드하기 시작한 애플리케이션을 업데이트해야 한다. 이를 위해 스프링 이니셜라이저(https://start.spring.io)를 다시 방문하자.

이전 장들에서도 이 작업을 수행했다. 완전히 새로운 프로젝트를 만들고 처음부터 다시 시작하는 대신, 9장의 앞부분인 반응형 스프링 부트 애플리케이션 만들기 절에 표시된 것과 동일한 프로젝트 메타데이터를 모두 입력할 것이다.

이번에는 다음 의존성을 입력한다.

- **Spring Reactive Web**

- **Thymeleaf**

이제 지난번처럼 **GENERATE**를 사용하는 대신 **EXPLORE** 버튼을 누른다. 그러면 웹 페이지에서 이 베어본 프로젝트의 온라인 미리 보기가 제공되고 pom.xml 빌드 파일이 표시된다.

앞서 다운로드한 pom.xml 파일과 모든 것이 동일해야 하며, 한 가지 차이점은 `spring-boot-starter-thymeleaf`에 대한 새로운 의존성이다. 이제 다음 작업만 하면 된다.

1. 해당 메이븐 의존성을 강조 표시한다.

2. 클립보드에 복사한다.

3. IDE의 pom.xml 파일에 붙여 넣는다.

이 추가 스프링 부트 스타터는 스프링 부트와 잘 통합될 뿐만 아니라 반응형 지원이 포함된 템플릿 엔진인 타임리프를 다운로드한다. 이를 통해 다음 절에 표시된 것처럼 템플릿을 위한 반응형 웹 컨트롤러를 작성할 수 있다.

리액티브 웹 컨트롤러 생성

다음 단계는 템플릿 제공에 중점을 둔 웹 컨트롤러를 만드는 것이다. 이를 위해 Home Controller.java라는 새 파일을 만들고 다음 코드를 추가한다.

```java
@Controller
public class HomeController {
  @GetMapping("/")
  public Mono<Rendering> index() {
    return Flux.fromIterable(DATABASE.values()) //
      .collectList() //
      .map(employees -> Rendering //
        .view("index") //
        .modelAttribute("employees", employees) //
        .build());
  }
}
```

이 컨트롤러 메서드에는 많은 내용이 있으므로 나눠서 살펴보자.

- @Controller: 클래스에 템플릿을 렌더링하는 웹 메서드가 포함돼 있음을 나타내는 스프링 웹의 어노테이션이다.

- @GetMapping: 메서드에 GET / 웹 호출을 매핑하는 스프링 웹의 어노테이션이다.

- Mono<Rendering>: Mono는 Reactor의 단일값 리액티브 타입이다. Rendering은 모델 속성과 함께 렌더링할 뷰의 이름을 모두 전달할 수 있는 스프링 웹플럭스의 값 유형이다.

- Flux.fromIterable(): 이 정적 헬퍼[helper] 메서드를 사용하면 자바 Iterable을 래핑한 다음 반응형 API를 사용할 수 있다.

- `DATABASE.values()`: 10장으로 넘어갈 때까지 임시 데이터 원본이다.

- `collectList()`: Flux 메서드를 사용하면 항목 스트림을 Mono<List<Employee>>로 수집할 수 있다.

- `map()`: 해당 작업을 통해 해당 Mono 내부의 목록에 액세스해 렌더링으로 변환할 수 있다. 렌더링하려는 뷰의 이름은 `"index"`다. 또한, 이 Mono 내부에 있는 값으로 모델 `"employees"` 속성을 로드한다.

- `build()`: Rendering은 빌더 구성이므로 모든 조각을 변경 불가능한 최종 인스턴스로 변환하는 단계다. `map()` 연산 내부에서 출력은 Mono<Rendering>이라는 점을 이해하는 것이 중요하다.

이 웹 메서드에는 이해해야 할 중요한 몇 가지 다른 측면이 있다.

우선, 체인 끝에 있는 `map()` 연산은 Mono 내부에 있는 유형을 변환하기 위한 것이다. 이 경우, 이 Mono 안에 모든 것을 유지하면서 List<Employee>를 Rendering으로 변환한다. 이 작업은 원본 Mono<List<Employee>>의 압축을 풀고 그 결과를 사용해 새로운 Mono<Rendering>을 생성하는 방식으로 수행된다.

> **함수형 프로그래밍 101**
>
> 함수형 프로그래밍의 기본은 Flux나 Mono와 같은 컨테이너가 있고, 그 안에 있는 내용을 항상 함수형 Flux나 Mono 안에 매핑하는 것이다. 새로운 Mono 인스턴스를 만드는 것에 대해 걱정할 필요가 없다. 리액터 API가 이를 처리하도록 설계됐기 때문이다. 사용자는 그 과정에서 데이터를 변환하는 데 집중하면 된다. 이러한 반응형 컨테이너 유형에 원활하게 담겨 있는 한, 프레임워크는 적절한 시점에 적절하게 압축을 풀고 올바르게 렌더링한다.

또 한 가지 인식해야 할 중요한 점은 실제 데이터 소스를 사용하고 있지 않다는 점이다. 이 것은 기본 자바 Map에 저장된 담겨 있는 데이터다. 그렇기 때문에 Employee 객체의 자바 List를 fromIterable을 사용해 Flux로 래핑한 다음 collectList를 사용해 다시 추출하는 것이 다소 이상하게 보일 수 있다.

이는 Iterable 컬렉션을 전달받을 때 종종 직면하는 실제 상황을 설명하기 위한 것이다. 코드에 표시된 대로 Flux로 감싼 다음 다양한 변환과 필터를 실행한 다음 스프링 웹플러스의 웹 핸들러로 넘겨 타임리프로 렌더링하는 것이 올바른 작업 과정이다.

남은 한 가지는 타임리프를 사용해 템플릿을 코딩하는 것이다.

타임리프 템플릿 생성

템플릿 기반 솔루션 구축의 마지막 단계는 다음과 같이 src/main/resources/templates 아래에 index.html이라는 새 파일을 만드는 것이다.

```html
<html xmlns:th="http://www.thymeleaf.org">
<head>
  <title>Writing a Reactive Web Controller</title>
</head>
<body>
<h2>Employees</h2>
<ul>
  <li th:each="employee : ${employees}">
    <div th:text="${employee.name + ' (' + employee.role + ')'}">
    </div>
  </li>
</ul>
</body>
</html>
```

이 템플릿은 다음과 같이 설명할 수 있다.

- xmlns:th=http://www.thymeleaf.org: 이 XML 네임스페이스를 사용하면 타임리프의 HTML 처리 지시문을 사용할 수 있다.

- th:each: 타임리프의 for-each 연산자는 employees 모델 속성의 모든 항목에 대해 <li> 노드를 제공한다. 각 노드에서 employee는 대용물stand-in 변수다.

- th:text: 노드에 텍스트를 삽입하는 타임리프의 지시어다. 이 상황에서는 employee 레코드의 두 속성을 문자열로 연결하고 있다.

이 템플릿의 모든 HTML 태그가 닫혀 있다는 점도 눈에 띄지 않을 수 있다. 즉 타임리프의 DOM 기반 구문 분석기로 인해 태그가 열려 있을 수 없다. 대부분의 HTML 태그에는 열기 태그와 닫기 태그가 있지만 `<IMG>`와 같이 없는 태그도 있다. 타임리프에서 이러한 태그를 사용할 때는 해당 `</IMG>` 태그를 사용하거나 `<IMG/>` 단축키를 사용해 태그를 닫아야 한다.

> **타임리프의 장점과 단점**
>
> 약간의 위안이 될지 모르겠지만, 타임리프를 사용할 때마다 참조 페이지를 열어두고 봐야 한다. 매일 타임리프로 코딩한다면 이런 기능이 필요 없을 것이다. 이러한 측면에도 불구하고 타임리프는 매우 강력하다. 스프링 시큐리티 지원 및 템플릿에 보안 검사를 작성하는 기능과 같은 확장 기능이 있어 사용자의 자격 증명 및 권한에 따라 특정 요소를 렌더링할 수 있는 기능 등이 있다. 전체적으로 타임리프는 HTML을 제작할 때 필요한 모든 것을 할 수 있지만, 표기법을 익혀야 한다는 단점이 있다.

반응형 애플리케이션을 실행하고 http://localhost:8080으로 이동하면 멋진 렌더링된 웹 페이지가 표시된다.

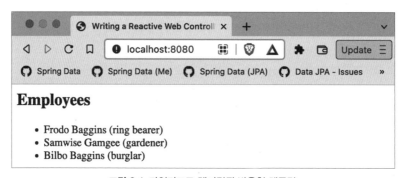

그림 9.1 타임리프로 렌더링된 반응형 템플릿

직원 데이터베이스에 추가할 수 있는 기능을 포함하지 않았다면 이 웹 사이트는 별다른 웹 사이트가 되지 못했을 것이다. 이를 위해서는 폼 바인딩form-binding의 세계로 들어가야 한다.

일반적으로 새 객체를 POST하려면 먼저 GET 작업 중에 빈 객체를 제공해야 하므로 여기에 표시된 것처럼 인덱스 메서드를 업데이트해야 한다.

```
@GetMapping("/")
Mono<Rendering> index() {
  return Flux.fromIterable(DATABASE.values()) //
    .collectList() //
    .map(employees -> Rendering //
      .view("index") //
      .modelAttribute("employees", employees) //
      .modelAttribute("newEmployee", new Employee("", ""))
      .build());
}
```

이 코드는 강조 표시된 줄을 제외하고는 이전 버전과 동일하다. 빈 Employee 객체를 포함하는 새로운 모델 속성인 newEmployee가 도입됐다. 이것으로 타임리프로 HTML 폼 제작을 시작하는 데 필요한 모든 것이 완료됐다.

이전 절에서 만든 index.html 템플릿에 다음을 추가해야 한다.

```
<form th:action="@{/new-employee}" th:object="${newEmployee}" method="post">
    <input type="text" th:field="*{name}" />
    <input type="text" th:field="*{role}" />
    <input type="submit" />
</form>
```

이 타임리프 템플릿은 다음과 같이 설명할 수 있다.

- th:action: 새 Employee 레코드를 처리하기 위해 아래에서 코딩할 경로에 대한 URL을 형성하는 타임리프의 지시어

- th:object: 이 HTML 폼을 업데이트된 인덱스 메서드에서 모델 속성으로 제공된 newEmployee 레코드에 바인딩하는 타임리프의 지시어

- th:field="*{name}": 첫 번째 <input>을 직원 레코드의 이름에 연결하기 위한 타임리프의 지시어

- th:field="*{role}": 두 번째 <input>을 직원 레코드의 역할에 연결하기 위한 타임리프의 지시어

나머지는 표준 HTML 5 <form>으로, 여기서는 다루지 않겠다. 위에 설명된 부분은 HTML 폼 처리를 스프링 웹플러스에 연결하는 데 필요한 접착제glue다.

마지막 단계는 여기에 표시된 것처럼 HomeController에서 POST 핸들러를 코딩하는 것이다.

```
@PostMapping("/new-employee")
Mono<String> newEmployee(@ModelAttribute Mono<Employee> newEmployee) {
    return newEmployee //
      .map(employee -> {
        DATABASE.put(employee.name(), employee);
        return "redirect:/";
      });
}
```

이 작업은 다음과 같이 설명할 수 있다.

* @PostMapping: 스프링 웹의 어노테이션을 통해 POST /new-employee 웹 호출을 이 메서드에 매핑한다.

* @ModelAttribute: 이 메서드가 application/json 요청 본문과 반대로 HTML을 사용하기 위한 것임을 알리는 스프링 웹의 어노테이션이다.

* Mono<Employee>: 이것은 HTML 폼의 인바운드 데이터로, 리액터 유형으로 래핑돼 있다.

* map(): 들어오는 결과를 매핑해 데이터를 추출하고 DATABASE에 저장한 다음, 다시 /로 HTTP 리디렉션하는 작업으로 변환할 수 있다. 그 결과 Mono<String> 메서드 반환 유형이 생성된다.

다시 한번 말하지만, 이 방법에서 수행되는 전체 작업은 들어오는 데이터로 시작해 나가는 작업으로 변환하는 리액터 흐름이다. 리액터 기반 프로그래밍은 중간 변수를 조작하는 고전적인 명령형 프로그래밍과 비교해 종종 이러한 스타일을 갖는다.

모든 것을 다시 실행해보면 그림 9.2와 같은 화면을 볼 수 있다.

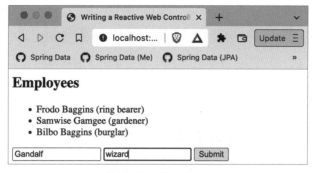

그림 9.2 폼에 신규 직원 입력

이 페이지에서 사용자는 새 직원 기록을 입력한다. 사용자가 **Submit**^{제출}을 누르면 POST 프로세서가 시작돼 사용자를 저장한 다음 웹 페이지를 홈 페이지로 다시 리디렉션한다.

그러면 그림 9.3과 같이 업데이트된 버전의 데이터베이스가 검색된다.

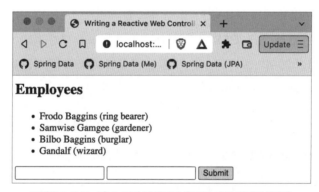

그림 9.3 SuBmit을 누르면 페이지가 홈으로 다시 리디렉션된다.

이제 새로 입력한 직원이 웹 페이지에 표시된다.

스프링 웹플럭스의 가치

이러한 유형의 흐름은 처음에는 다소 어렵게 느껴질 수 있다. 하지만 시간이 지나면 일관된 스타일이 돼 모든 단계마다 깊이 생각하게 만든다. 표준 웹 애플리케이션의 경우 이런 방식을 사용할 가치가 있는지 의문을 가질 수 있다. 하지만 수천 개는 아니더라도 수백 개를 실행해야 하는 애플리케이션이 있고 클라우드 요금이 천정부지로 치솟는다면 스프링 웹플럭스 사용을 고려해야 할 타당하고 경제적인 이유가 될 수 있다. 리액티브 스트림이 매월 클라우드 요금을 절감하는 비결이라는 글을 웹 사이트(https://springboot learning.com/cloud-bill)에서 확인해보자.

스프링 웹플럭스와 타임리프를 혼합하는 다양한 방법에 대해 더 자세히 알아볼 수 있지만, 여기서는 스프링 부트 3.0을 배우는 것이지 타임리프 3.1을 배우는 것이 아니다. 이제 또 하나의 유용한 기능인 하이퍼미디어 기반 API 제작에 대해 살펴보자.

⁝▶ 반응형 하이퍼미디어 생성

9장의 시작 부분에서 아주 간단한 API를 만들었다. 아주 기본적인 JSON 콘텐츠를 제공했다. 단순한 API에서 누락된 한 가지는 컨트롤이다.

하이퍼미디어는 API에서 제공하는 콘텐츠와 메타데이터를 모두 지칭하는 용어로, 이 콘텐츠와 메타데이터는 데이터로 무엇을 할 수 있는지 또는 다른 관련 데이터를 찾는 방법을 나타낸다.

하이퍼미디어는 우리가 매일 보는 것이다. 적어도 웹 페이지에서는 그렇다. 여기에는 다른 페이지로 연결되는 탐색 링크, CSS 스타일시트^{stylesheet} 링크, 변경 효과 링크가 포함된다. 이는 매우 흔한 일이다. 아마존^{Amazon}에서 제품을 주문할 때 링크를 제공할 필요는 없다. 웹 페이지에서 링크를 제공하기 때문이다.

JSON의 하이퍼미디어는 동일한 개념이지만 시각적 웹 페이지 대신 API에 적용된다.

애플리케이션에 **스프링 HATEOAS**를 추가하면 쉽게 구현할 수 있다.

> **스프링 부트 스타터 HATEOAS와 스프링 HATEOAS**
>
> start.spring.io로 이동해 스프링 HATEOAS를 요청하면 애플리케이션에 spring-boot-starter-hateoas 가 추가된다. 그러나 이 버전은 스프링 웹플럭스를 사용할 때는 문제가 된다. 오랫동안 스프링 HATEOAS 는 스프링 MVC만 지원했지만 약 4년 전에 웹플럭스 지원을 추가했다. 안타깝게도 스프링 부트 스타터 HATEOAS 모듈은 스프링 MVC와 아파치 톰캣 지원을 가져오는데, 이는 우리가 원하는 것과는 정반대로 리액터 네티 위에서 실행되는 스프링 웹플럭스 애플리케이션에 대한 지원이다. 가장 간단한 접근 방식은 여기에 표시된 것처럼 스프링 HATEOAS를 직접 추가하는 것이다.

반응형 애플리케이션에 스프링 HATEOAS를 추가하려면 다음 의존성을 추가하기만 하면 된다.

```
<dependency>
    <groupId>org.springframework.hateoas</groupId>
    <artifactId>spring-hateoas</artifactId>
</dependency>
```

그리고 다시 한번 스프링 부트의 의존성 관리 덕분에 버전 번호를 지정할 필요가 없다.

이제 하이퍼미디어 기반 API를 빌드하기 시작할 수 있다. 먼저 다음과 같이 Hypermedia Controller.java라는 이름의 클래스를 생성한다.

```
@RestController
@EnableHypermediaSupport(type = HAL)
public class HypermediaController {
}
```

이 베어본 컨트롤러 클래스는 다음과 같이 설명할 수 있다.

- @RestController: 이 컨트롤러가 템플릿 렌더링 대신 JSON 직렬화에 중점을 둔 것으로 표시하는 스프링 웹의 어노테이션

- @EnableHypermediaSupport: 하이퍼미디어 지원을 활성화하기 위한 스프링 HATEOAS의 어노테이션으로 이 경우, HAL Hypertext Application Language 지원

스프링 부트 스타터 HATEOAS를 사용했다면 HAL 지원이 자동으로 활성화됐을 것이다. 하지만 스프링 HATEOAS를 수동으로 연결하고 있기 때문에 직접 활성화해야 한다.

중요

> @EnableHypermediaSupport 어노테이션은 한 번만 사용하면 된다. 이 책에서는 간결성을 위해 하이퍼미디어 컨트롤러에 적용했다. 실제 애플리케이션에서는 @SpringBootApplication 어노테이션이 있는 동일한 클래스에 넣는 것이 더 좋을 수 있다.

모든 것이 준비됐으므로 다음 코드에 표시된 것처럼 단일 항목 리소스인 직원 한 명에 대한 하이퍼미디어 엔드포인트를 구축하는 것부터 시작해보자.

```
@GetMapping("/hypermedia/employees/{key}")
Mono<EntityModel<Employee>> employee(@PathVariable String key) {
        Mono<Link> selfLink = linkTo( //
            methodOn(HypermediaController.class) //
                .employee(key)) //
                .withSelfRel() //
                .toMono();

Mono<Link> aggregateRoot = linkTo( //
  methodOn(HypermediaController.class) //
    .employees()) //
        .withRel(LinkRelation.of("employees"))//
        .toMono();

Mono<Tuple2<Link, Link>> links = Mono.zip(selfLink, aggregateRoot);

return links.map(objects -> EntityModel.of(DATABASE.get(key), objects.getT1(),
  objects.getT2()));
}
```

Employee 단일 항목에 대한 구현에는 콘텐츠가 로드돼 있으므로 분리해서 살펴보자.

- @GetMapping: HTTP GET /hypermedia/employee/{key} 메서드를 제공한다는 것을 나타내는 스프링 웹의 어노테이션이다.

- 반환 유형은 Mono<EntityModel<Employee>>.EntityModel으로 링크를 포함하는 객체를 위한 스프링 HATEOAS의 컨테이너다. 그리고 이미 Mono가 반응형 프로그래밍을 위한 리액터의 래퍼라는 것을 확인했다.

- linkTo(): 스프링 WebFlux 메서드 호출에서 링크를 추출하는 스프링 HATEOAS의 정적 헬퍼 함수다.

- methodOn(): 컨트롤러의 웹 메서드에 대한 더미 호출을 수행해 링크를 생성하기 위한 정보를 수집하는 스프링 HATEOAS의 정적 도우미 함수다. 첫 번째 사용에서는 Hypermedia

Controller의 employee(String key) 메서드를 가리키고 있다. 두 번째 사용법에서는 아직 작성되지 않은 HypermediaController의 employees() 메서드를 가리키고 있다.

- withSelfRel(): selfLink에 self **하이퍼미디어 관계**를 레이블로 지정하는 곧 살펴볼 스프링 HATEOAS의 메서드다.

- withRel(LinkRelation.of("employees")): 임의의 employees 하이퍼미디어 관계를 적용하는 스프링 HATEOAS의 메서드다.

- toMono(): 모든 링크 생성 설정을 가져와 Mono<Link>로 변환하는 스프링 HATEOAS의 메서드다.

- Mono.zip(): 2개의 Mono 연산을 결합하고 둘 다 완료되면 결과를 처리하는 리액터의 연산자다. 더 큰 집합을 위한 다른 유틸리티도 있지만, 2개를 기다리는 것이 너무 일반적이기 때문에 zip()은 일종의 지름길이다.

- links.map(): Mono<Link> 객체의 Tuple2에 매핑해 링크를 추출하고 가져온 직원과 함께 스프링 HATEOAS EntityModel 객체로 번들링한다.

스프링 HATEOAS는 어떤 기능을 할까?

우리가 계속 사용하던 데이터와 하이퍼링크를 결합한다. 하이퍼링크는 스프링 HATEOAS의 Link 유형을 사용해 표현된다. 툴킷은 Link 객체를 쉽게 생성하고 데이터와 병합하는 작업으로 채워져 있다. 이전 코드 블록에서는 스프링 웹플럭스 메서드에서 링크를 추출하는 방법을 보여줬다.

스프링 HATEOAS가 데이터와 링크의 병합을 렌더링하려면 모든 하이퍼미디어 기반 엔드포인트가 스프링 HATEOAS RepresentationModel 객체 또는 그 하위 유형 중 하나를 반환하도록 해야 한다. 목록은 길지 않으며 다음과 같다.

- RepresentationModel: 데이터와 링크를 위한 핵심 유형. 단일 항목 하이퍼미디어 유형에 대한 한 가지 옵션은 이 클래스를 확장해 비즈니스 값을 병합하는 것이다.

- EntityModel<T>: RepresentationModel의 일반적인 확장이다. 또 다른 옵션은 비즈니스 객체를 정적 생성자 메서드에 삽입하는 것이다. 이렇게 하면 링크와 비즈니스 로직을 서로 분리해 유지할 수 있다.

- CollectionModel<T>: RepresentationModel의 일반적인 확장이다. 하나의 객체가 아닌 T 객체의 컬렉션을 나타낸다.

- PagedModel<T>: 하이퍼미디어 인식 객체의 페이지를 나타내는 CollectionModel의 확장이다.

하이퍼미디어 인식 객체의 단일 항목은 하나의 링크 세트를 가질 수 있지만 하이퍼미디어 인식 객체 컬렉션은 다른 링크 세트를 가질 수 있다는 점을 이해하는 것이 중요하다. 하이퍼미디어 인식 객체의 풍부한 컬렉션을 올바르게 나타내려면, 이를 CollectionModel<EntityModel<T>>로 캡처할 수 있다.

이는 전체 컬렉션에 집계 루트^{aggregate root}에 대한 링크와 같은 하나의 링크 세트가 있을 수 있음을 의미한다. 그리고 컬렉션의 각 항목에는 단일 항목 리소스 메서드를 가리키는 사용자 지정 링크가 있을 수 있으며, 모든 항목에는 집계 루트로 돌아가는 링크를 가진다.

이를 더 잘 이해하기 위해 이전 코드 블록에서 언급한 하이퍼미디어 인식 엔드포인트인 집계 루트를 구현해보자.

```
@GetMapping("/hypermedia/employees")
Mono<CollectionModel<EntityModel<Employee>>> employees() {
  Mono<Link> selfLink = linkTo( //
    methodOn(HypermediaController.class) //
      .employees()) //
        .withSelfRel() //
        .toMono();

  return selfLink //
    .flatMap(self -> Flux.fromIterable(DATABASE.keySet()) //
      .flatMap(key -> employee(key)) //
      .collectList() //
      .map(entityModels -> CollectionModel.of(entityModels, self)));
}
```

이 메서드의 일부는 이전 코드 블록과 매우 유사하게 보일 것이다. 차이점에 집중해보자.

- @GetMapping: 이 메서드는 GET /hypermedia/employees를 집계 루트인 이 메서드에 매핑한다.

- 이 메서드의 selfLink는 고정 엔드포인트인 이 메서드를 가리킨다.

- selfLink를 flatMap()한 다음, employee(String key) 메서드를 활용해 각 항목을 단일 항목 링크가 있는 EntityModel<Employee>로 변환해 DATABASE에서 모든 항목을 추출한다.

- collectList()을 사용해 이 모든 것을 Mono<List<EntityModel<Employee>>>로 번들로 묶는다.

- 마지막으로, 이 위에 매핑해 집계 루트의 자체 링크가 연결된 Mono<CollectionModel<EntityModel <Employee>>>로 변환한다.

9장이나 이전 장들의 방법보다 훨씬 더 복잡해 보인다면 실제로 그렇기 때문이다. 하지만 나중에 메서드를 미세 조정할 때 웹 컨트롤러 메서드를 하이퍼미디어 출력의 렌더링에 직접 연결하면 적절하게 조정할 수 있다.

애플리케이션을 실행해보면 어떤 결과가 나오는지 쉽게 알 수 있다.

```
% curl -v localhost:8080/hypermedia/employees | jq
{
    "_embedded": {
      "employeeList": [
        {
          "name": "Frodo Baggins",
          "role": "ring bearer",
          "_links": {
            "self": {
              "href": "http://localhost:8080/hypermedia/employees/Frodo%20Baggins"
            },
            "employees": {
              "href": "http://localhost:8080/hypermedia/employees"
            }
          }
        }
```

```
        },
        {
            "name": "Samwise Gamgee",
            "role": "gardener",
            "_links": {
              "self": {
                "href": "http://localhost:8080/hypermedia/employees/Samwise%20Gamgee"
              },
              "employees": {
                "href": "http://localhost:8080/hypermedia/employees"
              }
            }
        },
        {
            "name": "Bilbo Baggins",
            "role": "burglar",
            "_links": {
              "self": {
                "href": "http://localhost:8080/hypermedia/employees/Bilbo%20Baggis"
              },
              "employees": {
                "href": "http://localhost:8080/hypermedia/employees"
              }
            }
        }
      ]
    },
    "_links": {
      "self": {
        "href": "http://localhost:8080/hypermedia/employees"
      }
    }
  }
}
```

많은 정보를 보여준다. 몇 가지 핵심적인 부분을 강조해보자.

- _link: 하이퍼미디어 링크를 표시하기 위한 HAL의 형식이다. 여기에는 예를 들면 self 와 같이 **링크 관계**와 http://localhost:8080/hypermedia/employees와 같은 href가 포함 된다.

- 컬렉션의 자체 링크는 하단에 있으며, 2개의 단일 항목 Employee 객체에는 각각 자신을 가리키는 자체와 집계 루트를 가리키는 employees 링크가 있다.

직접 단일 항목 HAL 출력을 살펴볼 수 있도록 연습용으로 남겨 뒀다.

> ### "self" 링크
>
> 하이퍼미디어에서는 거의 모든 표현에 self 링크라는 것이 포함된다. 이것이 바로 this 개념이다. 기본적으로 현재 레코드에 대한 포인터다. 문맥을 이해하는 것이 중요하다. 예를 들어, 앞서 표시된 HAL 출력에는 3개의 서로 다른 self 링크가 있다. 마지막 링크만 이 문서의 자체 self다. 나머지는 해당 개별 레코드를 조회하기 위한 표준 링크다. 링크는 기본적으로 불투명하므로 이러한 링크를 사용해 해당 레코드로 이동할 수 있다.

이 모든 작업을 하는 이유는 무엇일까?

직원 기반 데이터뿐만 아니라 다른 다양한 업무도 처리하는 시스템을 상상해보자. 예를 들어, takePTO, fileExpenseReport, contactManager와 같은 다양한 함수를 구축할 수 있다. 정말 무엇이든 가능하다.

다양한 시스템을 관통하고 유효 시점에 따라 나타나고 사라지는 링크 모음을 구축하면 관련성 여부에 따라 웹 애플리케이션에서 버튼을 표시하거나 숨길 수 있다.

> ### 하이퍼미디어로 갈 것인가, 하이퍼미디어로 가지 않을 것인가, 이것이 문제로다
>
> 하이퍼미디어를 사용하면 사용자를 관련 작업 및 관련 데이터와 동적으로 연결할 수 있다. 9장에서 하이퍼미디어의 장단점을 모두 다루기에는 지면이 부족하므로 웹 사이트(https://springbootlearning.com/hypermedia)에서 "Spring Data REST: Data meets Hypermedia"를 확인하자. 나와 팀원인 로이 클락슨(Roy Clarkson)이 하이퍼미디어와 스프링에 대해 자세히 설명하는 것을 볼 수 있다.

∷ 요약

9장에서는 프로젝트 리액터를 사용해 반응형 애플리케이션을 만들고, 반응형 웹 메서드를 배포해 JSON을 제공하고 소비하는 방법, 타임리프를 활용해 반응형으로 HTML을 생성하고 HTML 폼을 소비하는 방법 등 몇 가지 핵심 기술을 배웠다. 심지어 하이퍼미디어 인식 API를 반응형으로 생성하기 위해 스프링 HATEOAS를 사용하기도 했다.

이러한 모든 기능은 웹 애플리케이션의 기본 구성 요소다. 자바 8 함수형 스타일을 사용해 서로 연결했지만, 이 책 전체에서 사용한 것과 동일한 스프링 웹 어노테이션을 재사용할 수 있었다.

그리고 자바 8 스트림과 매우 유사한 패러다임인 리액터 스타일을 사용하면 훨씬 더 효율적인 애플리케이션을 만들 수 있다.

이것으로 9장을 마무리한다. 10장에서는 실제 데이터를 갖고 반응형으로 작업하는 방법을 보여주면서 마무리할 것이다.

10

반응형 데이터 작업

9장에서는 스프링 웹플럭스를 사용해 반응형 웹 컨트롤러를 작성하는 방법을 배웠다. 미리 준비된 데이터로 로드하고 반응형 템플릿 엔진인 타임리프를 사용해 HTML 프론트엔드를 만들었다. 또한, 순수 JSON으로 반응형 API를 만든 다음 스프링 HATEOAS를 사용해 하이퍼미디어를 만들었다. 하지만 미리 준비된 데이터를 사용해야 했었다. 반응형 데이터 저장소가 준비돼 있지 않았기 때문인데, 10장에서 이 문제를 해결할 것이다.

10장에서는 다음과 같은 주제를 다룰 것이다.

- 반응형으로 데이터를 가져온다는 것의 의미

- 반응형 데이터 저장소 선택

- 반응형 데이터 리포지터리 만들기

- R2DBC 사용

> ### 10장의 코드 위치
>
> 10장의 코드는 깃허브 저장소(https://github.com/PacktPublishing/Learning-Spring-Boot-3.0/tree/main/ch10)에서 확인할 수 있다.

⫶⫶ 반응형으로 데이터를 가져온다는 것의 의미

9장에서는 반응형 웹 페이지를 구축하는 데 필요한 많은 기본 사항을 다뤘지만, 중요한 요소인 실제 데이터를 놓치고 있었다.

실제 데이터는 데이터베이스에서 나온다.

데이터 관리에 데이터베이스를 사용하지 않는 애플리케이션은 거의 없다. 그리고 전 세계 커뮤니티에 서비스를 제공하는 이커머스 사이트의 시대에는 관계형, 키-밸류, 문서 기반 등 다양한 유형의 데이터베이스를 선택할 수 있는 폭이 그 어느 때보다 넓어졌다.

따라서 필요에 맞는 데이터베이스를 선택하기가 까다로울 수 있다. 심지어 데이터베이스에 반응형으로 액세스해야 한다는 점을 고려하면 더더욱 어렵다.

9장에서 소개한 것과 동일한 반응형 전술을 사용해 데이터베이스에 액세스하지 않으면 모든 노력이 수포로 돌아갈 수 있다. 다시 한번 강조하자면, 시스템의 모든 부분이 반응형이어야 한다. 그렇지 않으면 블로킹 호출로 인해 스레드가 묶여 처리량이 저하될 위험이 있다.

프로젝트 리액터의 기본 스레드 풀 크기는 운영 중인 머신의 코어 수다. 이는 콘텍스트 전환이 비용이 많이 든다는 것을 확인했기 때문이다. 코어보다 더 많은 스레드를 보유하지 않으면 스레드를 일시 중단하고, 상태를 저장하고, 다른 스레드를 활성화하고, 상태를 복원할 필요가 없다.

이렇게 비용이 많이 드는 작업을 제거함으로써 반응형 애플리케이션은 다음 작업을 위해 리액터의 런타임으로 돌아가는 일명 **작업 훔치기**로 불리는 보다 효과적인 전술에 집중할 수 있다. 하지만 이는 리액터의 Mono 및 Flux 타입과 다양한 연산자를 함께 사용할 때만 가능하다.

원격 데이터베이스에서 일부 차단을 호출하면 전체 스레드가 중단돼 응답을 기다리게 된다. 4코어 시스템이 코어 중 하나가 이렇게 차단됐다고 상상해보자. 4코어 시스템이 갑자기 3코어만 사용하게 되면 처리량이 순식간에 25% 감소할 것이다.

이것이 바로 다양한 데이터베이스 시스템에서 반응형 스트림 사양을 사용하는 대체 드라이버를 구현하는 이유다. 몽고DB, 네오포제이^{Neo4j}, 아파치 카산드라, 레디스 등이 있다.

그렇다면 반응형 드라이버^{driver}는 정확히 어떤 모습일까? 데이터베이스 드라이버는 데이터 베이스에 대한 연결을 열고, 쿼리를 구문 분석해 명령으로 변환하고, 마지막으로 결과를 호출자에게 다시 전달하는 프로세스를 처리한다. 반응형 스트림 기반 프로그래밍의 인기가 높아짐에 따라 다양한 벤더가 반응형 드라이버를 구축하게 됐다.

하지만 한 가지 고착화된 영역이 바로 JDBC다.

자바의 경우 모든 툴킷, 드라이버, 전략은 JDBC를 통해 관계형 데이터베이스와 통신한다. jOOQ, JPA, MyBatis, QueryDSL은 모두 내부에서 JDBC를 사용한다. 그러나 JDBC는 블로킹 방식이기 때문에 반응형 시스템에서는 단순히 작동하지 않는다.

> **반응형으로 데이터를 가져오는 게 적합할까?**
>
> 사람들은 왜 JDBC 스레드 풀을 만들고 그 앞에 리액터 친화적인 프록시를 넣으면 안 되는지 다양한 방식으로 질문해왔다. 사실, 들어오는 각 요청을 스레드 풀로 보낼 수는 있지만, 풀의 한계에 부딪힐 위험이 있다. 이 경우 다음 반응형 호출이 차단돼 스레드가 확보되기를 기다리면서 전체 시스템이 사실상 마비될 수 있다. 반응형 시스템의 핵심은 차단하지 않고 다른 작업을 수행할 수 있도록 양보하는 것이다. 스레드 풀은 피할 수 없는 작업을 지연시킬 뿐이며 콘텍스트 전환에 따른 오버헤드를 초래한다. 데이터베이스 드라이버는 데이터베이스 엔진 자체와 대화하는 시점까지 반응형 스트림을 사용해야 하며, 그렇지 않으면 제대로 작동하지 않는다.

JDBC는 단순한 드라이버가 아닌 사양이기 때문에 이 모든 것이 불가능할 수밖에 없다. 하지만 다음 절에서 살펴볼 것처럼 희망은 있다.

⁞⁞ 반응형 데이터 저장소 선택

JDBC가 반응형 스트림을 지원하기에 충분하지 않다는 것을 깨닫고, 반응형 스트림을 원하는 점점 더 많은 스프링 사용자 커뮤니티에 서비스를 제공해야 한다는 것을 깨달은 스프링 팀은 2018년에 새로운 솔루션 개발에 착수했다. 그들은 반응형 관계형 데이터베이스 연결인 **R2DBC** 사양의 초안을 작성했다.

R2DBC는 2022년 초에 1.0 사양에 도달했으며, 10장의 나머지 부분에서는 이 사양을 사용해 반응형 관계형 데이터 스토리를 구축할 것이다.

우리는 매우 간단한 것을 원하기 때문에 관계형 데이터베이스로 H2를 사용할 수 있다. H2는 임베드 가능한 인메모리 데이터베이스다. 테스트 목적으로 자주 사용되지만 지금은 프로덕션 애플리케이션으로도 사용할 수 있다.

H2와 함께 스프링 데이터 R2DBC도 사용할 것이다. 이 두 가지를 모두 얻기 위해서 오랜 친구인 스프링 이니셜라이저(https://start.spring.io)를 방문하자. 9장과 동일한 버전의 스프링 부트를 선택하고 동일한 메타데이터를 연결하면 다음과 같은 의존성을 선택할 수 있다.

- **H2 Database**

- **Spring Data R2DBC**

그런 다음 **EXPLORE** 버튼을 클릭하고 pom.xml 파일의 절반 정도를 아래로 스크롤하면 다음 3개의 항목이 표시된다.

```
<dependency>
    <groupId>org.springframework.boot</groupId>
    <artifactId>spring-boot-starter-data-r2dbc</artifactId>
</dependency>
<dependency>
    <groupId>com.h2database</groupId>
    <artifactId>h2</artifactId>
    <scope>runtime</scope>
</dependency>
<dependency>
    <groupId>io.r2dbc</groupId>
```

```
        <artifactId>r2dbc-h2</artifactId>
        <scope>runtime</scope>
    </dependency>
```

이 세 가지 의존성은 다음과 같이 설명할 수 있다.

- spring-boot-starter-data-r2dbc: 스프링 데이터 R2DBC를 위한 스프링 부트의 스타터

- h2: 타사 임베드 가능 데이터베이스

- r2dbc-h2: 스프링 팀의 H2용 R2DBC 드라이버

R2DBC는 매우 낮은 수준이라는 점을 이해하는 것이 중요하다. 기본적으로 데이터베이스 드라이버 작성자가 쉽게 구현할 수 있도록 하는 데 목적이 있다. 드라이버 인터페이스로서 JDBC의 특정 측면은 애플리케이션에서 더 쉽게 사용할 수 있도록 타협됐다. R2DBC는 이 문제를 해결하려고 노력했다. 그 결과 애플리케이션이 R2DBC를 통해 직접 대화하도록 하는 것은 실제로 상당히 번거롭다.

그렇기 때문에 툴킷을 사용하는 것이 좋다. 여기서는 스프링 데이터 R2DBC를 사용하지만, 스프링 프레임워크의 DatabaseClient나 다른 서드파티 도구 등 원하는 다른 도구를 선택할 수 있다.

도구가 설정됐으니 이제 반응형 데이터 리포지터리를 구축할 차례다.

⁞⁝ 반응형 데이터 리포지터리 만들기

3장의 앞부분에서는 스프링 데이터 JPA에서 JpaRepository를 확장해 읽기 쉬운 데이터 리포지터리를 구축했다. 스프링 데이터 R2DBC의 경우 다음과 같이 작성해보자.

```
public interface EmployeeRepository extends //
    ReactiveCrudRepository<Employee, Long> {}
```

이 코드는 다음과 같이 설명할 수 있다.

- EmployeeRepository: 스프링 데이터 리포지터리의 이름이다.

- ReactiveCrudRepository: 모든 리액티브 리포지터리에 대한 스프링 데이터 커먼스^{Commons}의 기본 인터페이스다. 이것은 R2DBC에 특정한 것이 아니라 모든 반응형 스프링 데이터 모듈을 위한 것이다.

- Employee: 이 리포지터리의 도메인 유형으로 10장에서 추가로 코딩할 예정이다.

- Long: 기본 키의 유형이다.

9장에서는 **자바 17 레코드**를 사용해 Employee 도메인 유형을 작성했다. 하지만 데이터베이스와 상호 작용하려면 이보다 조금 더 세부적인 것이 필요하므로 다음과 같이 작성해보자.

```
public class Employee {
  private @Id Long id;
  private String name;
  private String role;

  public Employee(String name, String role) {
    this.name = name;
    this.role = role;
  }

  // 간결성을 위해 생략된 게터, 세터, equals, hashCode, toString 메서드
}
```

이 코드는 다음과 같이 설명할 수 있다.

- Employee: EmployeeRepository 선언에 필요한 도메인의 유형이다.

- @Id: 기본 키가 포함된 필드를 나타내는 스프링 데이터 커먼스의 어노테이션이다. 이 어노테이션은 JPA의 jakarta.persistence.Id 어노테이션이 아니라 스프링 데이터 전용 어노테이션이라는 점에 유의하자.

- name과 role: 우리가 사용할 다른 2개의 필드다.

이 도메인 유형의 나머지 메서드는 유틸리티를 사용해 모든 최신 IDE에서 생성할 수 있다.

모든 것이 준비됐으니 이제 R2DBC를 사용할 준비가 됐다.

R2DBC 사용

데이터를 가져오기 전에 몇 가지 데이터를 로드해야 한다. 이 작업은 일반적으로 DBA가 처리하지만, 10장에서는 우리가 직접 수행해야 한다. 이를 위해 애플리케이션이 시작되면 자동으로 시작되는 스프링 컴포넌트를 만들어야 한다. Startup이라는 이름의 클래스를 새로 생성하고 다음 코드를 추가하자.

```
@Configuration
public class Startup {
  @Bean
  CommandLineRunner initDatabase(R2dbcEntityTemplate template) {
      return args -> {
        // Coming soon!
      }
    }
}
```

이 코드는 다음과 같이 설명할 수 있다.

- @Configuration: 애플리케이션을 자동 구성하는 데 필요한 이 클래스를 빈 정의 모음으로 플래그를 지정하는 스프링의 어노테이션이다.

- @Bean: 이 메서드를 스프링 빈으로 변환하는 스프링의 어노테이션으로, 애플리케이션 콘텍스트에 추가된다.

- CommandLineRunner: 애플리케이션이 시작되면 자동으로 실행되는 객체에 대한 스프링 부트의 함수형 인터페이스다.

- R2dbcEntityTemplate: 약간의 테스트 데이터를 로드할 수 있도록 스프링 데이터 R2DBC 빈의 복사본을 주입한다.

- args -> {}: CommandLineRunner에 강제로 삽입되는 자바 8 람다 함수다.

이 자바 8 람다 함수 안에 무엇을 넣어야 할까? 스프링 데이터 R2DBC의 경우 스키마를 직접 정의해야 한다. 10장에서처럼 스키마가 외부에서 정의돼 있지 않은 경우 다음과 같이 작성해야 한다.

```
template.getDatabaseClient() //
  .sql("CREATE TABLE EMPLOYEE (id IDENTITY NOT NULL
    PRIMARY KEY , name VARCHAR(255), role VARCHAR(255))") //
  .fetch() //
  .rowsUpdated() //
  .as(StepVerifier::create) //
  .expectNextCount(1) //
  .verifyComplete();
```

이 코드 덩어리는 다음과 같이 설명할 수 있다.

- `template.getDatabaseClient()`: 순수 SQL의 경우 모든 작업을 수행하는 스프링 프레임워크의 R2DBC 모듈에서 기본 `DatabaseClient`에 액세스해야 한다.

- `sql()`: SQL `CREATE TABLE` 작업을 제공하는 메서드. 이 메서드는 H2의 방언^{dialect}[1]을 사용해 자체 증가 `id` 필드가 있는 `EMPLOYEE` 테이블을 생성한다.

- `fetch()`: SQL 문을 수행하는 작업이다.

- `rowsUpdate()`: 작동 여부를 확인할 수 있도록 영향을 받은 행의 수를 반환한다.

- `as(StepVerifier::create)`: 이 전체 반응형 플로^{flow}를 `StepVerifier`로 변환하는 리액터 테스트의 연산자다. `StepVerifier`는 반응형 플로를 편리하게 강제로 실행하는 또 다른 방법이다.

- `expectNextCount(1)`: 작업이 성공했음을 나타내는 한 행을 반환했는지 확인한다.

- `verifyComplete()`: 반응형 스트림의 `onComplete` 신호를 받았는지 확인한다.

---

1 여러 제품의 DBMS에서는 자신만의 독자적인 기능을 위해서 추가적인 SQL을 사용하는데 이를 방언이라 한다. – 옮긴이

다음 메서드는 간단한 SQL 코드를 실행해 베어본 스키마^{barebones schema}를 생성할 수 있게 해준다. 그리고 중간에 리액터 테스트의 StepVerifier로 전환하면서 약간 혼란스러워졌을 수도 있다.

StepVerifier는 리액터 흐름을 테스트하는 데 매우 편리할 뿐만 아니라 필요할 때 결과를 확인할 수 있는 동시에 작은 리액터 흐름을 강제로 실행할 수 있는 유용한 수단을 제공한다. 한 가지 문제는 스프링 이니셜라이저를 사용할 때 기본적으로 reactor-test가 테스트 범위로 지정돼 있기 때문에 이를 사용할 수 없다는 것이다. 앞의 코드가 작동하도록 하려면 pom.xml 파일로 이동해 <scope>test</scope> 줄을 제거해야 한다. 그런 다음 프로젝트를 새로 고치면 작동할 것이다.

이제 모든 준비가 완료됐으니 데이터를 로드해보자.

R2dbcEntityTemplate로 데이터 로드

지금까지 Employee 도메인 유형에 대한 스키마를 설정했다. 스키마가 설정됐으므로 이제 해당 initDatabase() CommandLineRunner 내에 R2dbcEntityTemplate 호출을 몇 개 더 추가할 준비가 됐다.

```
template.insert(Employee.class) //
    .using(new Employee("Frodo Baggins", "ring bearer")) //
    .as(StepVerifier::create) //
    .expectNextCount(1) //
    .verifyComplete();

template.insert(Employee.class) //
    .using(new Employee("Samwise Gamgee", "gardener")) //
    .as(StepVerifier::create) //
    .expectNextCount(1) //
    .verifyComplete();

template.insert(Employee.class) //
    .using(new Employee("Bilbo Baggins", "burglar")) //
    .as(StepVerifier::create) //
    .expectNextCount(1) //
    .verifyComplete();
```

이 세 가지 호출은 모두 동일한 패턴을 갖고 있다. 각각 다음과 같이 설명할 수 있다.

- insert(Employee.class): 삽입 연산을 정의한다. 유형 매개변수를 제공하면 후속 연산이 유형 안전성typesafe을 갖춘다.

- using(new Employee(...)): 실제 데이터가 제공되는 곳이다.

- as(StepVerifier::create): 리액터 테스트를 사용해 반응형 흐름을 강제로 실행하는 것과 동일한 패턴이다.

- expectNextCount(1): 단일 삽입에 대해 단일 응답을 기대한다.

- verifyComplete(): onComplete 신호를 받았는지 확인한다.

insert() 연산은 실제로 Mono<Employee>를 반환한다. 결과를 검사할 수 있고, 심지어 새로 생성된 ID 값도 얻을 수 있다. 하지만 데이터를 로드하는 것이기 때문에 데이터가 제대로 작동하는지 확인하기만 하면 된다.

다음 절에서는 반응형 데이터 공급을 API 컨트롤러에 연결하는 방법을 살펴보자.

API 컨트롤러에 반응형으로 데이터 반환

무거운 작업은 끝났다. 이제부터는 9장에서 배운 내용을 활용할 수 있다. API 컨트롤러 클래스를 빌드하려면 다음과 같이 ApiController라는 이름의 클래스를 생성한다.

```
@RestController
public class ApiController {
  private final EmployeeRepository repository;
  public ApiController(EmployeeRepository repository) {
    this.repository = repository;
  }
}
```

이 API 컨트롤러 클래스는 다음과 같이 설명된다.

- **@RestController**: 이 클래스가 템플릿을 처리하지 않고 모든 출력이 HTML 응답에 직접 직렬화된다는 것을 알리는 스프링의 어노테이션이다.

- **EmployeeRepository**: 생성자 주입을 통해 이 절의 앞부분에서 정의한 리포지터리를 주입하고 있다.

가장 간단한 방법은 우리가 가진 모든 Employee 레코드를 반환하는 것이다. ApiController 클래스에 다음 메서드를 추가하면 쉽게 수행할 수 있다.

```
@GetMapping("/api/employees")
Flux<Employee> employees() {
  return repository.findAll();
}
```

이 웹 메서드는 매우 간단하다.

- **@GetMapping**: HTTP GET /api/employees 호출을 이 메서드로 매핑한다.

- **Flux<Employee>**: 하나(또는 그 이상의) Employee 레코드를 반환함을 나타낸다.

- **repository.findAll()**: 스프링 데이터 커먼스의 ReactiveCrudRepository 인터페이스에서 미리 빌드된 findAll 메서드를 사용하기 때문에 모든 데이터를 가져오는 메서드를 이미 갖고 있다.

9장에서는 반응형으로 작동하도록 하기 위해 약간의 미세 조정이 필요한 간단한 자바 Map 이 있었다. EmployeeRepository는 ReactiveCrudRepository를 확장하기 때문에 메서드의 반환 유형에 이미 반응형 유형이 작성돼 있으므로 미세 조정이 필요하지 않다.

이는 또한 API 기반 POST 작업을 이렇게 코딩할 수 있다는 것을 의미한다.

```
@PostMapping("/api/employees")
Mono<Employee> add(@RequestBody Mono<Employee> newEmployee) {
    return newEmployee.flatMap(e -> {
      Employee employeeToLoad = new Employee(e.getName(), e.getRole());
      return repository.save(employeeToLoad);
```

```
        });
    }
```

이 웹 메서드에는 다음과 같은 특징이 있다.

- @PostMapping(): HTTP POST /api/employees 호출을 이 메서드에 매핑한다.

- Mono<Employee>: 이 메서드는 최대 하나의 항목만 반환한다.

- @RequestBody(Mono<Employee>): 이 메서드는 들어오는 요청 본문을 Employee 객체로 역직 렬화하지만, Mono로 래핑되므로 시스템이 준비됐을 때만 이 처리가 수행된다.

- newEmployee.flatMap(): 이것이 들어오는 Employee 객체에 액세스하는 방법이다. flatMap 연산 내부에서는 입력에 제공된 id 값을 의도적으로 삭제해 실제로 새로운 Employee 객체를 생성한다. 이렇게 하면 데이터베이스에 완전히 새로운 항목이 만들어진다.

- repository.save(): EmployeeRepository는 저장 작업을 실행하고 새로 생성된 Employee 객체가 포함된 Mono<Employee>를 반환한다. 이 새 객체에는 새 id 필드를 포함한 모든 것이 포함된다.

반응형 프로그래밍을 처음 접하는 분이라면 앞의 글머리 기호들이 다소 혼란스러울 수 있다. 예를 들어, 왜 flatMapping을 사용하는지에 대해 궁금할 것이다. 매핑은 일반적으로 한 유형에서 다른 유형으로 변환할 때 사용된다. 이 상황에서는 들어오는 Employee에서 새로 저장된 Employee 유형으로 매핑하려고 한다. 그렇다면 왜 그냥 매핑하지 않을까?

그 이유는 save()에서 반환된 것이 anEmployee 객체가 아니기 때문이다. 반환된 것은 Mono<Employee>였다. 이 객체를 매핑했다면 Mono<Mono<Employee>>가 됐을 것이다.

---

flatMap은 리액터의 황금 망치

무엇을 해야 할지 모르거나 리액터 API가 자신에게 불리하게 작동하는 것 같을 때 비밀은 종종 flatMap() 에 있다. 모든 리액터 유형은 Flux<Flux<?>>, Mono<Mono<?>>과 같은 flatMap을 지원하기 위해 과부하가 걸린다. 모든 조합은 flapMap()을 적용하기만 하면 잘 작동할 수 있다. 이는 리액터의 then() 연산자를 사용하는 경우에도 적용된다. then()을 사용하기 전에 flatMap()을 사용하면 이전 단계가 제대로 수행되도록 보장할 수 있다.

반응형 웹 애플리케이션을 구성하는 마지막 단계는 다음 절에서 다루게 될 타임리프 템플릿을 채우는 것이다.

템플릿에서 데이터를 반응형으로 처리

마무리하려면 다음과 같이 HomeController 클래스를 만들어야 한다.

```
@Controller
public class HomeController {
  private final EmployeeRepository repository;
  public HomeController(EmployeeRepository repository) {
    this.repository = repository;
  }
}
```

이 클래스에는 몇 가지 중요한 측면이 있다.

- @Controller: 이 컨트롤러 클래스가 템플릿 렌더링에 중점을 두고 있음을 나타낸다.

- EmployeeRepository: 우리의 소중한 EmployeeRepository가 **생성자 주입**을 통해 이 컨트롤러에 주입된다.

이제 이를 사용해 도메인 루트에 제공되는 웹 템플릿을 생성할 수 있다.

```
@GetMapping("/")
Mono<Rendering> index() {
  return repository.findAll() //
    .collectList() //
    .map(employees -> Rendering //
      .view("index") //
      .modelAttribute("employees", employees) //
      .modelAttribute("newEmployee", new Employee("", "")) //
      .build());
}
```

강조 표시된 부분을 제외하면 9장의 index() 메서드와 거의 동일하다.

- `repository.findAll()`: 맵의 값을 플럭스로 변환하는 대신, EmployeeRepository는 이미 `findAll()` 메서드를 통해 플럭스를 제공한다.

다른 모든 것은 동일하다.

이제 양식으로 지원되는 Employee 빈을 처리하려면 이와 같은 POST 기반 웹 메서드가 필요하다.

```
@PostMapping("/new-employee")
Mono<String> newEmployee(@ModelAttribute Mono<Employee> newEmployee) {
  return newEmployee //
    .flatMap(e -> {
      Employee employeeToSave = new Employee(e.getName(), e.getRole());
      return repository.save(employeeToSave);
    }) //
    .map(employee -> "redirect:/");
}
```

강조 표시된 부분을 제외하면 9장의 newEmployee() 메서드와 매우 유사하다.

- `flatMap()`: 이전 절에서 언급했듯이 save()는 Mono<Employee>를 반환하므로 결과를 flatMap으로 만들어야 한다.

- 이전 절에서는 들어오는 Employee 객체에서 이름과 역할을 추출하는 방법도 보여줬지만, 새 항목을 삽입하기 때문에 가능한 id 값은 무시한다. 그런 다음 리포지터리의 save() 메서드의 결과를 반환한다.

- `map(employee -> "redirect:/")`: 여기서는 저장된 Employee 객체를 리디렉션 요청으로 변환한다.

9장과 비교했을 때 한 가지 중요한 점은 이전 코드에서 코드를 분할했다는 점이다. 9장에서는 기본적으로 들어오는 Employee 객체를 리디렉션 요청에 매핑했다. 모의 데이터베이스는 반응형 데이터베이스가 아니었고 데이터를 저장하기 위한 명령형 호출만 필요했기 때문이다.

10장의 EmployeeRepository는 반응형이기 때문에 save()에 초점을 맞춘 작업과 그 결과를 리디렉션 요청으로 변환하기 위한 다음 작업으로 나눠 처리해야 한다.

또한, save()의 응답이 리액터 Mono 클래스 안에 래핑돼 있기 때문에 flatMap을 사용해야 했다. Employee을 "redirect:/"로 변환하는 데는 어떤 리액터 유형도 필요하지 않으므로 간단한 매핑만 있으면 된다.

index.html 템플릿을 얻으려면 9장에서 간단히 복사하면 된다. 9장과 동일하기 때문에 여기에 따로 작성할 필요가 없으며 변경할 필요도 없다. 또는 10장의 시작 부분에 표시된 소스 코드 목록에서 가져올 수도 있다.

이제 완전히 무장하고 작동할 수 있는 반응형 데이터 저장소가 완성됐다.

⁖ 요약

10장에서는 반응형으로 데이터를 가져온다는 것이 무엇을 의미하는지에 대해 알아봤다. 이를 바탕으로 반응형 데이터 저장소를 선택하고 스프링 데이터를 활용해 콘텐츠를 관리했다. 반응형 웹 컨트롤러에 연결한 다음에는 관계형 데이터베이스를 위한 반응형 드라이버인 R2DBC를 살펴봤다. 이를 통해 입문용 반응형 스프링 부트 애플리케이션을 구축할 수 있었다.

9장에서 배포를 위해 사용한 것과 동일한 전술이 적용될 수 있다. 그 외에도 이 책 전체에서 사용한 많은 기능도 작동한다.

이 책에서 다룬 모든 내용을 통해 다음 또는 현재 프로젝트를 스프링 부트 3.0으로 진행할 준비를 마쳤으면 한다. 스프링 부트 3.0을 통해 여러분도 새로운 애플리케이션을 개발하는 것에 대해 나만큼이나 설레기를 진심으로 바란다.

스프링 부트와 관련된 더 많은 콘텐츠를 살펴보고 싶다면 다음 리소스를 확인해보자.

- http://bit.ly/3uSPLCz: 스프링 부트에 대한 무료 동영상이 가득한 나의 유튜브 채널을 확인해보자.

- https://springbootlearning.com/medium: 매주 스프링 부트와 소프트웨어 엔지니어링 전반에 관한 기사를 작성한다.

- https://springbootlearning.com/podcast: 정기적으로 오디오 전용 에피소드를 게시해 스프링 커뮤니티의 리더를 인터뷰하거나 스프링 세계에 대한 지식을 공유한다.

- https://twitter.com/springbootlearn: 연결하고 싶으면 X에서 팔로우하자.[2]

즐거운 코딩이 되길 바란다.

---

2 현재는 해당 계정이 비활성화 상태이기 때문에 저자의 X 계정(https://x.com/ProCoderShow)을 방문하면 된다. - 옮긴이

| 찾아보기 |

스프링 부트 3.0 3/e

프로덕션급 애플리케이션 개발 간소화

발 행 | 2024년 8월 27일

지은이 | 그렉 턴키스트
옮긴이 | 김 진 웅

펴낸이 | 옥 경 석
편집장 | 황 영 주
편 집 | 김 진 아
　　　　임 지 원
디자인 | 윤 서 빈

에이콘출판주식회사
서울특별시 양천구 국회대로 287 (목동)
전화 02-2653-7600, 팩스 02-2653-0433
www.acornpub.co.kr / editor@acornpub.co.kr

한국어판 ⓒ 에이콘출판주식회사, 2024, Printed in Korea.
ISBN 979-11-6175-863-3
http://www.acornpub.co.kr/book/spring-boot-3.0-3e

책값은 뒤표지에 있습니다.